中国智慧慈善

中国公益慈善项目交流展示会组委会办公室◎编著

第八届
中国公益慈善项目
交流展示会
思想集萃

华民慈善基金会资助项目

中国经济出版社
CHINA ECONOMIC PUBLISHING HOUSE
北京

图书在版编目（CIP）数据

中国智慧：第八届中国公益慈善项目交流展示会思想集萃／中国公益慈善项目交流展示会组委会办公室编著. --北京：中国经济出版社，2021. 7（2025.4重印）

ISBN 978-7-5136-6510-0

Ⅰ. ①中… Ⅱ. ①中… Ⅲ. 慈善事业-中国-文集 Ⅳ. ①D632. 1-53

中国版本图书馆 CIP 数据核字（2021）第 125119 号

责任编辑　叶亲忠
责任印制　马小宾
封面设计　华子图文

出版发行　中国经济出版社
印 刷 者　三河市同力彩印有限公司
经 销 者　各地新华书店
开　　本　710mm×1000mm　1/16
印　　张　23. 75
字　　数　310 千字
版　　次　2021 年 7 月第 1 版
印　　次　2025 年 4 月第 2 次
定　　价　98. 00 元
广告经营许可证　京西工商广字第 8179 号

中国经济出版社 **网址** www. economyph. com **社址** 北京市东城区安定门外大街 58 号 **邮编** 100011
本版图书如存在印装质量问题，请与本社销售中心联系调换（联系电话：010-57512564）

序
PREFACE

2021年2月25日，全国脱贫攻坚总结表彰大会在北京人民大会堂隆重举行。习近平总书记指出，经过全党全国各族人民共同努力，在迎来中国共产党成立一百周年的重要时刻，我国脱贫攻坚战取得了全面胜利，现行标准下9899万农村贫困人口全部脱贫，832个贫困县全部摘帽，12.8万个贫困村全部出列，区域性整体贫困得到解决，完成了消除绝对贫困的艰巨任务，创造了又一个彪炳史册的人间奇迹！

自新中国成立以来，中国共产党带领人民持续向贫困宣战。2015年，中国共产党中央政治局会议释放减贫新信号——坚决打赢脱贫攻坚战。2018年，中共中央、国务院发布《关于打赢脱贫攻坚战三年行动的指导意见》。作为国内唯一的国家级、综合级、国际化的慈善行业盛会，中国慈展会借此向全国发出“三年之约”——2018年、2019年、2020年，中国慈展会三年聚焦“脱贫攻坚”，精准定位、精准发力，全面带动社会资金、专业人才、先进技术、项目服务等社会资源和贫困地区的对接与合作。数据显示，第六届、第七届慈展会累计实现扶贫资源对接近205亿元，其中，对接扶贫项目182个，对接资金达189亿元，凝聚起社会各界助力脱贫攻坚的强大合力。彰显动员和引导慈善力量参与扶贫事业、助力脱贫攻坚的使命担当。

为了凝结全球减贫智慧，汇聚社会扶贫合力，中国慈展会研讨会议发挥促进国际慈善组织交流对话的平台作用，连续3年紧扣脱贫攻坚的时代命题，立足全球视野，对标联合国可持续发展目标，本届会议重点打造了1场引领价值导向的国际公益主题研讨会，组织开展了10场理论与实战纵深研讨的分议题研讨会，邀请200余位国内外具备前瞻性和国际视野的专家学者、跨界精英以及深入脱贫攻坚一线的创新实践者探讨慈善力量解决相对贫困的长效机制，解码减贫脱贫的中国智慧，向世界传递在承担全球治理问题中开放包容、互学互鉴、积极作为的中国声音，为全球减贫提供中国方案，推动国际公益慈善事业健康发展合作。

上下同心、尽锐出战，攻克千年堡垒。脱贫攻坚，筑就波澜壮阔的中国征途。本书从脱贫攻坚到乡村振兴，从慈善创新到可持续发展的全面视角系统记录了第八届中国慈展会智慧成果，并将精彩观点汇编成册，集萃出版，以期为引导社会力量助力脱贫攻坚与乡村振兴的有序衔接提供有益借鉴，并谨以此书向每一位助力脱贫攻坚的践行者致敬。

目 录
CONTENTS

下篇　慈善创新与可持续发展

上篇

脱贫攻坚与乡村振兴

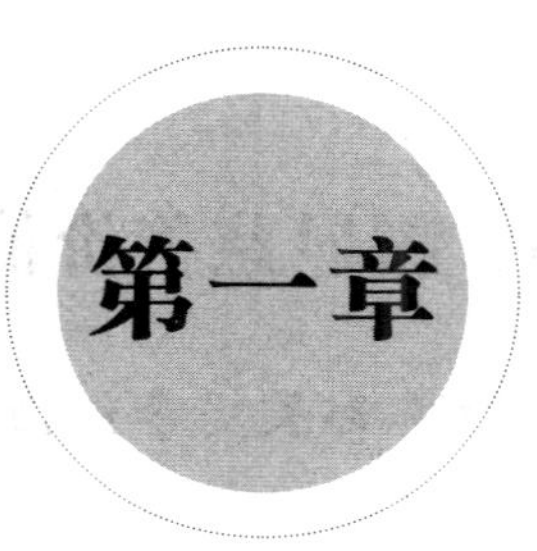

第一章

决胜脱贫　大国攻坚

“善始善终，善作善成，不获全胜决不收兵。”2020年10月，习近平总书记对脱贫攻坚工作做出重要指示，深刻诠释了中国打赢脱贫攻坚战的决心。

在脱贫攻坚决战决胜收官之年，第八届中国慈展会以“决战脱贫攻坚，共创美好生活”为主题，以更大力度、更实举措引导和汇聚慈善力量决战脱贫攻坚，推进脱贫攻坚与乡村振兴的有序衔接，为巩固脱贫成果、建立稳定脱贫长效机制和实施乡村振兴战略奠定了基础。

“全面总结慈善力量参与脱贫攻坚的好经验、好做法，进一步探索慈善事业服务党和国家中心工作的方法和途径”，“为助力后扶贫时代的困难群众基本生活兜底保障，继续献计出力锐意进取”……

交流分享慈善扶贫议题的智慧经验与案例模式，向世界传递在承担全球治理问题中开放包容、互学互鉴、积极作为的中国声音，向世界讲好中国扶贫故事，为全球减贫提供中国方案,推动全球公益慈善事业健康发展合作。

第一节　中国实践：减贫脱贫的中国实践

围绕中心，彰显慈善价值和力量

民政部部长　李纪恒

党的十八大以来，以慈善组织、爱心企业和爱心人士为代表的慈善力量，围绕服务脱贫攻坚这一战略大局，在生活救助、教育扶贫、医疗扶贫、产业扶贫、易地搬迁扶贫等领域，开展了大量的慈善活动，成为我国扶贫的重要组成部分。面对突如其来的新冠肺炎疫情，广大慈善组织、爱心企业、爱心人士，主动投身波澜壮阔的抗疫斗争。全国通过各级慈善组织和红十字会，累计捐赠抗疫资金 396.27 亿元，累计捐赠抗疫急需物资 10.9 亿件。广大志愿服务组织和志愿者不顾艰险、冲锋在前，在全国开展了 57 万个疫情防控志愿服务项目，1000 多万名注册志愿者提供了超过 2.4 万小时的服务，为抗疫斗争做出了积极的贡献。

习近平总书记在全国抗疫新冠肺炎表彰大会上，专门表扬了国有企业的勇挑重担和各类民营企业、慈善机构的积极出力，赞扬了千千万万志愿者和普通人的无私奉献。

当前，脱贫攻坚已进入倒计时冲刺阶段，在此与大家分享几点思考和体会：

第一，坚持围绕中心，为决战脱贫攻坚、全面建设社会主义现代化国家做出更大贡献。历史和现实都表明，只有紧紧围绕党的中心工作，慈善工作才能得到更好发展、发挥更大的作用。我们要始终围绕中心、服务大局，着力发挥慈善事业机制灵活、贴近基层、针对性强的优势，彰显慈善价值和力量，慎终如始、再接再厉，突出脱贫地区和建档立卡贫困人口的需要，为困难地区和困难群众提供多元化、个性化、专业化的慈善服务。要建立慈善力量解决相对贫困的长效机制，促进脱贫攻坚和乡村战略有机衔接，要继续支持常态化疫情防控，并为因疫情影响而导致的收入减少、就业困难的贫困人口，提供更具针对性的扶贫资源和项目。要全面总结慈善力量参与脱贫攻坚的好经验、好做法，进一步探索慈善事业服务党和国家中心工作的方法和途径，为国际减贫事业提供中国经验和中国方案。

第二，勠力改革创新，着力发挥慈善的第三次分配作用。党的十九届四中全会明确要求，重视发挥第三次分配作用，发展慈善等社会公益事业，为我国慈善事业提供了新定位、新要求。我们要坚持以习近平新时代中国特色社会主义思想为指导，坚持以人民为中心的发展思想，进一步完善制度，努力做大慈善蛋糕，分好慈善蛋糕，更好地发挥慈善的第三次分配作用。

做好“互联网+慈善”，加大区块链、大数据、云计算等新技术应用，创新慈善形式，加强慈善监督，强化信息公开，使人民群众参与慈善更加便利、慈善组织运行更加规范、慈善行业更加透明诚信。要完善突发事件、慈善应急机制，让慈善力量在应对突发公共卫生事件、重大自然灾害时，更加有序、有效发挥作用。

第三，弘扬慈善文化，努力汇聚磅礴慈善力量。习近平总书记指出，向上向善的文化是一个国家休戚与共、血脉相连的重要纽带。中国具有持久的慈善力量，中国人强调守望相助、风雨同舟。我们要大力弘扬中华优秀传统文化，充分发挥中华慈善奖、中华慈善日、中国慈展会、中华慈善博物馆等重大活动、重要节日、特色平台的作用，大力宣传慈善力量参与脱贫攻坚和疫情防控的先进典型，鼓励慈善组织开展丰富多彩的慈善宣传活动，不断培育和践行社会主义核心价值观，提高社会慈善意识，让慈善源泉充分涌流、让慈善行为引领时代风尚。要进一步完善慈善激励和支持政策，鼓励利用新技术探索慈善捐赠行为记录，开展志愿服务时间银行试点，对捐赠人做到参与一生、记录一生、回馈一生。要大力发展基层慈善，探索推进涉及公益慈善资源、社会工作者、社区志愿者、社区工作者，社区社会组织的联动，形成整体合力，更好地服务于困难群众和民生需求。

从党中央做出“打赢脱贫攻坚战”重要部署开始，历届慈展会都将脱贫攻坚作为展示交流的重要内容。自2018年起，慈展会连续三年聚焦脱贫攻坚主题，助力打赢脱贫攻坚战，全面建成小康社会，为推动中国慈善事业蓬勃发展，贡献智慧和力量。

民营企业在脱贫攻坚中做贡献，在疫情防控中勇担当

全国工商联副主席　谢经荣

春风化雨，春华秋实，伴随着改革开放的浪潮，民营经济实现从无到有、从小到大、从弱到强、从国内走向国际，成为国民经济重要组成部分。民营企业家作为改革开放的受益者，作为先富起来的社会群体，始终牢记“先富帮后富”的历史使命，充分发扬中华民族守望相助的传统美德，参与公益慈善事业、光彩事业、扶贫开发事业，特别是党的十八大以来，积极响应习近平总书记关于“打赢脱贫攻坚战”号召，广泛开展慈善事业，丰富了中国特色的扶贫实践。

第一，民营企业在脱贫攻坚战中做贡献。在习近平总书记的亲自关心下、在多位中央领导的直接领导下、在各级党委政府的大力支持下，由民营企业参与的“万企帮万村行动”取得了巨大的成效，习近平总书记先后八次做出重要指示、批示或回信，对参与的企业家给予极大的鼓舞。截至2020年6月，进入“万企帮万村行动”精准扶贫台账管理的民营企业10.95万家，精准帮扶12.71万个村，其中建档立卡贫困村6.89万个，产业投入915.92亿元，公益投入152亿多元，安置就业79.9万人，技能培训116万人，共带动和惠及1564.52万建档立卡的贫困人口，占贫困人口总数的22%。

民营企业发挥自身优势，通过产业、就业等多种形式对贫困户进行帮扶，形成长效脱贫机制。“万企帮万村行动”的贡献不仅仅在于帮扶了贫困村、贫困户、贫困人口，更在于丰富了帮扶途径，创新了扶贫的组织形式，深化了扶贫的合作机制，促进了社会群体间的交融。民营企业在精准扶贫的创新实践，是中国减贫经验的写照和缩影，是中国政治优势和制度优势的集中体现。

第二，民营企业在疫情防控当中勇担当。突如其来的新冠肺炎疫情对我国经济社会发展带来严重冲击，对人民生命财产安全造成严重危害。广大民营企业在关键时刻勇于担当、积极开展了多种形式的疫情防控工作，充分展现了高度的政治自觉和强烈的责任担当。新冠肺炎疫情暴发后，短短两个月的时间就有 11 万家民营企业捐款 172 亿元，捐物 119 亿元，设立基金 62 亿元，总金额达到了 353 亿元。

民营企业参与疫情防控有几大特点：一是捐赠速度快。疫情公布当日即有 7 笔捐款产生。到第十天，日捐款达到 5790 笔。在一个月的时间内，日捐款保持在 1000 笔以上。二是捐赠数额大。捐赠 1 亿元以上的企业有 55 家，捐赠 1000 万元以上的企业有 693 家。56 家企业设立抗击疫情专项基金，总金额高达 61.8 亿元，重点关注在抗疫一线的医护人员，为疫情保驾护航。三是捐赠目标精准。湖北疫情严重地区成为捐赠的重点，从捐赠的领域看，15%的捐赠指向了与群众接触最直接、最广泛的基层、社区、村庄和医疗系统。从捐赠的物品看，40%的捐赠企业捐赠了口罩、护目镜和防护服等急缺的防护用品。四是发挥海外联系紧密的优势，快速开展大规模的医疗物资采购。如复星集团紧急启动全球医疗物资的调配行动，仅半个多月时间就覆盖了全球的 20 多个国家，在海外各地采购紧缺的口罩、防护服、呼吸机等医疗物资 296.3 万件，捐赠给疫情防控的重点地区。卓尔控股集团的阎志在 1 月 24 日紧急启动企业国际供应链条，“疯狂采购”全球的医疗物资，前后 11 天，11 架飞机源源不断将 40 余万只 N75 型口罩、30 万余套防护服、300 多万只口罩、近 4 万副护目镜、200 余台呼吸机和制氧机相继运送至武汉。从紧急采购到第一架飞机抵达，仅仅用了 48 个小时就走完了正常情况下一个月的国际采购环节，刷新了湖北国际物资采购调运的极限速度。

第三，民营企业是值得信赖的自己人。通过上述民营企业的表现，反映出广大民营企业是听党话、跟党走的，是关键时刻拎得起、靠得住的，是有极强社会责任感和家国情怀的，是值得我们信赖的自己人。

“为者常成，行者常至。”中华民族千百年来存在着的绝对贫穷将在我们这一代拼搏当中历史性地得到解决。站在两个“百年奋斗目标”的历史交汇点，面对百年未有之大变局，让我们聚众智、聚合力，同心同向、攻坚克难，为实现中华民族伟大复兴中国梦做出新的更大贡献。

汇聚慈善社会力量，助力打赢脱贫攻坚收官战

国家乡村振兴局副局长、时任国务院扶贫办副主任　洪天云

党的十八大以来，以习近平同志为核心的党中央把脱贫攻坚摆到治国理政的突出位置，打响了中国减贫史上规模最大、力度最强、惠及人口最多的脱贫攻坚战。到2019年底，我国现行标准下的农村贫困人口从2012年底的9899万人，减少到了551万人，贫困发生率由10.2%降到0.6%，脱贫攻坚取得了决定性的成就。

新冠肺炎疫情这一重大突发的公共卫生事件，在以习近平同志为核心的党中央坚强领导下，抗疫取得重大战略成果。与此同时，脱贫攻坚努力克服疫情灾情影响，紧紧瞄准突出问题和薄弱环节，一鼓作气，尽锐出战。“三保障”和饮用水安全问题基本解决，易地扶贫搬迁基本完成，挂牌督战组的工作强力推进，防止返贫监测和帮扶机制运行良好，贫困劳动力、就业稳岗成效显著，消费扶贫行稳向前，脱贫攻坚成绩显著、胜利在望。

在各主办单位的大力支持下，慈展会已经成功举办了7届，历届慈展会将脱贫攻坚作为主要的主题谋划设计。三大主题馆当中就有脱贫攻坚成果馆和消费扶贫产品馆。这两个展馆紧紧围绕脱贫攻坚，全面展示解贫、脱贫的历史实践和突出成果，尤其突出了社会组织、企业等社会力量参与脱贫攻坚优秀成果。慈展会成功打造多元集成型的资源对接平台，以更大的力度、更实的举措，引导和汇聚慈善社会力量，引导社会扶贫资源向需要的地方持续发力，助力打赢脱贫攻坚收官战。

脱贫攻坚已经进入最后关键时刻，完成这一历史任务离不开社会力量的持续参与。在此，我提三点建议：

第一，突出优势、壮大平台。习近平总书记在中央扶贫开发工作会议上特别强调："我国社会不缺少扶危济困的爱心和力量，缺的是有效可信的平台和参与渠道。"慈展会已经成功打造了有效可信的平台，希望能够矢志不渝地延续下去。各类社会力量要继续发挥自身专长和优势，做到"八仙过海，各显其能"，补齐政府在扶贫工作中的短板。通过持续壮大和充分利用慈展会打造的平台渠道，建立和培育政府与社会组织、商会协会、企业间互帮互助的伙伴关系，在扶贫济困上不断形成更多务实的合作成果。

第二，凝心聚力，合力收官。社会力量要继续聚焦深度贫困，凝聚多方合力，积极主动作为，切实助力稳定脱贫成果。积极参与贫困劳动力稳岗就业的保障和服务；职业中介等企业和相关的社会组织，要助力劳务精准匹配对接；培训类的社会组织要根据贫困劳动力培训需求，开展扶贫技能的提升培训；行业协会、商会组织要开发自身以及会员单位的就业岗位，积极参与消费扶贫行动，也希望广大社会组织、民营企业、爱心人士积极参与到消费扶贫行动中，发挥行业协会、商会的组织优势，帮助贫困地区打造消费扶贫的知名品牌，建立储运、销售、运输渠道，采购扶贫产品和服务；积极参与社会力量助力挂牌的行动，国家对没有摘帽的52个贫困县和未出列的1113个贫困村进行挂牌督战，动员了社会组织和民营企业对1113个村进行助力帮扶。截至2020年9月，东中部11省市共组织动员了2008家社会组织和民营企业参与到了帮扶工作中，各项工作取得了积极进展，也希望更多的社会组织和民营企业参与到这项工作中来，凝心聚力，攻克艰中之艰。

第三，着眼长远、共谋振兴。脱贫摘帽不是终点，而是新生活、新奋斗的起点。2020年后，我国减贫工作的重点和难点，将从绝对贫困转向相对贫困，建立解决相对贫困的长效机制，做好全面脱贫与乡村振兴的有效衔接。参会的各位都是长期关心和参与扶贫事业的爱心人士，我们都是扶贫人，希望在脱贫攻坚与乡村振兴衔接中，为建立解决相对贫困长效机制，积极探索贡献社会力量、社会方案和社会智慧。

我们身处百年未有之大变局，加之新冠肺炎疫情给我们带来了巨大的挑战，但是我们党全心全意为人民服务的宗旨、以人民为中心的理念，始终不会改变。全面建成小康社会、决战脱贫的攻坚战取得全面胜利一定会实现，不会改变。我们的爱心组织、爱心企业、爱心人士，向善向上、扶危济困的方向和理念不会改变，困扰中华民族几千年来的绝对贫困问题，在我们这一代人手里得到实现，是我们每个人的缘分，也是机遇。我们相信2020年后，在巩固脱贫攻坚成果的道路上，全社会的力量将不负使命、不负时代、不负重托。

为实现决胜全面建成小康社会，贡献更大力量

国务院国资委副秘书长　庄树新

2020年，是极不平凡的一年，以习近平同志为核心的党中央统筹打好疫情防控的阻击战和脱贫攻坚战，取得了决定性战略成果。脱贫攻坚战打响以来，国务院国资委深入学习习近平总书记关于脱贫攻坚的重要指示，加强组织推动，强化考核监督，压实央企扶贫责任。

中央企业切实落实党中央决策部署，全力以赴脱贫攻坚，累计投入资金超过130亿元。目前，中央企业定点帮扶246个国家级贫困县，对口支援西藏21个县、青海藏区16个县，承担了地方党委政府和有关行业主管部门安排的上万个各类结队帮扶任务。在扶贫工作当中，央企发挥优势，在产业开发、吸纳就业、劳务输出、教育医疗、购买帮助销售农产品、人才技术培训、社会公共产品服务和基础设施建设等方面，开展了大量的工作，为打赢脱贫攻坚战做出了最大的努力，贡献了最大的力量。

面对疫情考验，国务院国资委组织开展了抗疫扶贫专项行动，尽最大努力帮助贫困群众克服疫情造成的不利影响。

一是推动中央企业克服自身困难，加大投入帮扶力度，并尽快拨付资金到位。截至2020年8月底，中央企业在定点扶贫县总投入和引进无偿帮扶资金42.28亿元，比2019年全年完成数增长了5%。

二是组织开展定点贫困县贫困农民工专项招聘活动，动员中央企业主动对接贫困县农民工就业需求，加大吸纳就业力度，累计提供就业岗位14.7万个。

三是开展消费扶贫专项行动，大力采购帮销农产品，在线上我们整合了央企电商资源，组建了央企消费扶贫的电商平台，为贫困县农

产品提供稳定持续辐射面广的销售渠道。自2020年5月12日平台上线以来，累计交易额已达到1.04亿元。在线下，中央企业主动与定点贫困县对接，加大帮扶采购力度，截至2020年8月底，帮助采购销售贫困地区农产品39.21亿元。

在本届慈展会中，中国石化、南方电网、中广核、华侨城等17家中央企业积极参与，相信通过此次慈展会，可以更好地促进资源共享、交流互通、凝聚社会力量参与脱贫攻坚。国务院国资委和中央企业也始终牢记习近平总书记的嘱托，为实现决胜全面建成小康社会，决战脱贫攻坚目标任务，贡献更大的力量。

携手并肩，在脱贫攻坚伟大实践中凝聚慈善力量

中国红十字会副会长 孙硕鹏

风雨过后是彩虹，40多年改革征程，我们不仅见证了深圳的活力与速度，更感受到深圳的爱意与温度，感受到中国公益慈善以人民为中心，与新时代同行的使命与追求。

党的十八大以来，以习近平同志为核心的党中央，把脱贫攻坚作为全面建成小康社会的底线任务和标志性指标。自2018年以来，积极响应党中央号召，中国慈展会连续三年聚焦脱贫攻坚主题，频道不换、靶心不散、精准定位，全面带动社会资金、专业人才、先进技术、项目服务，与贫困地区对接合作，为打赢脱贫攻坚战、全面建成小康社会贡献了积极的力量。

中国红十字会作为党和政府在人道领域联系群众的桥梁和纽带，始终围绕中心、服务大局、积极助力打赢脱贫攻坚战。我们将国际红十字组织韧性社区的理念和模式引入中国，募集投入9亿元资金，在28个省3000多个贫困村实施“博爱家园”项目。通过小额信贷、直接到人、滚动运作、劳动致富的模式，带动基金循环滚动，帮助贫困人口实现脱贫。

围绕健康扶贫，实施红十字天使计划，募集资金16亿元，救助白血病等大病患儿5万多名。“光明行”“心拯救”“母婴平安”等健康扶贫项目先后荣获“中华慈善奖”，受益贫困群众达271万人。我们持续关注基层基础设施健康，通过援建博爱卫生院站、培训乡村医生、实施西部儿科医师培训计划，帮助提升贫困地区公共卫生水平。我们持续开展红十字博爱送万家活动，向困难家庭发放价值12亿元慰问款物，投入近2亿元对口支援西部地区提升人道救助能力，把党和政府

的关怀及社会爱心送到困难群众身边。

实施“互联网+公益”，我们连续组织红十字会系统开展众筹扶贫大赛，倡导“消费即公益”“购买即扶贫”的理念。通过电商平台众筹，助推贫困地区销售农产品。在2019年的慈展会上，众筹扶贫大赛进行模式升级，推进了“公益厨房”项目融入电商直播模式，开启地方特色、专场式助农扶贫带货通道，打造公益助农活动，提升购买转化率，打通产销对接“最后一公里”。

作为国际红十字会运动的成员，中国红十字会始终坚持人类命运共同体思想，大力推动“一带一路”国家红十字会合作，分享中国的减贫经验，促进民心相通。我们派出红十字会援外医疗队，在阿富汗、蒙古国等国家实现大病患儿人道救助行动，向45个国家红十字会提供了紧急援助，向21个国家红十字会提供了非紧急人道援助。

自新冠肺炎疫情发生以来，按照国家部署，我们向伊朗、伊拉克、意大利派出抗疫专家组，向43个国家提供了抗疫物资的援助，有力支持了当地的疫情防控，彰显了负责任大国红十字会的良好形象。

脱贫攻坚最后一站的冲锋号已经吹响，中华民族将彻底摆脱绝对贫困，实现全面小康的千年梦想。曙光在前、使命在肩，我们唯有保持坚如磐石的初心、只争朝夕的劲头、坚忍不拔的毅力，才能取得脱贫攻坚的全面胜利，如期建成全面小康社会。

中国红十字会将以习近平新时代中国特色社会主义思想为指引，坚决贯彻落实党中央、国务院重大决策部署，进一步发挥人道主义的作用，助力决战决胜脱贫攻坚。我们将继续加大“三区三州”等深度贫困地区脱贫攻坚的行动力量，聚焦52个挂牌督战县，继续组织开展“凉山行”“怒江行”“西藏行”等的人道救助行动。

我们将有力克服疫情影响，助力可持续脱贫，在举国万众一心抗击疫情的日子里，中国红十字会坚决落实习近平总书记的重要指示精神和党中央的决策部署，广泛动员各方力量支援抗疫斗争。全国红十字会系统共募集款物265亿元，为打赢疫情防控阻击战、推进抗疫国际合作贡献了应有的力量，我们将持续投入常态化疫情防控工作，积极帮扶受疫情影响的困难群众，协助党和政府统筹推进疫情防控和脱贫攻坚，持续为困难群众脱贫致富助力赋能。

“同在同改变，你能我能大家能。”让我们携手并肩，在脱贫攻坚伟大实践中，凝聚起蓬勃的公益慈善力量，为夺取全面建成小康社会伟大胜利、实现第一个百年奋斗目标，做出应有的贡献。

为决战脱贫攻坚贡献广东智慧

广东省副省长　李红军

守望相助、扶危济困，是中华民族的传统美德，也是新时代慈善事业的核心要义，习近平总书记高度重视慈善事业在经济社会发展大局中的重要作用，提出要完善社会救助、社会福利、慈善事业等制度，创新我国慈善事业制度、动员全社会力量广泛参与扶贫事业。

近年来，广东认真贯彻落实党中央要求，全力脱贫攻坚，大力开展“万企帮万村行动”，慈善事业不断发展壮大。截至 2020 年 9 月，广东共有慈善组织 1283 家，公募慈善组织 148 家，注册志愿者 1419 万人，各项指标、数据均位居全国前列。广东省累计减贫 250 多万人，48 个贫困村脱贫出列，贫困地区生产生活条件明显改善。东西部扶贫协作成效突出，协助 4 省份 349.2 万人脱贫。

在打赢脱贫攻坚战过程当中，广东精心打造了“6・30 广东扶贫济困日”“中国公益慈善项目交流展示会”等一批慈善精品项目，有些项目已成为广东乃至全国慈善事业的亮丽名片，特别是“6・30 广东扶贫济困日”已连续举办 11 年，认捐金额累计达 331.36 亿元，对接帮扶 400 多万建档立卡贫困人口。可以说广东慈善事业的创新实践是中国慈善事业蓬勃发展的一个精彩缩影，为全国决战脱贫攻坚贡献了广东智慧、广东力量。

2020 年，是我国全面小康社会实现之年，也是全面打赢脱贫攻坚收官之年，作为国内唯一的国家级、综合性、国际化的慈善盛会，中国慈展会的每一届研讨会都备受瞩目，已经成为国内乃至国际公益慈善先进理念、前沿理论、创新模式的交汇点和融合点。本次研讨会以“大国攻坚、决战 2020”为主题，非常切合中国的形势和世界的期待，必将对凝聚全社会共识、促进国际慈善合作，推动国际公益事业和减贫事业起到重要作用。

广东将以此为契机，深入贯彻落实习近平总书记重要讲话和重要指示批示精神，举全省之力、举社会之才、举全民之智，大力推进扶贫减贫和公益慈善事业发展，推进脱贫攻坚与乡村振兴衔接，汇聚和引导社会力量，在促进城乡融合发展、建设生态宜居美丽乡村等方面，做出新的贡献。

以先行示范的标准，为决战脱贫攻坚做出贡献

原深圳市市长　陈如桂

在以习近平同志为核心的党中央坚强领导下，到2020年底，我国无论是在高山之巅还是在边陲小镇，所有贫困人口都将全面脱贫、齐奔小康，这将是创造人类减贫史上的伟大奇迹。作为中国人，都应该感到无比自豪、无比振奋、无比兴奋。我们要感恩习近平总书记、感恩伟大的党、感恩伟大的祖国，也要感恩慈善大爱。

在党中央坚强领导下，全国人民共建深圳，今天的深圳生机勃勃、欣欣向荣、蒸蒸日上，我们始终秉承着感恩改革开放、回报全国人民的情怀，把脱贫攻坚作为慈善事业的首要任务，扎扎实实做好中央和广东省交办的对口协作和帮扶任务。近年来，我们与9个省54个县市区开展对口协作，累计投入财政资金约420亿元，社会帮扶资金超过760亿元，帮扶地区194万人实现脱贫。认真落实《慈善法》，组织开展“6·30广东扶贫济困日”“深圳慈善月”“鹏城慈善奖”等公益活动。3年来，全市募集社会资金超过200亿元，救助各类困难群体近千万人次，在中国城市慈善指数中，深圳综合指数位居全国前列，被称为“全国最有爱心和最慷慨的城市”。更让我们感动的是，在这一次抗击新冠肺炎疫情战斗中，深圳的慈善组织、专业社工、志愿者队伍等慈善力量主动响应、快速行动，踊跃捐款捐物，汇聚起一股股爱心暖流、慈善力量，谱写着团结一心、同舟共济的动人篇章。

2020年是全面建成小康社会收官之年，是脱贫攻坚决战决胜之年，也是深圳经济特区成立40周年，我们将深入贯彻习近平新时代中国特色社会主义思想，认真落实习近平总书记对广东、深圳工作的重要讲话和重要指示批示精神，抢抓粤港澳大湾区和深圳先行示范区的

“双区”建设重大机遇，在民政部等中央单位和各省市的支持下，充分发挥中国慈展会这一国家级重要平台作用，推动深圳慈善事业再上新的台阶。以先行示范的标准，坚决完成好对口帮扶任务，努力为决战决胜脱贫攻坚、全面建成小康社会做出更大的贡献，以优异的成绩庆祝深圳经济特区成立 40 周年。

明确慈善事业发展的新方位，探寻公益实践前进的新动向

全国人大社会建设发展委员会副主任委员、
中华慈善总会会长、原民政部副部长　宫蒲光

党的十八大以来，习近平总书记站在全面建成小康社会、实现中华民族伟大复兴的中国梦的战略高度，将脱贫攻坚作为以人民为中心执政理念的重要落脚点，纳入“五位一体”的总体布局，“四个全面”的战略布局，摆到治国理政的突出位置，做出了一系列的重大战略部署，全面打响了脱贫攻坚战。脱贫攻坚力度之大、规模之大、影响之深，前所未有，谱写了人类反贫困历史的新篇章。特别是面临全球新冠肺炎疫情挑战，在以习近平同志为核心的党中央坚强领导下，举国上下众志成城、团结一致，取得了统筹疫情防控和经济社会发展的重大战略成果。

脱贫攻坚目标任务即将顺利完成，我国的减贫方案和减贫成就得到了国际社会的普遍认可。我国脱贫攻坚是亿万人民参与的伟大实践，凝聚了全党、全国各族人民的智慧和心血，彰显了我国社会主义制度的政治优势。

脱贫攻坚取得的历史性成就得益于坚持党的全面领导，建立中央统筹、省负总责、市县抓落实的管理体制，五级书记齐上阵，各级党委充分发挥总揽全局、协调各方的作用，为脱贫攻坚提供了政治保障；得益于精准方略，在扶贫对象、资金安排、扶贫措施等方面对症下药、精准滴灌、靶向治疗，极大地提高了脱贫时效；得益于坚持社会动员，充分发挥政府和社会两方面的作用，构建了专项扶贫、行业扶贫、社会扶贫互为补充的大扶贫格局，凝聚了各方力量；得益于坚持群众主

体，充分调动贫困群众积极性、主动性、创造性，组织引导支持贫困群众用自己辛勤劳动实现脱贫致富，激发内生动力；得益于真抓实干，以钉钉子精神，从严从实要求贯穿脱贫工作全流程和各个环节，使脱贫攻坚成效经得起实践和历史的检验。

在这场人类反贫困史上具有划时代意义的脱贫攻坚战中，全国各级慈善组织积极响应中央号召，认真履行社会责任，凝聚社会力量，汇集社会资源，踊跃投身脱贫攻坚伟大事业，发挥了重要作用，做出了积极贡献。

作为全国慈善行业的排头兵，中华慈善总会坚决落实中央决策，充分发挥自身优势，与各地慈善会一道，瞄准深度贫困地区，构筑合作平台，整合多方资源、形成合作机制、加大善款善物投入和慈善项目支持力度，聚焦精准扶贫、助力脱贫攻坚。近年来，中华慈善总会在“三区三州”和 11 个连片深度贫困地区共投入款物价值 75 亿元，开展了涵盖扶贫、医疗、儿童、教育、助残等多个领域的 30 多个慈善公益项目，仅 2019 年就向深度贫困地区定向定点投入善款、善物超过 16 亿元。

多年来，我们在产业扶贫、教育扶贫、医疗扶贫等多个领域，实施了形式多样、针对性强的脱贫攻坚项目。

2017 年，通过药品援助、医疗救助等方式，在贫困地区向低保和低收入家庭数万名癌症和重症患者发放价值 47 亿元的援助药品和 1369 万元援助资金；万达集团通过总会捐资 10 多亿元，启动了贵州的丹寨万达小镇精准扶贫项目，截至 2019 年 10 月，共带动丹寨全县旅游综合收入 55. 2 亿元，使 3. 38 万贫困人口实现脱贫。在深度贫困地区投入资金 2272 亿元，开展“微笑列车”项目，为上万名唇腭裂、脊柱侧弯患者进行手术。组织爱心医院赴西藏、新疆、青海、甘肃等贫困地区开展疾病救助行动，仅 2019 年免费筛查近 20 万人，为 219 名先心病儿童和 107 名包虫病患者免费实施了手术治疗。与太原慈善职业技术学院合作，举办了慈善扶贫西藏、江西培训班，对两地特殊困难家庭子女进行技能培训；依托“为了明天”关爱儿童项目，为6000多名留守儿童提供了关爱保护，向贫困地区捐赠中华爱心图书室593个，中小学课外读物219万余册，总价值超过4000万元。

通过多年的扶贫实践，我们深切体会到，慈善事业是联系爱心企业、爱心人士等社会帮扶资源与农村贫困人口的重要纽带，是组织动员社会力量参与脱贫攻坚的重要平台，是构建专项扶贫、行业扶贫、社会扶贫“三位一体”大扶贫格局的重要力量。在脱贫攻坚伟大进程中，各级慈善组织不仅在扶老、助残、救孤、济困等方面主动作为，还积极开展各类扶贫项目，提供智力支持，协助科学决策，推广扶贫志愿服务，推动了政府、市场和社会参与扶贫攻坚的良性互动，有力拓展了社会各界参与扶贫的深度和广度。慈善事业已经成为全面打赢脱贫攻坚战的重要社会力量，必将在国家治理体系、治理能力现代化中，发挥越来越重要的作用。

2020年是我国全面建成小康社会的收官之年，是脱贫攻坚的决胜之年，如期打赢脱贫攻坚战，中华民族千百年来存在着的绝对贫困将成为历史。

站在新的历史起点上，党的十九届四中全会指出，要坚决打赢脱贫攻坚战，建立解决相对贫困的长效机制，在迈入全面小康的后扶贫时代，巩固脱贫攻坚成果，解决相对贫困和特殊困难群体的基本生活保障问题依然任重而道远。我们要更加紧密地团结在以习近平同志为核心的党中央周围，大力弘扬伟大的抗疫精神，为助力后扶贫时代的困难群众基本生活兜底保障，继续献计出力、锐意进取，为在全面建成社会主义现代化国家的新征程中，创造新的历史伟业不懈奋斗。

践行使命，汇聚社会扶贫合力

中国扶贫基金会理事长、原国务院扶贫办副主任　郑文凯

2020年是全面建成小康社会、全面打赢脱贫攻坚战和实施“十三五”规划收官之年，是极为重要的历史节点。又遇到了疫情突发、汛情叠加、世情多变的严峻考验，也是非同寻常的一年。在以习近平同志为核心的党中央坚强领导下，脱贫攻坚迎难而上，目标任务均达到或超过了预期。决战决胜脱贫攻坚胜利在望，我们将彻底消除绝对贫困，提前10年率先实现《联合国2030年可持续发展议程》中减贫等核心指标，为全球减贫事业提供重要的具有示范意义的中国样本。

在举全国之力推进脱贫攻坚大背景下，中国扶贫基金会作为扶贫领域规模最大的社会组织，我们坚守初心，践行使命，针对健康扶贫、教育扶贫、救灾扶贫、产业扶贫和国际扶贫等重点方面，围绕总目标，聚焦主战场，拓展大扶贫，注重专业化，瞄准新形势下贫困地区发展需求，针对贫困人口脱贫的突出问题，专门设立和实施了系列项目。

在健康扶贫领域，我们为960万建档立卡贫困户家庭主要劳动力提供健康保险服务，为贫困群众增添一份保障。

在教育扶贫领域，针对学前、小学、中学和大学不同年龄段的学生需求，设立了“新长城助学”“爱心包裹”“同伴妈妈”“加油计划”等多个项目，通过教育支持，探索阻断贫困代际传递新途径。

在救灾扶贫领域，针对各类自然灾害和突发事件给贫困群众带来的影响，开展了防灾减灾、紧急救援和灾后恢复重建等项目，致力于缓解贫困人口因灾致贫、因灾返贫问题。

产业扶贫是解决贫困问题的根本之策，在产业扶贫领域，我们深入发掘贫困地区“藏在深山人未识”的独特资源，动员引导群众组织

起来，使当地的绿色产业、特色产品、红色基因、古色文化、秀色风光等资源要素得以深度开发和优化配置。

我们先后推出一系列项目，坚持以市场为主导、以贫困群众为主题、以专业合作社为主力，打造产品品牌、培育市场机制、社会机制和群众互动机制相融合、互补共生的可持续发展机制，着力构建社会力量参与脱贫攻坚的有效平台，拓展政府、市场、社会互动以及专项扶贫、行业扶贫、社会扶贫联动的项目创新模式。在精准扶贫工作中，通过项目创新实践，汇聚社会扶贫合力，激发贫困地区经济发展活力，提高贫困人口摆脱贫困的内生动力。党的十八大以来，扶贫基金会一共募集资金近50亿元，还在缅甸、尼泊尔、埃塞俄比亚设立了专门的办公室，在“一带一路”沿线10个国家开展了“国际爱心包裹”等项目，传播中国经验、讲述中国脱贫故事。

一年一度的慈展会是慈善公益领域共襄盛举、创新示范的重要平台，我们期待这次会议进一步推动社会各界更加关注扶贫和“三农”问题，凝聚力量持续投入脱贫攻坚、实施国家新减贫战略等伟大事业中，为推进农业现代化和“三农”发展做出新的贡献。

城乡一体化：乡村振兴一二三

中国慈善联合会副会长、华民慈善基金会理事长、
深圳市中国慈展会发展中心理事长　卢德之

先讲一个故事，我和日本著名企业家、学者——福武总一郎先生的故事。我在6年前跟福武总一郎先生在夏威夷轮流担任东西方慈善论坛的轮值主席，这次疫情来了之后，从中国慈善联合会副会长刘福清那里得知武汉的殡仪馆管理（问题），因为医院都有人管，但是殡仪馆管理的人员不多，当时甚至没有。我跟福武总一郎先生商量，一起组织国际力量，共同组织物资来支持武汉的抗疫，这得到了湖北省民政厅的表扬。

在这个过程中，我们多次进行交流，正好疫情期间在家隔离，我们就共同写了一本书《公益资本论》。为什么写这本书呢？是因为在6年来的多少次交流当中，我写了《资本精神》《共享文明》《走向共享》三本书，他写了《公益资本主义》这本书。我发现有很多观点特别一致，特别是福武总一郎先生以30年的时间，让日本的一座荒岛成为旅游胜地，把这么一座荒弃的岛打造成艺术摇篮的模式被称为“直岛模式”。

我也一直参与中国的改革开放过程，特别是过去10多年，一直参与中国的慈善事业，这就与福武总一郎先生有很多的共同点。后来在他们的一再要求下，我们用了3个月的时间，共同写了《公益资本论》这本书。应该说我们有这么几点共识：在我们看来，资本作为推动人类进步的一个重要力量，它不应该只为少数人所享用，不应该只用于城市的发展，而应该为更多的人所用；我们认为乡村必须振兴，特别是日本经验告诉我们，人口越来越少，生育率越来越低，使一些

传统文化慢慢失传；现代城市化在我们看来基本上是相同的，但是只有在乡村才能找到文化的根。我们认为乡村如果不发展，那么人口、文化传承这些基本问题就没有办法解决。

这样一个经验对中国很有启示，今天的日本就是明天的中国。在中国城市化过程中，怎么关注这些问题，或者说解决这些问题？《公益资本论》这本书可能对中国有所启发。

从历史角度来看，农业与人类相伴而生，而且永不消失。即使社会再发达，农业也不会消失。从人类经济发展的规律来看，农村经济发展、工业经济发展到最后是农工融合发展。从西方国家情况来看，20世纪完成了工业化，城市发展很快，农村相对落后，于是又不得不回过头来搞乡村振兴。中国历史上长期处于农耕文明时代，近40年来城市发展很快，农村也出现了不少的问题，但必须避免走西方包括日本在内的国家的老路。日本的朋友都看到了这一点，我们也要引起高度的重视。

从现实角度来看，我们现在处在互联网时代，非单一性城市、非单一性农村，而是城中有村，村中有城，这应该成为这个时代城乡格局的基本形态。滕文生同志认为，农村作为农业文明、农村经济的载体，是与世永存而不可能消亡的。我认为，农村与城市将会成为一个整体，谁也离不开谁，如果说谁离开谁都能生存下来，那一定是农村，而不是城市。这样的一定是落后与现代不相干的农村。城乡一体化既是历史的记忆，更是现实的趋势和要求。

我提三点建议：

首先，要追求一个目标。按照共享化的理念内涵，要实现全民共享、全面共享、共建共享和渐进共享。城乡之间、工农之间都应走向共享，实现城乡之间的经济、信息、社会、文化生态协同发展。

其次，城市要反哺农村。过去40年，农村支持了城市的发展，并做出了很大的牺牲，现在城市发展已经明显超越了农村，城市有能力也有责任、有义务来反哺农村。我们这些人都是从农村出来的，这些年更多是为城市做贡献，所以确实到了反哺农村、反哺家乡的时候了，城市反哺农村、人才下乡、科技下乡、资本下乡，更重要的是发展下乡，产业下乡也可以有。

中国扶贫基金会郑会长给我们介绍了一些做法，确确实实常有所闻，他们把新理念、新产业注入扶贫当中，确实感人。我跟刘文奎先生说："你们把一生都奉献给了这样的事业，真是令人感动。"我们还做别的事，他们可能一辈子就做这一件事情，这是可歌可泣的。一个产业项目就可能带动一个地方的发展，这样的案例到处都是。

最后，城乡一体化必须重视农村文化。与西方国家不同，农村是中国基本的文化符号，中国城乡一体化不能走西方国家城市中心主义的道路，要重视农村文化的传承。"礼、义、廉、耻、忠、孝"的传统文化元素，表现了地方文化的动力性和特点，现代城市文化不能取代地方文化的特色和民族文化的多元性。

在这样的过程当中，社会组织在城乡一体化过程中，应该发挥重要作用，因为社会组织具有高度聚合的特点，既可以推动经济的发展，也有利于挖掘、整理、发展地方文化的内涵，使经济和文化有机地结合起来。慈善事业在城乡一体化的发展过程中，应该发挥更大的作用。因此，我认为既要有城市文化下乡，也要有农村文化进城，要推动城乡文化融合发展。

我的基本结论是：城乡一体化必须以人为中心，经济是发展的基础，文化是发展的灵魂。有了经济文化的融合发展，才有现代城乡人健康幸福的社会。在城乡一体化的构架下，我们都是城市人，也都是村里人。城乡一体化的过程就是人的现代化的过程，我们期待在城乡融合发展中，提高人的全面素质，推动共享文明建设。

让慈善成为反贫困的长久社会机制

全国人大常委会委员、中国人民大学教授、
中国社会保障学会会长　郑功成

脱贫攻坚是我国实现全面建成小康社会第一个百年奋斗目标的标志性指标。党的十八大以来，在精准扶贫思想的指导下，党和政府采取了一系列强有力的措施，大规模的脱贫攻坚工程特别是针对深度贫困地区的脱贫攻坚工程的实施，使贫困地区的面貌发生了翻天覆地的变化，贫困人口的生活得到了全面改观。因此，脱贫攻坚不仅是中国在全面解决温饱问题的基础上，促使全体人民步入全面小康社会并实现民生发展质的飞跃的宏伟工程，也是人类发展史上最宏伟的反贫困工程，已经取得的卓越成就举世瞩目，也得到了国际社会的高度认可。

在这场大规模的反贫困战役中，慈善事业发挥了重要作用。据不完全统计，全国慈善组织用于扶贫济困的慈善支出在2016年达300亿元，2019年增长到近500亿元；许多慈善组织参与对口支援，通过各种扶贫项目促进了社会资源的有效对接，许多慈善项目为款物扶贫、消费扶贫、信息扶贫、服务扶贫等做出了有益贡献。中国的慈善组织能够在脱贫攻坚中发挥重要作用，是中国特色社会主义大家庭的氛围，慈善组织坚持扶贫、济困、助弱的公益宗旨，并主动服务国家发展大局的结果，它也是中国特色社会主义制度优势生动且具体的体现。

尽管脱贫攻坚的任务已经接近尾声，绝对贫困与区域性贫困问题即将被送进历史，但贫困问题仍将是我国长期存在的社会问题，只不过反贫困的对象主要不是绝对贫困问题，而是相对贫困问题。因为城乡之间、区域之间发展的不平衡，个人禀赋、能力、机会及努力程度的差异，决定了总会有一部分人处于收入低、生活质量低的境地，因此，继续发挥好慈善组织在新时代反贫困中的作用仍将是我国慈善事业发展的现实任务与长远任务。因此，慈善事业应当成为我国反贫困特别是新时代应对相对贫困问题的长久社会机制。为此，建议：

一是更加重视慈善事业并促使其能够得到大发展。2020 年是《慈善法》实施四周年，我国的慈善事业在过去 4 年中获得了发展，但总体滞后于经济社会发展与需要的局面并未从根本上得到改变，其原因是多方面的，但是否真正高度重视、实质促进是关键问题。因此，我国慈善事业的发展还需要充分认识其不可替代的独特功能作用，真正将其融入促进完善国民收入分配体系、构建多层次社会保障体系与民生保障制度、推进社会治理现代化的建设中加以考量，并采取更多实质性的政策支持。唯有如此，才能使慈善事业在未来发挥出更好的反贫困作用，并成为真正有影响的社会事业。

二是植根国情进一步调适慈善事业的发展方向。一方面，慈善无国界，慈善事业有国界，这是一个常识问题，因为个人可以凭自己的价值取向与意愿行善，但慈善事业不可能脱离各国的现实制度安排和传统文化的影响，如我国走的是共同富裕的社会主义道路，实行的是中国特色社会主义制度，慈善事业只有真正融入这条道路与中国制度中，才能获得更好的发展；包括财政税收制度、收入分配制度、社会保障制度、社会治理制度等无一例外地均会对慈善事业的发展产生直接且重要的影响，我们需要不断完善这些制度以便让慈善事业的发展具有更加广阔的空间，也需要慈善界与参与慈善者适应这些制度更好地发展自己。同时，中华传统文化具有自己显著的特色，不充分认识到这一点，依照欧美国家政策方法来推动慈善事业发展就可能难以引起社会共鸣、形成社会共识，最终不利于我国慈善事业的发展。从目前的实践来看，社区慈善、网络慈善、家族慈善等更加符合中华文化，值得高度重视并促使其得到全面发展。

另一方面，在应对相对贫困问题时，慈善事业不仅需要有筹募款物的强大功能，更需要具备提供各种社会公共服务的功能，这样才能更好地弥补政府功能的不足，才能更加广泛地调动社会力量特别是丰富的人力资源，才能更好地满足社会对慈善事业发展的需要。

三是要让慈善事业运行在法治与自治相结合的轨道上。我国已经走上了全面建成社会主义现代化强国的新征途，全面依法治国是现代化的基本要求，因此，全面贯彻落实《慈善法》并确保法律促进慈善事业发展的根本宗旨转化为具体行动十分必要。在这方面，需要进一步完善我国的慈善法制建设，特别是要通过制定专门的行政法规、规章和适时修订《慈善法》来使慈善事业有良法可依，并通过更有力度的政策支持，激励人人行善、终生行善。同时，还要充分认识到慈善事业是建立在自愿捐献基础之上的社会公益事业，必须尊重捐赠者的意愿和维护慈善组织的自主权，法治与自治相结合应当成为促进我国慈善事业大发展的基本取向。只有法治化才能确保慈善事业的正确发展方向；只有尊重自治，慈善组织才能具有活力并在实践中不断成长起来。因此，我国的慈善事业发展需要平衡好法治与自治的关系。

不能轻言胜利，扶贫是一个永恒的事业

香港中文大学（深圳）校长讲座教授、
全球与当代中国高等研究院院长　郑永年

中国的扶贫、慈善实践很丰富，改革开放以来，我们带领 8 亿多人口脱贫，这在世界历史上从来没有发生过，中国对当今世界扶贫做了最大的贡献。

我认为，我们的伟大实践，这样的会议远远不够，有关扶贫的会议不够、研究不够、讨论不够。大家知道今年的扶贫诺贝尔经济学奖被印度籍学者拿走了，我跟中国的经济学家说，这是说不过去的。当然，我们也是开玩笑，这是学术界。印度人经济搞不好，因为他们获诺贝尔经济学奖太多了，照抄照搬西方国家的教科书，经济肯定搞不好，中国经济实践偏离了西方国家的教科书，是基于自己的文化、国情，扶贫上取得了伟大的成就。学者不能找借口，而是要把扶贫的故事讲好、把扶贫经验总结好，这不仅仅是对中国自己的交代，也是对世界的贡献。

直到 21 世纪，贫困仍然困扰人类社会，从 20 世纪 80 年代开始，经历了一波超级全球化，这一波超级全球化创造了巨量的财富，但是也带来了所有国家收入和财富差异的扩大，以及贫困阶层的增加，发达国家也是如此。为什么美国和西方民粹主义崛起？就是因为社会变得越来越不公平，富人越来越富，穷人越来越穷，这一波欧美民粹主义的直接结果，就是贸易保护主义、经济民主主义，尤其是美国特朗普政府，把美国国内原因全球化认为是全球化的结果，所以要在墨西哥边境建墙，跟中国贸易冲突，把美国国内的问题责任推给中国。

是不是开放就造成了贫困呢？我想不是的。从中国的经验来说恰恰相反，因为改革开放以来，中国8亿多人口脱离贫穷。中国从20世纪80年代开始加入全球化浪潮，用今天的话来说，加入了外循环、国际大循环，这个国际大循环对于中国的扶贫、脱贫是一个非常重要的要素。珠江三角洲地区每年吸收农民工3000万人，我想，在珠江三角洲打工的3000万农民工都是脱离了绝对贫困状态。为什么西方产生这样的情况，而中国的情况又刚好相反呢？全球化带来的贫困效应应该通过政府的作为来改变，但受资本主导一切的思维影响，欧美国家的政府没有在收入分配和社会公平方面起到应有的作用，所以，全球化所创造的巨大财富就集中在极少数人手里。90年代，我在美国留学，那时候他们很骄傲，美国是庞大的中产阶层社会，但是现在美国人讲自己的社会是富豪社会。从中产阶级社会到富豪社会的转型，是西方国家现在面临的问题。

举个例子，二战之后，美国经过凯恩斯主义，因为凯恩斯主义积极倡导政府在经济发展当中的作用。西方国家总体上，包括美国二战之后的中产阶级占比达到70%，现在中产阶级占比不到50%。我国的中产阶级占比是30%，但是我国的中产阶级不断增加，规模不断扩大。从贫困到富裕稍微慢一点没有问题，但是美国从富裕到贫穷，中产阶级从70%下降到50%，这是说不过去的。奥巴马总统执政8年，美国中产阶层以每年1%还多的速度下降。所以，奥巴马执政也是为特朗普民粹主义崛起打下了社会基础。

中国的经验非常宝贵，全球化给中国社会带来的冲击也十分巨大，收入和财富也同样面临着社会不公平等问题。正如十八届三中全会指出，市场起主导型的作用，政府起更好的作用，从扶贫经验来看，确实做到了这两点，以市场起主导型作用，但是政府在扶贫工作当中起更好的作用。改革开放以来，每一个阶段政府都推出有效的扶贫计划，尤其是近几年的精准扶贫非常重要。我到云南和很多地方看，尽管扶贫的方法是否更有效，这可以讨论，也许有些地方可以做得更好、更有效，但是精准扶贫本身就是必需的，这是保障一个社会的基本公平和基本运作。上次座谈会，习近平总书记提到，我们实现了“两个可持续发展”：一是经济的可持续发展，二是可持续的社会稳定。

这两个“可持续”是不容易的，很多国家实现了经济的可持续发展，但是经济发展到一定阶段，就出现了社会不稳定，甚至是动荡。有些国家虽然社会是稳定的，但是经济并不发展。中国实现这两个“可持续发展”是非常了不起的成就。虽然2020年我国扶贫取得了巨大成就，但是我个人觉得不能轻言扶贫的胜利，因为扶贫是一个永恒的事业，孔子时代一直在提倡社会公平，几千年了，从世界历史来看，扶贫不会有终结的一天。

下一阶段在精准扶贫的基础上，要花大力气来控制返贫，要控制相对的贫困人口，相对的贫困人口现在还是巨大。我们的中产阶级还很少，有4亿人口，大概占我国总人口的30%。在下一个阶段，我觉得更重要的是从社会改革入手，包括确认慈善制度、社会保障、医疗、教育、公共住房，要为中产阶级提供一个制度保障。美国今天出现的问题为什么比欧洲严重？因为欧洲是福利国家，中产阶级有制度保障，美国的中产阶级没有制度保障，所以很快就掉下去了。上次向习近平总书记汇报的时候我建议，一定要避免这种情况，避免中产阶级下滑，一方面是扶贫，另一方面要为中产阶级提供有效的制度保障。

过去40年中国是8亿人口脱贫，创造了世界奇迹，下一个世界奇迹是什么呢？每年中产阶级数量上涨，现在是4亿人口，到2035年，如果中产阶级人口达到7亿，中国就可以出现人类历史上从来没有出现过的庞大的中产阶层。庞大的中产阶层意味着什么呢？古人说“有恒产者有恒心”，中产阶级是社会稳定的基础，是创新的基础，也是人类通往自由平等的基础。所以，我们要继续努力，争取把中产阶级做大做强，到2035年再创一个世界经济奇迹。

互联网公益，赋能脱贫攻坚

中国互联网发展基金会理事长、人民日报社原副总编辑　马　利

如何利用互联网为减贫脱贫赋能？

第一，网络公益是减贫脱贫的新动能。

减贫脱贫是一项需要全社会参与的系统工程，中国互联网发展基金会作为民间组织，积极组织社会力量，整合社会资源。2016 年，中国互联网发展基金会与中国扶贫基金会联合京东、阿里巴巴、中国电信、腾讯等网信企业，建立了“网络公益扶贫联盟”，组织 100 多家网信企业，共同参与网络扶贫行动。2018 年，中国互联网发展基金会设立了“网络扶贫专项基金”。2020 年，中国互联网发展基金会开展了“镜头中的脱贫故事”网络直播、“我家的故事”脱贫攻坚奔小康短视频征集活动，充分发挥网络传播优势，展现脱贫攻坚成果和经验，营造“人人参与扶贫，人人支持扶贫”的良好氛围，让扶贫成为人们的自觉行动。

第二，坚持问题导向，服务人民群众生产生活。

为维护边疆稳定、助力贫困地区提升信息化水平，弥补数字鸿沟、解决信息高速“最后一公里”等问题，中国互联网发展基金会于 2018 年发起了“网络扶贫手机捐赠公益项目”，分两批共投入 4700 万元定制 35134 部预装汉藏双语操作系统和双语 App 的国产智能手机，捐赠至西藏自治区及四川、甘肃涉藏州县的藏族建档立卡贫困户，起到了利民、便民、惠民的效果。2020 年，为推进城乡学龄儿童对科学的关注及认知，通过互联网助力乡村教育扶贫，中国互联网发展基金会在广东紫金县开展了“村暖花开 · 互联网扶贫行动”，以主题情景直播课的形式，邀请航天专家，为当地的乡村学生献上一堂别开生面的科

技素养体验课程。通过网络直播，把精品课程输送给更多贫困地区的孩子。

第三，发挥互联网的平台优势，建立可持续的发展机制。

中国互联网发展基金会先后主协办第四届世界互联网大会“共享红利：互联网精准扶贫”论坛、第五届世界互联网大会“网络公益与扶贫”论坛、第六届世界互联网大会“互联网公益慈善”论坛，宣传了“互联网+扶贫”理念，倡导全社会关注、支持、参与网络扶贫工作，凝心聚力构建网上网下同心圆，还先后4次组织网信企业与深度贫困地区开展结对帮扶活动。一方面激发互联网释放更多的扶贫“新动能”，进一步发挥互联网在生产要素配置中的优化和集成作用；另一方面建立了授人以渔的“输血模式”，有效激发了贫困地区和贫困群众的内生动力。

我们希望全国贫困地区的群众能够通过互联网增长见识，用信息扶贫，调动他们的主动性和创造力，增加扶贫的新动能，增强脱贫的内生动力。

天下众生相依而存，就像李纪恒部长所说的：“让慈善引领社会的时尚。”消除贫困是人类的共同使命，我们基金会愿与互联网捐赠平台、爱心企业、爱心人士共同努力，不断增进广大人民群众的获得感和幸福感，落实好习近平总书记的指示，把互联网的发展成果惠及14亿中国人民，在共同致富路上，一个也不能掉队。

脱贫攻坚，民营企业的使命与担当

中国慈善联合会副会长、宁夏宝丰集团有限公司董事长、
宁夏燕宝慈善基金会理事长　党彦宝

贫困，是当今世界面临的最严峻挑战之一，消除贫困，是全人类共同的梦想。党的十八大以来，国家提出到2020年坚决打赢脱贫攻坚战，整体消除绝对贫困，全面建成小康社会。历经多年的不懈奋斗，我国的脱贫攻坚创造了世界反贫史上的奇迹，中华民族梦寐以求的“小康梦”就要实现，作为中华儿女，我们都感到无比的骄傲和自豪！

积极参与消除贫困，是每一个社会主体义不容辞的责任与义务。尤其是民营企业，作为推动经济社会发展的重要力量，也是改革开放的最大受益者，面对脱贫攻坚重大历史任务，必须要勇担当、有作为。宝丰集团是宁夏成长起来的民营企业，多年来，我们在深耕实体经济、创新产业发展的同时，积极履行社会责任，每年拿出企业10%的利润，以燕宝慈善基金会为平台，大力实施移民扶贫、教育扶贫，并在医疗、养老等领域开展公益实践，走出了一条创新发展的精准扶贫和公益慈善之路。

首先，积极参与移民扶贫。宁夏是西部欠发达省份，特别是宁夏的中南部地区，素有“苦瘠甲天下”之称，被联合国认定为“最不适宜人类生存的地区之一”，也是国家14个集中连片特困区之一，是脱贫攻坚的主战场。宁夏回族自治区实施生态移民重大战略，将其中35万名贫困群众，从生存条件极端恶劣的大山中搬出来，为他们建设了新家园。

我们积极响应自治区生态移民号召，在5000人以上的移民扶贫安置区，捐建了9所学校和17所卫生院，有效解决了上万名孩子就近上

学和移民群众就近就医的问题，为他们更好地适应新环境，能够安居乐业，实现搬得出、稳得住、逐步能致富，创造了有利条件。

其次，大力开展教育扶贫。教育是阻断贫困代际传递的根本途径。习近平总书记指出，“扶贫先扶智，扶贫必扶志”，西部地区要彻底拔掉穷根，就必须把教育作为长远的事业抓好。为此，我们将教育扶贫作为精准扶贫的重点，对宁夏14个县区、8个乡镇，考上大学的孩子全部进行资助，每人每年资助4000元，连续4年，直至完成学业。同时，还对全自治区范围内，其他县区部分建档立卡贫困户和城市贫困学生进行资助。希望通过教育这一最根本、最有效的“造血式”扶贫，让贫困家庭的孩子依靠知识改变命运，进而改变家庭乃至整个家族的命运，彻底挖断“穷根”。

教育扶贫是我们这些年来投入最大、最为核心的精准扶贫项目。目前，我们已累计捐资22.83亿元，资助了22.29万名宁夏籍学生，遍布全国600多所高等院校，已有20多万个家庭从中受益。我们每年捐资约3亿元，每年资助约10万人，每年为10万余个家庭减轻经济负担；每年有3万人毕业，为3万个家庭带来新的经济增长点。现在已有12万多名受助学生毕业走上工作岗位，成为家庭的经济支柱，带领家人走上了致富小康路，真正实现“一人成才，全家脱贫”。我们的项目也成为全国规模最大、覆盖面最广、持续时间最长、受益群众最多的教育扶贫项目。

在最初的教育扶贫过程中，我们也遇到了一些问题。发现有许多孩子不愿拿助学金，本以为是家庭条件比较好，但调研后发现，这些孩子实际上家里都非常贫困。由于青少年时期的孩子自尊心很强，贫困家庭的孩子自尊心更强，他们都不愿因受到资助，而被扣上“贫困生”的帽子，感到低人一等。为此，我们决定实施“经济、精神双扶持”，一方面，对重点贫困县区、乡镇考上大学的孩子，不分贫富，进行“全覆盖、无差别化”资助；另一方面，将“助学金”改为“奖学金”，虽然一字之差，但是把资助变成了鼓励和鞭策。这样不仅有效解决了贫困孩子“上学难”问题，还最大限度地保护了他们的自尊心，让他们在平等环境中学习成长，努力实现人生理想。此外，我们还为受助学生特制了国内首张“奖学金银行卡”，每年定期将奖学金直接汇入卡内，实现点对点发放，让他们能够安心上学。

“燕宝奖学金”为贫困家庭孩子接受良好教育，提供了有力支持的同时，也帮助青年学子树立了自立自强的信心，激发了求学上进的动力，从而实现了自力更生，并成为国家经济社会发展的有用人才和新生力量。更为重要的是，也让所有受到资助的孩子从小就懂得了感恩，成为爱的传递者。许多学生自发成立“燕宝爱心社”，以志愿者、义工等方式广泛参与社会公益活动。还有的毕业后，直接选择了公益慈善组织工作，用实际行动传递社会正能量。

最后，深入实践公益医疗养老。随着社会的发展，养老、医疗问题成为社会的焦点。宁夏及西部地区医疗养老公共设施不平衡、不充分问题突出，服务水平相对滞后。为缓解地区“养老难、养老贵，看病难、看病贵”等社会问题，我们本着公益理念，投入100亿元，全国首创打造了“医、养、教”相融合的公益医疗养老项目。这个项目包括8500套活力康养公寓；2100张床位的大型三甲综合医院，并在医院内单独设立了1962张床位的医护照料中心；同时，还有从幼儿园、小学、初中、高中“一站式”的优质教育资源，项目配套设施齐全高端，提供全方位、高品质的服务，但收费标准低于同行，真正让老百姓能“进得来、住得起”。我们希望通过这一全新模式，破解当前“老无所医、老无所养、老无所乐、老无所为”等老龄化社会问题，为助力“健康中国”探索出一条新路。目前，我们的养老社区已建成，开始发挥社会效益；医院项目将于明年投用，届时将形成服务宁夏、辐射西部，在全国具有一定影响力的公益康养示范基地。

2020年，是极不平凡的一年。在决战决胜脱贫攻坚的收官之年又遇突发疫情，给我们的经济社会发展带来了前所未有的冲击和挑战。非常时期，就要有非常之举。我们在疫情发生的第一时间想方设法调集物资，先后捐款捐物 20 余次，累计捐资 5300 多万元，积极驰援一线抗疫。同时，企业还紧急启动转产，生产医疗防护物资原料，并投产了医用口罩、防护服生产线，全力为抗击疫情提供保障。

虽然我国的“绝对贫困”问题即将画上句号，但后小康时代，“相对贫困”问题仍将长期存在。“消除贫困，实现可持续发展”还将任重而道远。未来，我们将不断探索慈善创新发展之路，为巩固扶贫成果、预防脱贫返贫，继续秉承慈善理念、发扬慈善精神，持之以恒将教育助学做下去。我相信，在社会各界仁人志士的共同努力下，我们中华民族伟大复兴的中国梦必将早日实现！

如何让脱贫变得可持续

阿里巴巴集团合伙人、阿里巴巴公益基金会理事长、
阿里巴巴脱贫基金执行秘书长　孙利军

在实践过程中如何更好地思考脱贫的可持续？过去几年，阿里一直在脱贫实践过程当中思考自己的脱贫战略，如何真正把这个战略做到可持续性，我将过去两年犯的错、过去两年的经验和思考与大家进行分享。

2017 年，阿里成立脱贫基金，并且脱贫已经成为阿里的第四大战略。为什么是战略？因为脱贫不是一个人、不是一个团队去实践的，而是以阿里整个经济体的合力去思考的。所以，2017 年成立整体的脱贫基金时，就在战略上思考如何可持续，首先要从长远的角度思考脱贫的问题，因此我们的脱贫有了五大方向。

从围绕人的未来、围绕人的保障、围绕人的发展，我们在思考的脱贫分为健康脱贫、教育脱贫、女性脱贫；同时，结合可持续性、业务发展性又有了电商脱贫和环境脱贫。一个是结合淘宝，一个是结合支付宝。

我们认为脱贫不仅仅是眼前的问题，更是要思考长远的问题。教育脱贫成为我们第一大脱贫方向。我们认为，如何帮助贫困地区未来的年轻人走出来、让未来的年轻人拥有更多的现代化思想和更多的理念发展，拥有更多的创新，尤为重要。所以，在教育上分别由两任集团主席负责。

马云老师在义务教育领域开展了 5 年工作，我们不仅仅是围绕学生的资助，还招募大量乡村老师、校长、乡村师范生回到贫困地区，围绕技术学校进行工作。更是以县为单位从整体来思考，不仅要把校

园硬件做好，还要解决校园的软件系统、普惠系统，保障未来能让这些贫困地区的孩子，有更多人从大山走出来。同样，我们帮助贫困地区培养当地的人才。蔡总（蔡崇信）负责的是职业教育，每个贫困县都有职业教育，2 年多的时间里，对 30 多个县职业教育的课程、老师、内容、帮扶落地，实现脱贫要思考如何在贫困地区“长”出脱贫的人才和能力。

我们更要思考，国家“自上而下”这么大的力度、这么多年的持续脱贫的作战中，如何保持胜利的果实？3 年前扶贫办的数据显示，如今在中国因病返贫的比例达到 44.3%。那时候开始，我们就联合当地和扶贫基金会，用阿里技术和区块链技术实现对建档立卡做保障计划。过去 3 年时间，阿里完成了 86 个县的建档立卡，能做到全覆盖、全透明、全跟踪。这些贫困县一旦上线，其所有的建档立卡，不分病种，不分医院，治疗费用的 50%就能报销。我们用的是完整的区块链整体跟踪技术，我们确信 3 年后会突破 1 千万健康脱贫。

以前做农村项目的时候我就在思考，如何帮助当地的女性走出来，如何帮助当地的女性就业、做好保障，如何培育自己的下一代？接着阿里就有了女性创业、女性保障和女性整体的脱贫计划，覆盖的女性达到 80 多万人。这对于阿里来说，是思考如何以人为根本、持续性地帮助这些地区，更好地建立以当地为中心的人才计划和孵化计划。持续思考的是如何结合自己的业务做到脱贫的可持续性。扶贫是给予、脱贫是更多的给予，并带去自我的造血能力。

结合今天的电商平台淘宝，电商脱贫不是简单的卖货，而是思考“天、地、人”。

“天”是意志，今天要改变的不是简单的卖货，而是从贫困地区的“一把手”开始。每到一个县，都跟县委书记、县长，形成整体的战略方向，彼此要形成共识，明白在电商脱贫上做什么、完善什么，这个是非常重要的。只有达成高度的共识，你的想法、策略，才能更好地落地。很高兴阿里在过去两年多时间里，培训了处级以上干部近

2000人，到今天为止，已经有300位县长走进直播室，为此我感到非常高兴。在过去的2019年中，832个国家级贫困县在电商扶贫下，年增长达到58%。对于我们来说，不是简单地思考卖货物，而是通过电商帮助当地培养人才。

“地”是围绕着产业，人是真正的输送人才和帮助当地培训人才。从前年开始，阿里已经把非常核心的一批管理干部落地到了11个县，这些干部都是阿里平均工龄12年当中最优秀的一批干部，他们过去都是做着书记助理、县长助理和副县长的工作，远赴国家级贫困县后他们能够很好地把我们的理念、方向与脱贫更好、更友善地结合。

在环境脱贫上，蚂蚁森林是种树，如今不仅是种树，而且结合当地的方式种经济林。老百姓的苗种下去就有了收获的希望，更重要的是包销，在天猫上卖，卖掉的钱就继续种树，如此循环。如今计划已在7个县的荒漠地带落地，把经济林种可持续发展。

对于阿里来说，我们一直在思考如何让脱贫变得可持续、如何让脱贫真正地给当地带来自我造血能力。

第二节 全球智慧：减贫脱贫与可持续发展

坚持可持续发展理念，
推动社会文明和新商业文明进步

国际公益学院董事会主席 马蔚华

什么叫可持续发展金融？这个概念我是这么理解的：以可持续发展为愿景，能够实现经济、环境、社会、综合价值的一切金融手段。包括银行、信贷、债券、基金、保险，都叫作可持续发展金融。可持续发展金融有一个“可持续发展”的概念，什么是可持续发展？既能满足当代人的需求，又不对后代人满足需求的能力造成危害。

为了实现可持续发展这个目标，联合国在 2015 年 9 月执行了《2015—2030 年可持续发展议程》，提出了 17 个指标，简称 SDGs。

SDGs 的首个目标就是“消除贫困”，在世界每一个角落永远消除贫困，这个是联合国可持续发展的首要任务。2015 年 11 月，中央扶贫开发工作会议在北京召开，提出“确保到 2020 年所有贫困地区和贫困人口一道迈入全面小康社会”。截至 2019 年底，中国贫困人口已从 2012 年底的 9899 万人减少到 551 万人，贫困发生率由 10.2%降至 0.6%。中国的扶贫对全球贡献率达 75%以上。

2020 年，新冠肺炎疫情对扶贫工作产生了巨大的冲击。从全球角度来看，联合国经济社会事务部发布的《2020 年可持续发展目标报告》称，2020 年全球将有 7100 万人重回极端贫困，贫困人数自 1998 年来首次出现上升。在中国，防疫任务也很重要，在党中央的领导下，

我们一方面跟疫情做斗争，恢复生产；同时，也把扶贫攻坚任务作为最优先的任务。2020 年 5 月，国务院扶贫办表示，经过多方努力，贫困劳动力外出务工已达上年外出务工总数的 95.3%，扶贫龙头企业和扶贫车间复工率达 97%，扶贫项目开工率达 82%。这是 5 月的数据，现在肯定比这个好。数据使我们对“大国攻坚、决战 2020”充满信心。

贫困是一个复杂的系统性问题。产生贫困的原因很多，但是我认为是有条有共识的，就是工业发展和公共卫生事件的发生有着密切的联系。工业革命之后，公共卫生事件发生的频率就逐渐加快，过去 80 年发生 20 起，其中过去 10 年就发生 8 起全球性的公共卫生事件。同时，我们也发现，过去 10 年气候变化的异常，比如 2020 年 2 月南极气候竟然达到了 18.3℃。我们发现了一个规律，也是一个问题，就是瘟疫的频发跟气候变化有关，而气候发生变化是因为过去无节制使用石化能源。要彻底解决贫困的根本途径是摆脱过去的发展模式、实现可持续的发展方式，也就是追求经济社会环境相协调、追求经济价值和社会价值相一致的发展方式。

追求可持续发展就必须使用可持续发展金融的工具，和贫困做斗争也是这样的。

一是普惠金融。在过去，我们认为，边远地区、贫困地区也有权利享受金融服务，但由于风险和成本却无法实现。现在由于大数据、区块链和信息平台的风险降低，很多项目把普惠金融用到了扶贫攻坚上去。截至 2019 年底，全国累计发放扶贫小额信贷 6043 亿元，产业精准扶贫贷款余额达 1.41 万亿元，农业保险服务已覆盖全国 95%以上的乡镇。普惠金融帮助农民实现产业扶贫，这样就能授人以渔。

二是绿色金融。扶贫工作当中还应当考虑环境，如果扶贫不能同时考虑环境，很可能造成扶贫开发项目超过贫困地区生态系统的承载能力，增加贫困地区再度返贫的风险。我们要帮助贫困地区实现“生活富裕”和“生态宜居”的双重目标。绿色债券取得很大作用，现在我国已经成为世界第二大绿色债券市场。

三是影响力投资。影响力投资就是旨在产生积极、可度量的社会价值，同时带来正面财务回报的投资。它提供了一种新的投资角度，强调在任何投资决策中，既考虑经济效益，也考虑社会价值。我认为，影响力投资是我们从根本上解决贫困非常重要的金融工具和手段。

扶贫攻坚的任务已经看到了胜利的曙光，但是脱贫之后，还要坚持可持续发展的理念推动社会文明和新商业文明进步。我希望企业家们，既给社会生产好的产品和提供好的服务，还要尽自己的努力，让这个社会更美好，将贫困永远甩掉。

作为外资企业，三星为何要坚持投身脱贫攻坚？

中国三星副总裁　张　剑

为什么三星作为一个外资企业会站在这个舞台上？我想讲的是：身在中国，心为中国。

三星确实是一家外资企业，但是进入中国28年来，除了扩大经营规模外，最专注做的事情就是社会公益，坚持不懈地做社会公益，特别是在扶贫、减贫领域，坚持28年，我们一直行动。

我想和大家分享最近我的几次感动：

这张朋友圈的截屏相信很多人看过，“距离脱贫攻坚倒计时11天11时11分11秒”。那一天，我的朋友圈反复跳出这个画面，让我感动的正是这样一群人。这群人当中有政府管理部门、基层扶贫干部、公益组织、志愿者、爱心企业、爱心个人，也有为了脱离贫困奋斗不懈的贫困乡亲们。这群人是让我们感动的一群人。

三星在河北帮扶村南峪村的段书记，他去年获得了全国脱贫攻坚奖的个人奋进奖，这样一个人让我感动。如果我们所有的乡村都能有这样的领导、这样的带头人，那我们所有的乡村都能够脱离贫困。

2020年9月11日，我收到了贵州雷山白岩村合作社的唐理事长的短信。他说刚刚过去一天，民宿收入是3468元，疫情后三星支援的民宿恢复营业以来已经收入23万元，这个三星产业扶贫村的村民已经脱离贫困，虽然疫情仍有影响，但是仍有很可观的分红分到手里。唐理事长那种自豪和快乐感动了我。

2014年，三星捐资启动在河北的南峪村的产业扶贫项目，到现在，5年多的时间，村庄的人口出现了正增长。很多村庄人口在减少，但我们这个村庄6年内人口增长了20%。以前600多人，100人在家里，500人在外边打工，村庄是空心的；到现在有400多人回到村里参与民宿产业经营，收入最高的村民年收入达到 40 万元。这样奋斗不息的村民们，也让我们感动。

如同我们前面看到的，减贫、脱贫的核心都是“人”，一定要聚焦人的改变。村庄里有大量的留守妇女，她们基本上没有什么收入，但通过三星民宿村的项目，她们当管家阿姨，有工资、奖金、分红，还能照顾家里人，她们笑着说这是“足不出户得三薪”。以前，这些阿姨从没想到，能在家门口过上这样幸福的日子。

要想改变人，就要从孩子抓起，这也是三星在扶贫中获得的感受。三星支援过很多项目，其中一个项目进行了长达 15 年的时间，就是利用暑期赞助大学生来乡村小学陪伴留守儿童。迄今为止，已经有数万名孩子得到了暑期陪伴，这不仅开拓了他们的眼界，也让他们变得更加开朗、更加愿意融入这个世界。

还有三星的健康扶贫项目，也是聚焦于人。因为很多脱贫的农户是因为疾病而导致返贫，而我们的项目就是要解决这个问题。有一个彝族小女孩，因为在上学的路上摔倒被木棍戳坏了眼睛，造成外伤性的白内障，家里用尽所有积蓄都没能给她治愈。而通过三星持续 15 年的“三星爱之光”项目，为她免费做手术，为她修补损坏的角膜，并为她进行视力矫正，她又变成了一个乐观、开朗、学习成绩非常好的小女孩，家庭也因此避免了返贫。

除了扶贫受益人，还有很重要的人，就是企业自己的员工。我们鼓励中国三星近 8 万名员工和近 40 个下属法人，与扶贫村、乡村学校等受助群体结成对子，为他们持续提供脱贫之后的帮助。通过这样的活动，激发员工的大爱。

脱贫攻坚要聚焦于人，中国三星从教育、医疗、产业的角度，对贫困人群进行关怀。作为中国最大的外资企业，我们在三年精准扶贫期间投入 1.5 亿元，助力脱贫攻坚。我们有信心帮助他们真脱贫、早脱贫，我们也有信心和其他的企业和企业家一起，共同在脱贫攻坚之后，继续努力使我们走向美丽的乡村、不断振兴的乡村。

慈善信托与精准扶贫

中国信托业协会首席经济学家　蔡概还

助力脱贫攻坚的一种新的方式，就是慈善信托。我这里主要讲三个对慈善信托的误解和六种扶贫慈善信托的创新模式。

第一个误解，慈善信托就是慈善捐赠。慈善信托是2016年《慈善法》出台之后规定的一种新的慈善方式，截至2020年9月，慈善信托已累计设立454单，总规模达到32.38亿元。现在还有很多人把慈善信托和慈善捐赠画等号，认为慈善信托就是慈善捐赠，这是完全不同的概念，如果是同一个概念，国家就没有必要立法，专门在《慈善法》当中专章规定了。慈善信托和慈善捐赠是社会公众参与公益事业两种不同的途径和方式，让我们在参与公益事业的时候，既可以选择慈善捐赠，也可以选择慈善信托。

第二个误解，很多人认为慈善信托是资产管理或者是保值增值的一种手段。无可非议，慈善信托具有保值增值的功能，因为委托人把财产交给受托人来设立慈善信托的时候，受托人可以对慈善信托财产进行管理，并产生收益。但这并不是每个慈善信托所必需的环节，也就是说，慈善信托完全可以忽略这个环节，由受托人把慈善信托财产直接交付受益人进行受益。从这一点来看，保值增值并不是慈善信托的方式。

第三个误解，慈善信托与己无关。目前，我们国内关注的慈善信托机构就两类：慈善组织和信托公司。慈善信托是给每个人提供新的参与公益的方式，对财产所有者来说，如果不想采用捐赠的话，就可以采用设立信托基金这种方式来为自己设立专门的公益基金。为了向社会推广和普及慈善信托，中国慈善联合会慈善信托委员会对此做了大量的推动工作。

下面讲慈善信托在脱贫攻坚、精准扶贫、精准脱贫上的六个创新模式。

慈善信托一个非常重要的信托目的就是扶贫。截至 2020 年 9 月，扶贫慈善信托共有 194 单，财产规模达到 19.98 亿元，占总量比的 61.7%，扶贫济困已经成为慈善信托的主要目的之一。据我了解，先后共有 25 家信托公司到甘肃、内蒙古等地，通过设立慈善信托的方式支持当地扶贫工作，共签订帮扶协议资金 2702 万元，落地金额 1900 多万元。

在实现过程中，主要探索六种扶贫慈善信托的创新模式。总结一句话，就是在实践当中扶贫慈善信托严格践行了“授人以鱼不如授人以渔”的理念。

第一种模式是通过信托公司或者是受托人把慈善信托资金直接交给贫困地区的龙头企业，或者是致富带头人，由他们来给当地的农户提供更好的就业机会，同时产生收益，造福当地群众。

第二种模式是收益分红，设立合作社，帮助困难群体获得利润分红，并促进他们就业。

对于这两个模式我做了一个调研，发现在慈善信托的受托人通过这两种模式来扶贫的时候，慈善信托已经成为企业的股东，要对企业进行经营带动当地的脱贫。我就想到了两句话：“用经营企业的理念经营慈善，将商业理念运用到公益事业当中来。”

第三种模式是杠杆撬动，在这种模式下，慈善信托通过与贫困地区的农信社、村镇银行合作，给农户发放贷款，金融机构给群众发放贷款意愿力不够。慈善信托贴息，如果贷款产生坏账，就由金融机构和慈善信托来共同承担这个坏账，如各承担 50%，通过这种方式撬动更多资金为贫困群众服务。慈善信托总规模 90 万元，撬动贷款 290 万元，平均每 100 万元慈善信托撬动 1000 万元扶贫资金。

第四种模式是保险保障，在这种模式下，通过慈善信托资金给当地群众提供保险服务，有三种情况：为贫困农户提供农产品种植、养殖类的财产保险支持，包括牛、羊等牲畜死亡损失保险，种养殖保险；与保险公司共同开发农产品价格指数保险，对贫困群众因价格波动带来的经营损失，通过保险方法予以补偿；提供重大疾病保险、意外伤害保险，这种保险模式提供的资金额比较小，但是帮助群众的覆盖面非常大。

第五种模式是教育扶智，慈善信托组织当地的教师、孩子、扶贫干部，到发达地区学习考察，开展培训，开阔眼界，也让他们学到了很多致富的路径。我记得有一次上海信托组织甘肃的一些群众到浦东学习考察。据我了解，他们收获都非常大。这种培训的考察资金来源于慈善信托财产。

第六种模式是科技创新，主要是中国慈善联合会上年做了支持江西遂川扶贫慈善信托，这个慈善信托有一个特点，就是采用了区块链的方式。通过区块链不可篡改的特性，让整个慈善信托财产从委托人、受托人到受益人的整个流程，在区块链上进行留痕。通过链上，大家可以看到自己的资金去向、受益人的名字。我和中国慈善联合会副会长刘福清也尝试了一回，做了一次委托人，当时还上区块链找了一下相关数据，我认为这是非常好的探索方式。

新冠肺炎疫情暴发以来，慈善信托在抗疫方面也做了很多尝试。截至 2020 年 9 月，全国共备案 73 单，慈善信托规模达到了 1. 37 亿元，其中由中国信托业协会倡导，并由 61 家信托公司成立的中国信托业抗击新型冠状病毒肺炎慈善信托，规模已达 3090 万元。

圆桌论坛一：减贫脱贫与可持续发展

圆桌主持人：

清华大学公共管理学院教授、副院长　邓国胜

圆桌嘉宾：

腾讯公益基金会执行秘书长　窦瑞刚

内蒙古老牛慈善基金会秘书长　安亚强

中国石油天然气集团有限公司办公室公共关系处副处长　刘昉昳

清华大学教育基金会副秘书长　孙大鹏

爱德基金会副秘书长　何　文

窦瑞刚：腾讯基金会自成立以来就非常关注贫困和中西部差距，在2009年就启动了“筑梦新乡村”西部乡村公益帮扶计划，给云南、贵州等欠发达地区定点扶贫。我们是中国互联网企业最早开展定点扶贫的，也纳入了国家的扶贫计划。在扶贫过程中，也向国企学习，派员工，包括我本人也都挂过职。

邓国胜：在哪儿挂职?

窦瑞刚：云南。派员工挂职，同时利用互联网资源、基金会的资金，着眼于做教育、做文化和乡村振兴。对于我们来说，能力特长不在基础的乡村建设，而是在“筑梦新乡村”7年过程当中，可能对乡村做出的最重要贡献，就是如何把互联网能力、科技能力赋能给乡村，所以“筑梦新乡村”升级成腾讯“为村”计划．通过互联网的产品赋能给乡村，提出了党建为村，以党员、党支部为核心，带领村民利用互联网连接亲情。这几年在“为村”基础上又做了升级和思考，我们发现，在农村，因病致贫、因病返贫是很大的社会问题。我们有AI医

学早期识别的项目，和广东省扶贫基金会合作，利用AI技术赋能给乡镇一级的医院进行癌症早期识别，尽量减少因病致贫、因病返贫。

关于消费扶贫和产业扶贫，我们想把互联网公司的创意和设计能力赋能给乡村，在广东省对口扶贫的广西河池下面的县，尝试了一个项目。那个地方特别穷，但是有很美的星空，我们就做了星空集装箱的计划，赋能当地。每个企业都有自己的核心能力，乡村也是腾讯关注的重点，这么多年来腾讯基金会收到捐款65亿元，自出30多亿元，90%用于乡村建设和精准扶贫。

互联网平台动用4亿元，网友捐赠113亿元，90%的项目是与弱势人群帮扶、乡村振兴相关的，我们致力于把科技力量、技术力量赋能到乡村，未来也会沿着这个思路，进一步总结之前的模式，进行“为村”的升级、医学影像的升级，希望为国家做出更多的贡献。

邓国胜：企业扶贫不能简单地派人，还要发挥企业自身的优势。互联网企业，在乡村振兴过程中注入科技的力量，用科技赋能，才能发挥更大的作用。

安亚强：扶贫是一个复杂的系统工程，从参与方主体角度来说有政府、企业、社会组织、受益人、公众、媒体等，实现可持续还要有协同要素，比如经济、环境、政策、技术等。要想做好，合作和协同是非常重要的事情。老牛慈善基金会是2004年成立的，成立的时候就把扶贫、救灾作为主要的工作领域，从学着做、跟着做，到慢慢地跟大家一块儿做、系统做。

围绕人的扶贫有几个聚焦方向：一是关注内在人的因素，比如身体残障、机能缺失的人群，通过有效的帮扶，让他改善自己的生活，从而改善其家庭生活，实现扶贫和脱贫的过程；二是聚焦于外部的环境因素，着力改善制约贫困地区发展的外部环境和条件，通过改善环境，让当地的贫困人群慢慢地实现就业，走上脱贫的道路。

对于我们来说比较有用的两个方法：第一，我们一直坚持专业的人做专业的事，而且把这一条原则贯穿于项目的设计、实施、监督和评估的整个生命周期，这样就能够有效发挥各方力量，共同完成目标。第二，我们是非公募的家族基金会，全部是自有资金，相对于项目的设计、可持续方面有一些自己的便利条件，相对更长周期地关注有价值的项目，通过实践来反复看方案的可行性，提高将来的可复制性。基金会成立 15 年来，我们和 64 家伙伴合作，累计支出是 2. 16 亿元，撬动合作伙伴资金和资源 2. 32 亿元，直接受益人群达到 160 万人。

刘昉昳：中国石油是从 1988 年进入扶贫开发的，“十三五”之后，中国石油转向了产业扶贫，在产业扶贫方面带动地方经济可持续发展，助力老百姓有稳定的收入，这里有三点心得分享。

第一，产业未动，人才先行。中石油重视在贫困地区的人才培养。贫困地区最缺的就是致富带头人，一个地方的致富带头人的多少和素质，对于乡村振兴、当地的经济发展是有非常重要的作用。我们每年都要拿出大量的资金来培养致富带头人，2020 年和中国慈善联合会定点扶贫 10 个县，每个县培养 2～3 个致富带头人，帮助他们提升专业能力和专业水平，为脱贫攻坚奠定人才基础。

第二，要注重精准帮扶产业项目。中国石油在全国的定点扶贫县，每个地方都有差异，比如新疆、内地，如何帮助当地特色产业发展，是我们谋求的方向。新疆是注重发展畜牧业，在内地是发展乡村旅游产业，帮助地方的特色经济稳步发展。

第三，中国石油注重将自身产业链和贫困地区的发展整体相结合，中国石油有 120 万名员工，在全国还有 2 万多个加油站，这都是庞大的内外部市场。为贫困地区的农产品销售，拓宽了渠道。同时也有专业营销团队，如何能够帮助贫困地区农产品从简单的产品向商品转化，是我们一直在谋求的方式。当两种产业融合在一起时，就会演化出 1+1>2 的效果。只有融入了现代的商业模式，对于贫困地区的发展才有更多的好处。

孙大鹏：清华大学教育基金会成立的 26 年时间里，在校党委坚强领导，包括全体同人的共同努力下，在教育扶贫方面发挥了自己的特色。我们是高校，需要教育改变贫困，扶智为主。除教育扶贫外，还有精准扶贫，比如对口支援云南、青海、新疆，还有“乡村振兴领头雁计划”，发挥院系作用改变乡村的面貌，帮助破旧的空房改造变成民宿，改善当地的经济。学生的支教团，学生在大四毕业之后要有一年的时间长期支教，这个项目已经坚持了 19 年。清华大学自己的医学院附属医院，在精准扶贫上对贫困山区、地区的儿童、新生儿的特色病进行精准的救治，为在校生提供助学金等。我们是以教务为主、各院系为辅的组织架构来做的扶贫项目，更多是清华大学在扶贫事业上做了工作。

何文：爱德基金会有 30 多年的历史，也做了一些脱贫攻坚的项目。之前更加重视社区最基本的物质条件改善，尤其是生产生活条件，此外是人们的生产生活技能提升。进入新时期之后，我用两个关键词跟大家分享。

第一个关键词，“素养”。一是提高相关人群的科学素养，进一步发掘他们在生产生活当中利用科技知识的潜力，培育他们在科学方面的能力，这要从儿童到成年人，甚至是老年人抓起。有一个项目教老年人怎么用手机等新媒体工具上网，这个是科学素养。二是人文素养。在新的时代，中华民族要走得更远，人文素养很重要。因为我们不仅仅是吃饭，还需要传承最优秀的历史、文化，去培育自强不息、尊老爱幼、邻里互助的精神，需要继续将这种精神发扬光大，才能够继续发展，才能够屹立于世界民族之巅。

第二个关键词，“管理机制”。个体可以发挥很多自由想象力、创造力，也有很大潜力为社会发展做贡献。但是，怎样实现 1+1>2，3+1>4？这样的效果需要建立机制。我认为至少包括 4 个方面的东西。一是经济生活的管理机制。产业的发展，或者是赚钱、创收，这都是经济生活。二是公共卫生管理。疫情防控就是公共卫生管理，公共卫生管理不仅仅是卫生服务机构、妇幼保健院、疾控中心的事情，还需要每个人协同起来。三是近几年强调最多的灾害风险管理机制。四是公共文化生活的管理机制。如果能在社区里面形成这四方面管理机制，将来中国的发展，推动城乡融合、乡村振兴，将是另外一个面貌。

邓国胜：在未来可持续发展道路上，或者是从脱贫攻坚到乡村振兴的转型过程中，对青年人或者是新兴的公益慈善组织有什么建议？

何文：一是意识，公益人和公益机构要培养一种意识，有强烈的民族情怀和国家情怀是很重要的。二是作风，做慈善工作一定要有以问题为需求，以需求为导向，求真务实的作风。三是能力，有政策能力、理论能力和实务操作能力三方面内容。

孙大鹏：第一，坚守初心。做公益和慈善是要付出的，要有充沛的体力，要坚守一份初心。第二，要有家国情怀和社会担当。第三，要可持续发展。在联合国发布的报告当中，贫困是首要解决任务，脱贫也好，乡村振兴也好，都是要可持续发展、绿色发展。

刘昉昳：现在需要更多青年到农村去，给贫困地区带去新的知识和体验。需要大量敢想敢干、有理想、有目标、身体好的年轻人投入扶贫事业。扶贫不光是大家看到的一望无际的绿色田野，还有脸上布满皱纹的老乡。扶贫更多的是给各位一片蓝海，让各位青年有机会、有能力去施展自己的抱负。在贫困地区会有更好的容错机制，会允许你犯可能的错误，允许你慢慢地成长，甚至允许你复制很多成熟的模式，这个诱惑是很多行业不可能有的。我希望更多的公益机构、更多的青年到贫困地区去，我们一起留住乡愁、一起共同发展、一起赠人玫瑰手留余香。

安亚强："逃脱贫困陷阱的梯子总有，但不一定总在正确的位置上。"这句话是说要找准问题、找准需求。我们做项目的前提是，要争取、努力从根源上解决社会问题，靶向治疗，最好不要做头痛医头、脚痛医脚的事情，要有耐心，要思考怎么去做。做公益如果当成工作可能不一定做好，当成事业或许能有一些成就。"真正解决问题的智慧不是急于寻找方法，而是去把问题再多看一看，从中发现真正的问题"，我在这里也分享给大家。

窦瑞刚：可持续发展背后其实就是可持续生活，对于我们每个个体来说，还是要把公益慈善和可持续发展作为生活方式，内在作为一个生活方式，比如，从吃饭少点一个菜开始，在中国文化当中做到这一点蛮难的，总是看到点很多菜，然后剩下很多。我在基金会吃饭的时候会说谁点的菜，谁负责把它吃下去，最后点菜的人就会有意识少点一些。我们更重要的是在可持续发展当中要建立这样的生活方式，从身边的事儿做起、从简单的事儿做起。公益捐赠也是这样，做内在的财富观、价值观，如何看待和使用合法财富去做我们觉得有意思的事。现在有很多人说不捐赠是因为公益组织不透明、钱不知道花哪儿去。你总是会去吃饭，你每次吃饭的时候不一定吃得很好，但是为什么每次还是去吃饭？你网购的东西真是那么好吗？你可能买了就放在家里了，但是你下次还会购。我们以这种角度来看待公益慈善，把它作为生活的方式，融入生命中，持续地探讨人类如何在这样的地球上能够可持续发展下去，努力内化成为自己的生活方式。

改革开放40多年，不平等问题最大的体现就是城乡问题，农村和城市之间的问题，我们作为农二代、农三代进城的，是不是带着孩子回到农村，为我们的父辈、祖辈所在的乡村做一点事儿？如果我们到不了农村，能不能在社区里做一点、在身边做一点事儿？组织一些人、组织一些资源，有钱出钱、有力出力，一起推动身边的社会变得更好，从小处做起，从做人做起。

第三节　前沿解码：脱贫攻坚与乡村振兴

如何大规模、低成本、高效率地培养巩固脱贫成果和乡村振兴人才

国务院参事、友成企业家扶贫基金会副理事长　汤　敏

乡村振兴需要大量的人才，没有人才乡村振兴是做不好的。怎样才能培养大量的人才呢？在过去几年里，中国慈善联合会和清华大学等很多组织一起做的“乡村振兴领头雁计划”正是想解决这个问题。

“乡村振兴领头雁计划”，针对的是目前已经回到农村的750万名青年。大家一谈到农村青年，就会认为都是从农村到城市打工去的年轻人。是的，我国现在有3亿农村青年、中年到城市打工，但是最近几年，有一批（750万）人回到农村，用他们在城市里学到的知识、看到的市场、经历的机会，来帮助乡村、帮助自己的家乡致富、发展起来。

这些青年也存在一些困境，他们虽然有一些在城市工作的经验，但是不知如何把乡村带动起来。他们缺模式，也缺资金，没有人帮助他们，最重要的是他们缺一些师傅带头。这些都是有抱负、有知识，在互联网上又玩得非常转的年轻人。只要有师傅带着他们，他们就会很快成长起来。出于这个目的，我们做一个尝试。我所在的友成企业家扶贫基金会4年前从农村电商开始做了一个小小的突破口，成立了一个叫“让妈妈回家创业”的项目，就是给她们做农村电商的培训。我们在全国已经培训了1.6万人，主要以农村妇女为主，经过培训之

后，成功率将达到70%，每个月增收500~3000元人民币。

国家各个部门也做了很多的电商培训，为什么我们比较成功呢？因为我们采取了线上线下相结合的模式。

线下首先把农村妇女请到县里来，给她们进行十天半个月的培训，学会怎么开机、怎么在淘宝上注册商店、怎么卖、怎么收钱等。但只把基础的技能学会之后就想开店和运作，还是存在一定的困难。回到村子之后，我们安排了3个月到半年时间的“伴随式的培训”，由一些做农村电商很成功的志愿者组建线上社群，一名志愿者带几十名接受培训的农村妇女，每天教一点，每个星期教一点，有什么问题就互相询问和讨论。经过这3个月到半年的“师傅带徒弟”，培训成功率就很高了。“乡村振兴领头雁计划”应该用这种线上线下相结合，特别是“师傅带徒弟”的模式。

我们有很多的培训，比如农村返乡青年培训，国家也花了很多钱，但是都是采取线下培训十天半个月的方式，要学还学不会，还有很多问题后续没有继续跟踪，但是又不可能放到培训班去培训半年。所以，一定得用线上的办法，让接受培训的农民在手机上进行学习。这种模式摸索好了之后，在中国慈善联合会的支持下，我们专门成立了“乡村振兴委员会”，在这里有一大批企业，联合了清华大学这样非常强有力的支持单位，一起做了“乡村振兴领头雁计划”。

在第一期（两年多前）只培训了2000多人，当作试试水，比较成功，接着2019年就做了第二期，培训了1.6万人。从2000多人扩大到了1.6万人，这种培训就是以线上为主，每个星期5次课，要连续培训近半年时间，我们有乡村旅游的课，有农村电商的课，有种植养殖的课，有农村金融的课，还有关于社区发展的相关知识讲解，并邀请了蚂蚁金服来授课，这些课对他们来说是非常重要的。

由于这些成功，我们又开始了第三期的培训，在几周前，我在成都第三期培训班的开幕式上发言，已经有1.8万人报名参加。这一期的课更多了，一个星期8次课，有必修课、选修课，像农村电商、农村政策、农村金融这些是必修课，每个人必须得学。还有很多选修课，是养鸡的重点学养鸡的课，养蜜蜂的就重点学养蜜蜂的课，做乡村旅游的就多学乡村旅游的课，通过这种培训方式，每个星期都在上课，找的是全国最好的培训师，特别是我们找到一大批本身就在乡村创业的成功创业者，由他们自己来讲，说服力更强，更有的放矢。

除了听课之外，我们还组建了很多微信群，每一个参会的学员至少参加两个群。一个是由当地的领头雁创业青年组织的群；一个是专业群，比如说是养鸡的，就把全国养鸡的创业者组织一个群，他们在这里互相交流。我们发现群内的交流从某种意义上来说，不亚于我们给做的这些培训，因为他们互相激励、互相支持、互相交流经验，这是非常重要的，因此我们一直在推动。

除此之外，乡村振兴不仅要做产业，还要把乡村的教育做好，所以，在几年前就开始做“青椒计划”，给乡村青年教师做培训，过去 3 年里，培训了 6 万多名乡村教师，这些教师都变成了骨干教师，在停课不停学的关键时候，都起到非常重大的作用。除培训外，还提供各种各样的教学资源，让他们将最先进的教学资源、最先进的软件放到课程中。我们现在正在筹备乡村医生的培训，既然返乡青年、教师可以这样培训，乡村医生的第一期培训也马上就要开始，共有 4000 人，这是跟红十字会基金会合作的，以后还有更大的目标推动，要让农村的乡村医生学到各种先进的技术。例如，这个是彩超、这个是所有的验血设备、这个是心电图，就这么一个像学生书包一样的东西，就能把医院除了 X 光和 CT 以外其他的检验完成。乡村医生背着包，到农民家里可以做所有的检验，做完检验之后，也能把数据传到互联网医院，城市的三甲医院和互联网医院就能用这些数据给农民看病，就能大大改善乡村缺医少药和缺乏好医生的现象。

我们都在培训，核心就是利用先进的互联网方式，对于返乡的青年，不管是做创业，还是当老师、当医生，等等，我们都要给他们长期的培训，让他们能够在乡村振兴里发挥更大的作用。

探索可持续的精准扶贫模式

碧桂园集团党委委员、党群社责部总经理　徐舒扬

在这里向大家汇报一下碧桂园这几年来参与精准扶贫和乡村振兴所做的工作。碧桂园做扶贫来自创始人杨国强先生的初心，碧桂园的企业文化是："对人好、对社会好""希望社会因我们的存在变得更加美好""我们要做有良心、有责任的阳光企业"。这三句话不仅是对碧桂园做企业的要求，也是对碧桂园做扶贫和乡村振兴的要求。所以，我们扶贫公益都是围绕着这三句话来展开的。

1997 年是杨国强先生刚刚事业小有所成的时候。一天，他拿着一张 100 万元的支票走进广州羊城晚报社，找报社领导捐 100 万元作为大学生的助学基金。这个基金以前是匿名的，直到 2007 年碧桂园上市的时候，此事才被披露。到 2002 年的时候，杨国强先生又拿出 2.6 亿元——相当于他当时一半的身家——创办了全国唯一一所慈善学校，是所全免费的高中，在广东顺德。这所中学招收来自全国、品学兼优但是家庭贫困的学生，帮助他们渡过难关。三年高中到这儿来上学全部免费，考上大学还继续给予学费和生活费的资助，直到工作为止。比如，读博士、海外留学，都继续予以资助。2018 年，碧桂园决定把扶贫项目上升到集团主业的高度继续推进，承诺以不少于一半的精力推动扶贫事业，在集团总裁的直接领导下部署和推进扶贫的工作，用公司化的管理模式来推进扶贫工作。给大家回顾一下碧桂园的扶贫历程。1997 年起，集团及创始人通过捐资助学、开办慈善学校等方式，持续开展教育扶贫，惠及数万名贫困学子。2010 年，捐资 2 亿元驻村帮扶广东清远英德树山村，因地制宜发展绿色苗木产业，打造环境优美、生态宜居的美丽乡村，带动村民脱贫致富。2017 年起，将树山村

的成功经验逐步推广到广东韶关翁源黄塘村、潮州饶平黄正村，广西百色田阳央律村等7个定点帮扶项目，并捐资近5亿元整县帮扶英德鱼咀村、连樟村等78个贫困村，覆盖粤桂川三省份多个贫困地区。还有广东对口的东西协作的省份，比如，广西、四川，带动了4万多人贫困脱贫。进入2018年，党的十八大之后，我们进一步扩大了在全国扶贫的规模，结队帮扶全国9省14县，建立200人扶贫队伍。集团专门成立了精准扶贫和乡村振兴办公室，来推动在全国的扶贫，涉及3747个村33.7万建档立卡人口。

这两年碧桂园扶贫越做越多，也已经超出了9省14县的范畴，有扶贫项目涉及全国16省57县，包括国家挂牌督战县中的52个，1113个挂牌督战村的91个。从南到北，从东到西，涉及大部分省份。这是近几年的数据。立业至今，碧桂园创始人及集团累计参与社会慈善捐款已超87亿元，并主动参与全国16省57县的精准扶贫和乡村振兴工作，已助力49万人脱贫。2015年，创始人杨国强先生因为教育扶贫的突出贡献，获得“中国消除贫困奖”。

简单跟大家分享碧桂园在扶贫方面的做法。碧桂园对整个扶贫的定位是做党和政府扶贫工作的有益补充，坚持精准方略，助力精准扶贫。企业作为社会力量做扶贫有优势和短板，希望能够发挥企业在扶贫方面的优势，所以我们研究之后，就把整个扶贫举措定位为“4+X”。“4”是党建扶贫、产业扶贫、就业扶贫和教育扶贫；“X”是根据各个扶贫县/村不同的情况，因地制宜地推出合适的措施。

这里简单介绍一下党建扶贫，在所有的扶贫一线当中都成立了党支部，通过党支部和当地扶贫村进行结队共建的方式来开展党建工作。党建扶贫最主要是做村支书第一书记的培训，把他们组织起来，带到清华大学、中山大学，去进行一段时间的培训，讲授一些扶贫、乡村振兴、产业发展方面的理论知识，也带他们到广东、珠三角发达地区发展比较好的村里看一看，开开眼界，以更好地帮助他们去做脱贫工作。

就业扶贫做了很多就业的技能培训，之前做建筑工地类的培训、酒店服务类的培训、物业服务类的培训。这些培训跟集团的地产主业结合起来，一方面脱贫，另一方面完成了岗位补充。帮助贫困人口掌握一技之长是很好的脱贫方式。

教育扶贫现在有三所慈善学校，包括刚刚我讲到免费高中，还成立了广东碧桂园职业学院，是一所大专职业学校；还在甘肃3区3州地区成立了一所临夏国强职业技术学校，也是全免费慈善的方式，通过职业教育，帮助贫困人口掌握一技之能。

下面简单介绍一下产业扶贫的做法，也是我们做得比较多的工作。我们的产业扶贫有两个结合。

一是结合企业自身的优势。经典案例就是在贫困县里面做绿色苗木种植产业，采取“借本你种，卖了还本，赚了归你，再借再还，勤劳致富”方式发动当地农户参与。包括我们结合自己的优势，在贫困县建一些现代农业的科技产业园，也是推动当地的“一村一品”“一镇一业”，让当地贫困人口在家门口就业。比较经典的案例就是在东乡县，东乡县是少数民族县，东乡族人民就生活在这个县。那边的妇女很少出来打工，我们通过帮扶返乡青年发展刺绣产业，培训刺绣技能，扶持刺绣工坊，东乡妇女就可以就近就业，解决她们就业的问题。

二是结合我们各地的红色旅游资源。很多贫困县也是革命老区，我们做红色路线的开发。还有产业供需的对接，东乡县是种植土豆的大县，我们帮助他们把土豆推销出去。我们在全国有2000多个社区近1000多万名业主，通过消费扶贫的方式在社区推广。2020年5月20日发起“消费扶贫节”，请到了薇娅来做扶贫农产品的销售推广。我们自己内部启动“消费扶贫月”，举办“消费扶贫慈善之夜”，帮东乡卖羊，一晚上卖出1万多只羊，通过这种方式做扶贫。

在条件比较好的地方，比如，广东，其村里就做乡村振兴的工作，重点抓三个方面：基础设施的改造、人的培养、产业的发展。我们在广东的湛江、英德、河源等地做了改造，前后的对比给大家看一下。

包括找对人，刚刚提到了村支书，还有妇女，打造一支“不走的扶贫工作队”，把这些人培养起来了，对当地的贡献是非常大的。

我们有一个社会企业的模式，就是我们的国强公益基金会下面成立了多家社会企业，社会企业可以持续发展和盈利，比如做农产品的转化，文旅集团是做扶贫旅游路线的开发，还有家政服务，这些都是基金会旗下的企业，如果有利润就继续投入基金会慈善和扶贫当中去，这也是我们在探索比较好的模式。

碧乡现在有 400 多款农产品，2 年多帮助贫困地区销售产品达 1.95 亿元，链接到非常多的贫困户。国家提出来“五大振兴”，我们也有一些相应的措施推进。让农村成为城市向往的奢侈品，城里人都愿意到农村里休闲、娱乐，达到这种程度，乡村振兴就成功了。

最后，也是集团创始人杨国强先生说的，感谢这个伟大的时代和党，给予我们参与精准扶贫的机会，把这个事情一如既往地做下去。

圆桌论坛二：脱贫攻坚与乡村振兴

圆桌主持人：

北京大学法学院副教授、北京大学非营利组织法研究中心主任　金锦萍

圆桌嘉宾：

云南省勐腊县人民政府副县长　吴卫华

云南省勐腊县河边村村党支部书记　李福林

小云助贫中心总干事　中国农业大学副教授　董　强

勐腊县河边村“瑶族妈妈的客房”合作社总经理　周志学

金锦萍：我们一直在探讨精准扶贫、乡村振兴，河边村是比较偏僻的地方，村支书，这5年来，河边村到底发生了什么变化，这个变化明显吗？

李福林：5年前，河边村房子既小又烂，路是泥巴路。现在有了很大的变化，感谢党委和政府以及社会好心人帮助我们。

金锦萍：我在网上看了河边村的图片，印象最深刻的是路，下雨之后根本下不去脚，对比之后，基础设施和公共设施有了很大改进。这是通过什么方法发生变化的，有什么方法让这么多农民参与到项目当中来？

周志学：河边村有很多村民是农民，也不知道怎么建设，我以前在深圳工作过。2015年12月回到村里，脱贫攻坚政策刚好到我们村，年轻人就组织起来做了青年创业小组，有七八个人开始做，之后很多青年人都加入进来。

金锦萍：后来成立合作社，这种方式是非常有特色的，在农村有

很多农村合作社的成立，做民宿就需要前期大量的建设性工作，后期有大量的管理性工作，还有利益分配机制，你们在这过程当中有没有碰到很多矛盾和困难？

周志学：有。现在最困难的就是客房如何分配，虽然说它很简单，但是在农村里需要公平，这是很难做到的，要照顾到每一个农户家里。在客房分配收入时，管理会全部投入村里的支出上。

金锦萍：5 年前农民的年收入是多少？

吴卫华：5 年前农民的年收入在 2000 元左右。通过几年努力，现在已经达到了 8000 多元了，变化应该说是非常大的，成效是非常明显的。

金锦萍：这 5 年的变化，其实从村民到合作社、到村里的村民组织，再到县里，我们是不是县和村之间还有乡，各级都在努力？包括董强也带了一些资源过去。这些东西汇集在一起的时候，什么方法让它可以运转起来，谁是你们的核心人物呢？

董强：河边村扶贫是在党委、政府的主导下，小云助贫和河边村工作就是补齐政府短板。我们在河边村的扶贫当中，给政府提供了高质量的扶贫方案。

金锦萍：我们在河边村投入了多少？

吴卫华：以前我们的路很泥泞，房子是茅草房，这样说大家就有概念了。虽然茅草房可以遮风避雨，但是不安全，不符合居住的需要。政府主要做的就是修路、建房、通水、通电、通网络，这些项目在河边村投入 2000 多万元。

河边村是西双版纳勐腊县的村小组，离县域不远，但因为交通不方便，瑶族村民又是世代居住在那里，所以道路不好，住房不安全。国家扶贫政策来了之后，县委、县政府按照扶贫政策精准识别，因地制宜，按照政府主导、社会力量参与，村民主体发展成为今天河边村的模式。河边村的村民成立合作社，把我们自己的村民组织起来，让他们去做。比如建房，李小云教授引进的理念是，设计房屋让村民选，请师傅进来盖一间样板房，再到村里把青年组织起来，师傅带徒弟，让他们自己建出来。

金锦萍：在扶贫过程中，最害怕的就是资源过去后，大量的村民被动等待，会发现扶贫结果反而使村民更有依赖性。但是从河边村的案例里面看到农民整体能力的提升。

金锦萍：现在有没有别的村请你们过去盖房子的？

周志学：有，特别多。周边都叫河边村的人建房了。

金锦萍：离咱们最近的村有多远？

周志学：有 12 公里。

金锦萍：因为河边村的改变，有没有让周边的村慢慢地改变？

周志学：之前我们村里几个年轻人做了比较简单的庭院绿化，因为山村庭院的绿化是第一次做，河边村做好之后，周边所有的村子和镇上其他村都学着我们做。

金锦萍：给河边村投入这么多，给别的村也同样投吧？

吴卫华：也投的。勐腊县是什么概念呢？西双版纳州下面两个县，勐腊县是其中一个，2019 年 4 月 30 日，云南省政府召开新闻发布会宣布脱贫，也经受了各种考核、检查、突查，虽然有一点瑕疵，但是总体工作取得了阶段性、显著的成效。

金锦萍：2015 年的时候，村里的平均收入这么低，大量年轻人在外面打工，为什么当时的河边村这么贫穷，你们分析过原因吗？

周志学：贫穷可能不是懒惰，是以前比较封闭，跟外面接触得比较少，所以很多的农作物、产品走不出来。

金锦萍：当地有支柱型产业吗，有好的产业给农民带来收入吗？以前只有 2000 元钱，村民是通过什么方式挣的？

李福林：以前是橡胶。

金锦萍：是种树木，割下来，再采购。除了橡胶还有别的吗？

李福林：没有别的了，养鸡、养猪都是自己吃了。

金锦萍：橡胶对于生态破坏也是很厉害的，不要随便种橡胶树。

吴卫华：这要看在什么地方，种橡胶树对气候和海拔有非常高的要求，云南现在是橡胶种植大省，西双版纳又是橡胶种植大州，勐腊又是橡胶种植大县，有221万亩的橡胶种植面积。现在有了乳胶制品厂，生产成本特别低，大家可以查一下京东和淘宝都有的“中胶永生”，我给他们带了3次货，价格很便宜的。原来都到泰国买，现在自己都有了，作为政府领导为什么给企业站台？村支书说以前是割掉胶，再把胶卖出去，这几年橡胶市场都不景气，胶的价格很低，深加工产业运营以来，按照市场价格提高500元，建档立卡贫困户再增加100元，这对于胶农的稳定增收有一定帮助，对于老百姓效益是非常好的。

金锦萍：原来扶贫产业过程当中坚持了原有特色，就是橡胶业，甚至把原材料生产变成了当地的深加工。我发现河边村发展起来以后，村貌也发生了改变，民宿首先是改变居民的生活条件，还看到有游客，大家会发现他们不是猎奇，而是休闲，享受瑶族的文化。李小云教授过去提方案的时候你相信他吗？

李福林：当时我不相信，后来他告诉我，他是中国农业大学的教授。

金锦萍：后来怎么相信他了呢？拿出方案告诉你们，跟着我干，有脱贫的可能性，还能给大家带来新的产业。

李福林：当时我就想了，是不是那个教授说的对我们好啊？县委书记、镇长告诉我们，这个是教授。后来到镇上，领导开会，说他要帮我们了，要做“瑶族妈妈客房”，以后客人会住我们家。我们想，农村不会有人去，他说会介绍人去。

金锦萍：我知道，小云一开始是“杀熟”，后来真是变成了市场行为。

金锦萍：疫情没有影响吗？

李福林：有影响。

金锦萍：村民都接受吗？

李福林：都接受，这是大家知道的事情。

金锦萍：在村里做支书是很难的，我是从浙江农村出来的，我爸爸做过村委会主任十几年。我知道做村支书有多难，鸡毛蒜皮的事，农民很在意一些利益，有时候也很在意公平，有时候理解一种方案、改变原有的生活方式是很困难的，村支书怎么做呢？

李福林：河边村要搞规划这个事情是通过村民大会定的。

金锦萍：让大家畅所欲言。

李福林：我们全村都改造，村民跟干部都是平等的。

金锦萍：宅基地一样。但是地段还有好坏之分啊，抽签吗？

李福林：不抽签，就是开会解决。

吴卫华：原址重建。

金锦萍：我看几乎是整村改造的，有没有碰到钉子户不愿意改造的？

李福林：有。

金锦萍：什么方法改变他？

李福林：做思想工作。小云教授就盯我，我先带头。

金锦萍：对，做村支书要身先士卒。第一套是用谁的地？

李福林：第一套本来是计划盖我的，因为地址有问题，所以换了另一家做样板房。

金锦萍：只要有人的地方，意见肯定有不同的，我们要把意见协商起来，一次来做这个事情，因为整村改造嘛。

李福林：我们是干部，要先带头做好事。

金锦萍：分配的时候也不能多分。

李福林：对。

金锦萍：河边村变化得益于各方的助力，社会力量带去资金并不多，对不对？

董强：带过去 400 万元。

金锦萍：这 400 万元能撬动更多的资源进来吗？

董强：2015 年，全年都没有做工作，就是几件事情：在村子里做了综合治理的方案，这是一个很重要的方案，因为这个方案在勐腊县得到了县委、县政府的认可，等于这个方案就变成了河边村精准扶贫的文件，这个方案政府认可了，村民也认可，过程当中就是村民参与讨论的。我给大家讲一个具体的细节，当时小云教授为了让村民相信这个方案对河边村非常好，在给工作人员提规划方案时，一定要彩色打印，而不是黑白打印，而且要打印社打，打印出来给村民看，彩色方案给村民看，他们就喜欢。打印的成本很高，但我们就是要让村民相信，想建的河边村就是村民想要的。2015 年，就做了贫困调研，一家一户了解。

金锦萍：结果是什么？

董强：发现河边村没有一个富人，所有的人都是穷人。

金锦萍：富人都搬走了吗？

董强：这个村子就没有产生过富人。这个地方还是亚洲象出没的地方，亚洲象来了之后要吃甘蔗。这个地方没有交通，是深陷贫困陷阱的村庄。

金锦萍：就是缺乏收入来源。

吴卫华：亚洲象是野象，野象经常到河边村吃种出来的甘蔗、玉米和粮食，野象来吃你还不能赶，因为是受国家保护的，国家赔偿也不高，这也是我们贫困的小因素之一。

金锦萍：现在野象还来吗？

吴卫华：还来。

董强：我补充一下第三件事情，这个事情也非常重要。2015 年，腾讯推出“9·9 公益日”，9 月 9 日我们就筹款了 110 万元。

金锦萍：这真是一点一滴汇集起来的。不光是我们看到把这个结果告诉捐赠者，甚至可以在里面抽几个人，让他们住几天瑶族妈妈的客房。

金锦萍：有的时候，对于长期住在城市里的人来说，离开城市到河边村这样人与自然和谐相处，时不时有野象到访的地方，对于我们也是很好的体验，生活本来就应该是这样。

河边村的确走出这样的路子，它的方案制定过程中，首先把整体的方案定下来；其次特别注重村民的意见，因为谁住在这里、谁长期生活在这里，他们的意见是非常关键的。把众多个人意见凝聚成共识是非常艰难的，在这个过程中村支书不容易。

河边村是成功的案例，我们现在复盘，河边村之所以能够成功，从个人角度来看，你认为最重要的因素是什么呢？党的领导和政府主导是常识，其他的是什么？

吴卫华：为什么方案得到了县委、县政府的同意？因为这是科学可行的方案来指导脱贫，这个方案不仅是房子怎么盖，路怎么修，而且是综合治理的方案，类似于河边村的指导性文件、纲领性文件，一般来说不能修改的。李教授带着河边村的村民夜以继日讨论出来的方案，经过党委政府的认可，经过政府同意，一定要经过这个方案来实施。

金锦萍：接下来问三位，除这个原因之外，还有什么原因呢？

李福林：我们一共 58 家，现在还有 10 家没有建。

金锦萍：还在建的过程当中是吧？

李福林：对，还在建的过程当中。现在盖好了，需要游客进去住。

金锦萍：得有人消费。

李福林：营销很重要。咱们现在营销靠的是什么？靠小云教授带团，还是其他的路径？合作社怎么做营销的？

周志学：现在主要做的是冬夏令营和会议。

金锦萍：和教育机构合作。

周志学：还有高端会议，领导会带过去。

金锦萍：就是有一些目的性，培养孩子成才的公益性的会过去。

周志学：对。

金锦萍：村里以前是很凋敝的，对于你们来说，有什么改变？

周志学：接触的人越来越多了，思想转变也很大，以前就在村里干农活，现在不一样了。现在很多年轻人都不想干农活了，想着客人来了，我带他们玩一下，今天这里玩，明天那里玩。

金锦萍：做导游了。他们能非常好地向客人介绍瑶族民宿文化吗？

周志学：能。

金锦萍：年轻人回来得多吗？

周志学：有 40 多个。

金锦萍：多少家庭？

周志学：58 个家庭。

金锦萍：那回来不少年轻人了。你当时回去是不是没有什么同伴？

周志学：当时回去村里只有七八个年轻人。

金锦萍：不容易。董强，问题来了，河边村的理念看经验，有很多经验可以提取，写了不少文章研究。从刚刚各位的交流过程当中，我觉得协同合力是非常重要的，劲儿往一处使，无论党委、政府、县乡、学者、专业公益人士，都是协同作战、协商下的。这种经验你觉得有可能被提取出来复制在其他地方吗？

董强：小云教授提了一个概念是“方案公益”，就是公益的力量本身不是特别强大，特别是在政府做扶贫的大环境当中，我们是补充性的力量。但是补充性的力量最大的撬动杠杆就是方案，就是说我们给这样一个政府、给社区、给社会，提供一个专业的方案，大家能够基于这个方案产生合力。

金锦萍：也就是说，这个方案是专业角度，但是能不能落地，其实还取决于当地的本土化的治理机制。

董强：对。另外，这个方案还是比较复杂的，小云助贫非常重要的作用就是住在河边村，这 5 年不能说是天天住，但基本上都有我们的工作人员在这里工作。

吴卫华：有一个老师是把孩子带过去。

董强：中国农业大学的老师。

吴卫华：在河边村做了一个学前班。

金锦萍：把村民的孩子放在一起？

吴卫华：对。项目是可以复制和推广的，有很多理念是很先进的，经济性也是可以持续的，它引进了产业进去，这是要持续发展的。

金锦萍：不见得都做民宿，可以找到适合本村发展的产业。

吴卫华：对。可能很多人没有去过，但是你们应该去一下。

金锦萍：精准扶贫与乡村振兴，现在变成了一个长效机制，扶贫关注了村民的参与、尊重他们的主体意志，让他们充分参与到讨论过程当中；在讨论过程中，合作社、村委要听取村民的意见；村民的参与感很重要，但很多时候村民也需要得到一种认可，这种认可来自专业方面和政府，因为关系到资源配比的问题。以后有一些资源不再持续，但是看到河边村这种方式以后有了可持续的机制和活力，所以，我们要学的是引入更多商业机制，让河边村的产业能够为村民带来源源不断的收入，以及满足村民对美好生活的需求。

新十一制：倡导一种基于专业公益方法论的应用

零点有数董事长、上海零点青年公益创业发展中心理事长　袁　岳

在过去的宗教时代，一个信徒是怎么做公益的呢？就是把收入的1/10交给教会，称为“十一制”。我今天说的是“新十一制”，是倡导和鼓励大家把个人可支配收入的1/10，或业余时间的1/10，通过专业技能义务贡献于公益。这其中很重要的一点是基于专业的公益方法论，意思是你擅长做什么，就用这个专业的能力来做公益。

我们很多传统公益项目，如国内很多的乡村扶贫、老年关怀、环境保护、乡村支教等，会讲究道德高地，就是你在做好事的同时，还要有热心，让人们感觉到你的态度很好，或者捐点钱和其他物品。但专业方法也是很重要的。什么是专业方法呢？比如，讲授化学公益课，学文科的人去讲，就很可能讲歪了；专门研究化学的，就是专业的，适合讲化学知识。再加上专业的服务精神，就能做得很好。

现在有不少的义教是业余人员在教，虽然有热情，但是并不怎么掌握教授知识的技巧，教授的方法可能不完全符合教学的职业要求。义教应当是专业教学人员进行的义务教育模式，在信息化服务过程当中，用专业的数据方法普及和提升某些地方的数字能力和水平。不能因为很热心就帮别人看病，前提你必须是专业的大夫。比如，学财务的人，就比较合适做财务方面的公益服务。还有很多其他领域的专业服务，都是以专业知识和专业技能为核心的。

有很多专业服务的典型示例，比如有一个公司叫“混子曰”，它把漫画做得非常专业，并以教育为核心，用专业漫画方法来科普什么是“区块链”、什么是“新冠”。还有立邦漆，它们做的大部分公益都是以油漆、乳胶漆为服务的点。锦天城是提供专业法律服务，可口可

乐做公益的重点是水，无国界医生是提供非洲儿童医疗救助。

还有很多人物代表，不同于做广义的公益，而是用专业的能力在特定的领域做出贡献。比如，张晓艳是医生，为基层患者提供皮肤病治疗；张玉霞是律师，提供专业的法律公益服务；谭自州学过专业的理发技能，就提供理发服务；吴东魁是国画大师，帮助孩子们提升画画能力；而我所在的零点公司，则用大数据和算法，协助解决扶贫中精准评估的相关问题。

将专业技能义务贡献于公益事务，弥补了过去单纯的道德热情和业余服务的风险，希望更多的专业人士用专业的方法和专业的资源来丰富公益服务。

助力脱贫攻坚与乡村振兴　电商直播大有可为

谦寻控股联合创始人兼CEO　黄　韬

2016年我们开始尝试消费扶贫的方式。比如在扶贫助农上，用新的模式，以买代捐做脱贫攻坚的方式；在疫情时，捐助物资到武汉；还有在“粉丝公益节”时，帮助25个贫困县脱贫直播；刚刚过去的洪水，捐助了一些物资和款项给合肥。

薇娅一直尝试以买代捐的方式，利用直播的方式和长处，到11个省份去做直播扶贫。第一站是到云南，我们的团队到云南当地，找到当地特色的产品，大部分农产品也有加工产品，比如鲜花饼、茶叶等，帮助当地农民在线上进行销售。这个过程当中也遇到一些问题，很多地方的产品不适合网络销售，或者是没有很好的配套服务，能力达不到，我们也帮助他们搭建了电子商务的体系和团队。

讲一下令我印象深刻的，在陕西富平县有一个非常著名的特产，就是柿子。因为疫情的原因，柿饼错过了最好的销售季节，就被滞销在当地农户手里。这对于当地农民来说是非常大的打击，我们到村子了解到，当地100多户村民就是靠卖柿饼为生，没有卖出去，收成就没有了。政府非常关注他们，临时做了冷库，帮助他们保存这些柿饼。我们去的时候是6月，柿饼一斤都没有卖出去。我们和薇娅本人也到了当地，让我们很受感动的是，那是非常热的时候，下午到的，仓库里的温度是0℃，他们穿羽绒服工作，外面是炎热的夏天，在外面打包时，我们也拍很多素材，当天晚上做了直播，卖出3.5万份库存，也是所有的库存，这是一种新的尝试。这种新的模式下，能够帮助很多农户，帮助消费者，因为大家买东西之后会很喜欢，很多人说通过这样的活动能买到全国各地真正好的农产品。在安徽，我们帮助当地拍视频，用短片拍摄当地的农产品，湖北是在复工复产的时候做了专场活动。

电商直播扶贫助农不仅能提高产品销量，还能带动当地产业链的提档升级，加强当地电子商务的基础设施。电商直播就像一座桥梁，连接着商家和消费者，连接着城市和乡村，也连接着主播和粉丝，未来将继续发力。

脱贫攻坚不是一件简单的事

英格玛人力资源集团董事长兼CEO　庄　志

英格玛参与脱贫攻坚是一个很偶然的机会，3月30日央视新闻中提到挂牌督战52个贫困县，于是我给国务院扶贫办写了信，说能不能把“难啃”的村给我们扶贫？4月1日，建议被采纳。4月9日，《人民日报》刊发了《倡议书》，我有三点感受。

第一，答案在现场。各位有没有听过一个小故事，志愿者带着书包到贫困孩子的家里去看望他，想把书包送给他，结果打开一看，他的家里已经有八个书包了。

我们公司在去大凉山之前，也制定了扶贫方案，共有12项内容。去了当地之后，发现很多方案根本执行不了，比如，想做的旅游扶贫，当地是没有这个旅游资源的。因为当时我步行2个小时才到这个村，相信城市里的孩子受不了走2个小时，而且是75°坡，根本爬不上去，发现“三农”实施不了。

我的团队到那个村之后做了深度调研，一个礼拜，走访了42户贫困户，制定了第二个方案，这个方案我们认为很棒，但是从5月到现在，执行过程当中有3项执行不了。第一项是就业扶贫。我们以为可以帮助他们当地解决就业，但是当地没有这个需求，因为彝族老百姓就业更喜欢是一个村里的人在同一个地方就业，而不很喜欢到外地就业，就没有这个需求。第二项是金融扶贫。我们想设置一个小额信贷基金，他们没有这个需求，因为农行给贫困户提供2.5万元的信贷。第三项是想做电商培训，但是招不到生。我的感受是什么呢？答案在现场。所有做扶贫和公益项目，一定要到现场进行深度考察，否则我们制定的方案是不靠谱的。

第二，不要辜负每一片雪花，不管是雪中送炭，还是锦上添花。前年我在延安徒步经过一个贫困村时，当地的干部就问一个贫困户，说怎样才能帮助你脱贫，给你送几只羊吧。过了几天，干部到贫困户家里去，发现羊被吃掉了。一问贫困户为什么会这样。贫困户说，本来没有养羊的时候可以睡觉和打牌，但是养羊之后觉得很烦，就逐步把羊吃了。干部就问他，你现在想要什么？对方回答想要钱。就是希望直接把钱给贫困户。我想说的事情是什么呢？每一笔钱，不管是自己企业捐的，还是爱心人士捐的，都要用好它，不能浪费。我们扶持180万元资金，后来花到80万元的时候花不下去了，再花就浪费了。我们决定把剩下的100万元作为发展基金，防止返贫的基金，来长期帮助贫困村的发展。

第三，无原则的善就是恶。根据我们的观察，村里大概有3种人：一是愿意勤劳致富的，但是需要帮助；二是本来就很懒；三是孤寡老人。如果我们无原则地去帮助这些贫困户，第一种人是可以帮的；第二种人帮他也没有用，因为他自己比较懒。我们从扶贫角度来说，要激发他自力更生和脱贫致富的能力。过度的依赖不是帮他，而是害了他。

最后，我想说的是：有机会参与脱贫攻坚伟大事业是我们的责任，也是我们的荣幸。

我与中国村干部的故事：用脚步丈量中国乡村蝶变

《中国村干部》作者、杭州青年人才大使　张艳华

我不是专家学者，只是一个靠脚步去丈量中国乡村蝶变的普通记录者，也可以说是一个乡村治理经验的搬运工、实践者。

在过去5年，我去了中国的“东大门”舟山群岛，也走到了中国的西藏、新疆，我尝试尽可能跟更多的村干部、更多的农民朋友对话，对话的对象从中国功勋级的村干部到普通大学生村干部，从返乡青年到普通的新型农民同志，我总结了一些在个人看来普遍的村干部的成长规律跟大家分享。

我写的这本书是《中国村干部》。2016年1月之前，我还是上海一家上市公司的企业高管，我也做过互联网公司的合伙人，但是因为自己怀揣着文艺女性的梦想就搬到了乡村生活。本来想归园田居，没有想到一发而不可收，这一住就是5年。

为什么写《中国村干部》这本书？很多人问过我这个问题。

第一，我认为村干部是国家脱贫攻坚、乡村振兴的一线工作者，他们值得被历史和时代铭记。舟山群岛的女村干部，正在看我写的书，她在这个岛上工作十几年，现在33岁，还没有结婚，她说要守着这个岛。这个村子只有五六十户老人，她说要留下来，因为村里没有年轻人了。陕西省大学生村干部宋博，大学毕业之后就到了基层，从2014年开始到现在，带领当地的村民致富，帮助村子创收890万元。

有位老人让我非常动容，前一段时间到河南省调研，我不知道他做过村支书，走的时候这位老人送了我一本书，说是他自己编写的村志，记录着他生活的那个村庄的历史、地理、人文。他只有初中文化水平，却干了件了不起的事情。他这样写村志的人，跟写国家志、城

市志的大作家一样，值得我们尊敬。这是中国的农民，中国的村干部。老大爷常德盛，77岁了，是中国时代楷模，也是功勋级的村干部。他已经做了55年的村庄带头人，他的村庄江苏省蒋巷村被誉为“中国农民的天堂”。

对于这些平凡而伟大的人，我作为一个作者，应该做点什么，所以我决定写书。常德盛老先生说过一句话，这是他三四十年前说的，这句话到今天仍然有用：穷不会生根，富不是天生，天不能改，地一定要换。

第二，村干部虽小，却是乡村振兴的领头羊。中国有500万名村干部，我原来也不知道这个群体如此之大。全国村支书有60万~70万人，而这些人管理、服务着中国8亿的农民和农民工，将这个数字换算一下，每名村干部对口管理和服务的农民朋友达到150人，“上面千条线，下面一根针”，他们非常不容易。

凡是做得好的村子，“一把手”工程都抓得很好，村干部的整体素质和能力都很强。我个人认为，只有抓好了“一把手”工程，我们的乡村振兴之路才会指日可待、事半功倍。

第三，扶贫先扶智，扶智先扶村干部。实现乡村振兴，抓好村干部的素质能力培养，就是抓住了三农工作的“牛鼻子”。我从河南调研培训回来，河南省有一个乡风文明培训班，那里有260个来自各地的村支书朋友。没想到我的课程结束之后，260人当中有160人跟我留言沟通，还有30多人加了我的微信，甚至2名村支书找他们的同事开车来接我，让我去他们村里调研、分享经验。乡村朋友开创事业的热情，以及不知道怎么办的矛盾，也激励了我一定要把这件事情做下去。

最后，我想用一个很熟悉也很崇敬的老支书李连成同志的话做结尾。2019年3月8日，他在全国两会上跟习近平总书记交流的时候说了一段话，得到了现场所有人士的共鸣。他说了农民的八个梦想，我认为这八个梦想就是所有致力于国家脱贫攻坚、乡村振兴的公益人士的梦想：

第一个梦想，改革开放初期的时候，农民想得到温饱。我解释为温饱梦。

第二个梦想，改革开放 40 多年，农民想给孩子找个好学校上学，我把它提炼为教育梦。

第三个梦想，为了全家人的健康，农民想找到一个好的医院看病，这是健康梦。

第四个梦想，农民想本地就业，不想外地打工。这是就业梦。

第五个梦想，农民想有好的文化阵地，这是文化梦。

第六个梦想，农民想让村子有好的生态环境，这是生态梦。

第七个梦想，脱贫致富，这是致富梦。

第八个梦想，中国领土的不能让，这是强国梦。

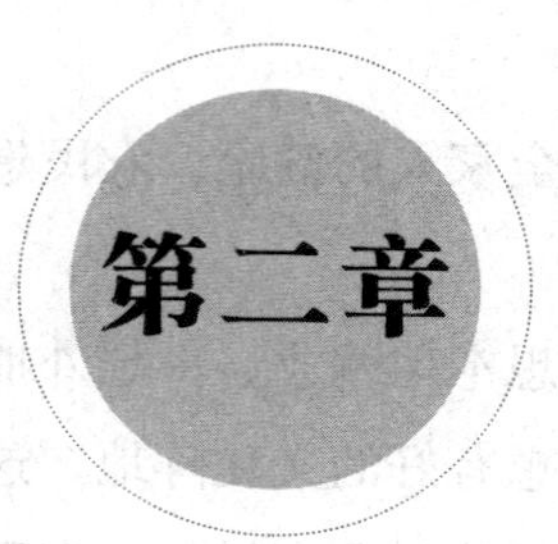

第二章

社会责任　企业担当

习近平总书记指出：“只有真诚回报社会、切实履行社会责任的企业家，才能真正得到社会认可，才是符合时代要求的企业家。”

脱贫攻坚的重大胜利，离不开企业的积极参与和自觉担当。在第八届中国慈展会上发布的《企业扶贫蓝皮书（2020）》数据显示，97%的中国100强企业积极投身脱贫攻坚事业，政策响应度和扶贫行动率高，72%的中国100强企业动员员工参与脱贫攻坚。

“企业积极履行社会责任，成为脱贫攻坚的参与者、贡献者，做出了显著的贡献。”“民营企业主动承担社会责任，迎难而上，敢于风险”；“外资企业积极参与脱贫攻坚”……企业以自身独特的资源优势为贫困地区的发展、贫困群众的生活改善付出了努力，并总结输出智慧和经验。

第一节　坚守初心：企业助力脱贫攻坚

企业积极履行社会责任　助力脱贫攻坚

时任国务院扶贫办社会扶贫司副司长　马　英

党的十八大以来，在以习近平同志为核心的党中央坚强领导下，经过各地、各部门、社会各方面的不懈努力，脱贫攻坚取得了决定性的成就，现行标准下的农村贫困人口从2012年底的9899万人减少到2019年底的551万人，贫困发生率由10.2%降至0.6%，贫困县从832个减少到52个，贫困村由12.8万个减少到2707个。

2020年以来，面对新冠肺炎疫情和灾情的影响，我们组织动员1391家民营企业和617家社会组织结对帮扶1113个挂牌督战村，我们开展消费扶贫行动，共认定9400多个扶贫产品，商品价值总额达到9400多亿元，已经销售的扶贫产品超过了130亿元，我们组织开展稳岗就业行动，外出务工贫困劳动力达到2897万多人，是上年外出务工人数的106%。稳岗就业的基础进一步稳固，贫困地区经济社会发展明显发展，贫困群众的生产条件显著改善，脱贫攻坚进程中企业积极履行社会责任，成为脱贫攻坚的参与者、贡献者，做出了显著的贡献，得到了社会各界的认可，中央企业定点扶贫的246个贫困县中有219个已经宣布脱贫摘帽，约占中央企业定点扶贫县数量的90%。在2019年中央单位定点扶贫考核工作中评价为“好”和“较好”的中央企业超过了90%；民营企业主动承担社会责任，迎难而上，敢于面对风险，在脱贫攻坚过程中做出了新贡献。

截至2020年6月已经有10.9万家民营企业参与到“万企帮万村”精准扶贫行动中来，帮扶6.89万个建档立卡贫困村，占全部贫困村的53.8%，共带动和汇集了1564万多建档立卡的贫困人口。外资企业积极参与脱贫攻坚，像三星、苹果、奔驰、松下等一批外资企业对接精准扶贫和精准脱贫，做出了积极的贡献。

习近平总书记在2020年7月21日召开的企业家座谈会上强调“真诚回报社会，切实履行社会责任的企业家才能得到社会认可，才是符合时代要求的企业家”。脱贫攻坚是前无古人的伟大事业，只有干出来的精彩，没有等出来的辉煌，助力打赢脱贫攻坚战是企业最大的社会责任所在。借此机会，我这里提几点建议供大家参考。

一是在攻克深度贫困上做出贡献。脱贫攻坚进入决战决胜的关键阶段，剩下的都是难啃的“硬骨头”。2020年国家对没有摘帽的县和没有摘帽的村实施挂牌督战。2000多家民营企业和社会组织参与到挂牌督战工作当中，结对帮扶未摘帽的贫困村，打造了一个“短平快”的项目，在此我建议大家继续聚焦“三区三州”等深度贫困地区。在就业扶贫上帮，在产业扶贫上帮，延长产业链，帮助贫困群众稳定实现增收。

二是在巩固脱贫攻坚成果上做贡献。我国即将迈入现代化建设的新征程，进入解决贫困的新阶段，这是一个长期的新过程。广大企业要在前期投入的基础上，进一步弘扬扶贫精神，投项目，增就业，扩消费，提升帮扶的精准度，在巩固脱贫成果中帮助贫困群众开拓新的致富道路。

三是在开展消费扶贫上做贡献。消费扶贫行动以加快形成国内大循环为主题，是国内、国际双循环相互促进发展新格局的新要求，是面对疫情影响和完成脱贫攻坚的新内涵，是提升产业扶贫成效的新引擎，是社会力量参与扶贫的新平台，是巩固成果防止返贫的新举措。2020年9月，我们启动了全国消费扶贫行动，在这个消费扶贫月社会各界大力支持消费扶贫行动，要积极拓展消费渠道，扩大采购规模，推动穷困地区的产品走出家门、走向市场，助力贫困的群众增收致富。

四是在讲好中国扶贫故事上做贡献。中国的减贫方案和减贫成就得到了国际社会的普遍认可，积累了宝贵的经验，企业在参与脱贫攻坚过程中形成了一些可学习、可借鉴、可复制的模式和经验，我们要进一步做好宣传推广工作，围绕帮扶方式、帮扶成效等方面，挖掘优秀的典型案例，梳理企业参与扶贫的模式，为更多的企业参与到脱贫攻坚当中提供可以借鉴的模式。

国务院扶贫办从 2018 年开始开展社会扶贫典型案例的研究工作，我们也希望各企业可以积极地参与到工作当中。同志们，还有 3 个多月我们就要迎来第一个百年奋斗目标的实现，100 年春华秋实，让我们携起手来，坚定信心，主动作为，奋力拼搏，为打赢脱贫攻坚战，巩固脱贫攻坚成果做出新的、更大的贡献。

栉风沐雨真扶贫，“核”力共建好生活

中国核工业集团有限公司副总经济师　王安民

中国核工业集团有限公司带着25年真心扶贫的故事来到慈展会，矩阵式地发布了中国核工业集团公司和中国核电公司以及中国原子能公司的三本精准扶贫白皮书，全方位地展示了我们的扶贫成效和讲好了中核扶贫故事，坚决助力打赢脱贫攻坚战。

习近平总书记在2020年3月6日决战决胜脱贫攻坚座谈会上强调，2020年现行标准下的农村贫困人口全部脱贫，这是党中央向全国人民做出的郑重承诺，必须如期实现，没有任何退路和弹性。脱贫攻坚不仅要做好，还要讲好，我们要不忘初心、牢记使命，坚定信心，顽强奋斗，夺取脱贫攻坚全面胜利，坚决完成这项为中华民族以及对整个人类都具有重大意义的使命。

中央企业作为党和国家最信赖的依靠力量和社会经济发展的主力军，积极参与精准扶贫是义不容辞的政治责任和社会责任。中国核工业集团有限公司作为“一号央企”、国家核科技工业的主体，积极贯彻落实党中央脱贫攻坚工作决策部署，深入探索企业高质量扶贫帮困的路径，走出了一条富有央企特色、发挥中核集团优势的帮扶之路。

脱贫攻坚是一项误不起的政治任务、慢不得的民生工程和等不得的担当事业。从1995年到2020年，我们参与脱贫攻坚和扶贫开发工作已经有25年，自担任重任以来，我们以习近平新时代中国特色社会主义思想为引领，聚焦中央脱贫攻坚的总目标，强化政治责任，坚持党建引领，精准施策，做了大量工作，取得了显著成效。

中核集团定点帮扶重庆石柱县，宁夏同心县，陕西旬阳县、白河县4个县，全系统各单位全线参与脱贫攻坚，在西藏、新疆、青海等边远少数民族地区长期驻扎帮扶工作队，特别是在新疆地区，投资109.86亿元建设阿尔塔什水利枢纽，推动叶尔羌河流域和南疆三地州国民经济与社会可持续发展。目前中核集团结对帮扶地区已覆盖全国22个省44个县70多个村，共派出扶贫干部93名。

现在我们帮扶的4个定点扶贫县全部摘帽，其他地区的扶贫工作也取得了较好的成效。2018年、2019年我们连续获得中央单位定点扶贫工作考核“好”的等次。落实精准扶贫方略，突出扶贫创新路径，我们集团通过深入实地调研，从解决致贫的根本问题出发，聚焦提升“造血”能力，集中优势资源，因地制宜，精准施策，创新帮扶思路，危难时刻伸出援手，急困难群众之所急，想困难群众之所想，想在前面，干在点上，借助政策推力，发挥市场引力，聚焦脱贫能力，激发内生动力，“四力”并举，取得实实在在的成效。

我从五个方面进行汇报。一是聚焦改善民生。我们推出定点帮扶县的基础设施建设，投资1661万元解决石柱县、旬阳县2万人出行难和4000多人饮用水难问题，着力改善人居环境，在贫困县建设环保项目、扶植生态产业，为定点扶贫地区建设美丽乡村积蓄力量；旬阳、白河、石柱三县均遭受过自然灾害侵袭，中核集团第一时间伸出援手，累计捐赠救灾款760万元，捐赠救灾物资162包2300件，帮助定点扶贫县贫困户渡过难关。新冠肺炎疫情发生后，中核集团第一时间向4个帮扶县捐赠400万元用于抗疫工作，并将3450万元年度帮扶资金一次性拨付到位，帮助扶贫项目复工，助力定点扶贫县复工复产。

二是聚焦产业帮扶。中核集团立足“思路创新、组合创新、项目创新、生态创新、协同创新、需求创新”六大创新在定点扶贫县打造一系列扶贫效果良好的产业项目，不断增强“造血”能力。中核集团投资1000万元在定点扶贫县成立中核（宁夏）同心防护科技有限公司。2019年4月，国务院原扶贫办社会扶贫司副司长王春燕见证了同心防护服装签约仪式，当日签约24项，签订扶贫订单1.9亿元，成功利用辣椒产业在石柱、旬阳、白河三县架起一座扶贫桥，实现三地农户增收，展现中核集团创新协同的优势。

三是聚焦提升能力。中核集团不断选派优秀干部奔赴扶贫一线挂职锻炼，曾派出集团公司党组成员、总会计师，号称全国职级最高的刘满堂同志等到李家台村驻村帮扶，“一张蓝图绘到底”帮助李家台村脱贫致富，受到过国家领导人的批示和肯定，中核集团三任好书记接续帮扶石柱县白鹤村，为村民服务的宗旨被中央电视台专题采访，同心旱天岭村挂职干部马建国用“以奖代补”的创新帮扶模式帮助村民发展肉牛养殖产业，带贫效果显著，受到国务院扶贫办安防组的高度肯定。

四是聚焦消费扶贫。中核集团采用“内拉外引”模式开展消费扶贫。2018 年至今，累计消费定点扶贫县农产品 5437 万元，内部市场大力扶植，采用阵地式、福利式、订单式、反哺式等多模式消费扶贫。外部市场牵引，帮助扶贫产品线下入驻大型商超、参与多个展销。线上消费扶贫方面，第一时间响应国务院扶贫办号召入驻中国扶贫网，与本来生活网等扶贫电商平台签订战略合作协议，打造农产品知名品牌，提升市场价值。在新冠肺炎疫情期间，积极响应国家扶贫办号召采购湖北地区滞销农产品，在国务院疫情联防联控新闻发布会上获得点名表扬。

五是聚焦志智双扶。中核集团教育帮扶方面不设最高限额，志智双扶方面取得良好的效果，教育精准帮扶“核苗计划”覆盖定点帮扶县幼儿、中小学生、中青年各个年龄层次，包含了“资助、捐赠、培训、培养”等多种实现形式。集团先后资助 2700 万元用于改善部分学校基础设施，“核苗”奖助学金资助学生 13000 多人，在 4 县设立“核苗”图书角 1500 多个，每年举办 4 个县干部的专题培训班、群众技能培养中惠及近万人的“核苗计划”培训，已经在各定点帮扶县全面推进、开花结果。

行百里者半九十，善始善终者善作善成。在 25 年精准扶贫历程中，中核集团不仅收获了扶贫工作经验，而且从中感受到沉甸甸的责任。我们将进一步总结扶贫工作经验，持续讲好中核扶贫故事，为全面脱贫与乡村振兴贡献“核”之力量，为实现两个一百年奋斗目标积蓄“核”之信心。

产业基金扶贫经验与成果

国投集团总裁助理、国投创益董事长兼总经理、
央企扶贫基金总经理　王维东

2019年，我们在脱贫攻坚最关键的时刻，积极管好用好产业扶贫基金，聚焦贫困地区的产业特色，加大投资力度，完善产业扶贫基金的管理模式，并且实现了模式的复制和输出。这个报告从产业基金的管理、体制和机制以及模式经验等方面详细地展示了产业基金扶贫的成果。

首先，国投创益的基本情况。国投创益目前管理着4只基金，其基金规模达347亿元，是国内管理规模最大、最具影响力的投资机构。目前在贫困地区投资项目超过了140多个，金额超过了280亿元，撬动的社会资本超过270亿元，成为中央企业服务国家脱贫攻坚战略的重要载体和特色品牌。

我们管理的这四只基金，贫困地区产业发展基金和中央企业贫困地区产业投资基金是由国务院批准设立的，另外两只基金是和地方政府合作的贫困产业能源发展基金以及贫困地区产业发展基金。目前我们已经投资了280亿元，基金投资覆盖了27个省320个县，基金超过200亿元投资在14个集中连片特困地区。尤其是我们加大了对三区三州的投资力度，已经投资了35个项目，金额达44.39亿元，是总投资的16%。

其次，我们投资的社会效应。投资撬动了230亿元的社会资本，将直接或间接带动贫困地区50万人就业，为就业人口每年提供40亿元收入，为当地政府提供税收28亿元。扶贫必须有效果，必须和贫困人口的密度相结合，所以我们选择项目的时候形成了和政府、市场、

社会协同推动的产业格局，我们投资了广西的德天瀑布，通过贸易、农家乐、旅游观光等项目直接或间接提供7000多个就业岗位。我们投资的牧原股份通过“3+N”模式，加上我们的组合扶贫模式，直接带动1万人就业，间接带动产业链上下游的运输物料等十大领域的3万人就业，通过饲料和原粮采购惠及周边60万农户。

我们投资的大唐融合充分利用贫困地区人力资源优势，在河南13个贫困县建设呼叫中心基地，累计解决了4617人的就业问题，其中安置建档立卡贫困户1122人，解决了部分残疾人口和待业妈妈就业的问题。

最后，我们拓展行业的影响力。农业领域是与贫困人口息息相关的产业，也是扶贫效果最为显著的产业，我们投资覆盖了农业种、养、加工各行业及其上下游产业，制种行业我们投资甘肃的凯凯农科，在贫困地区开展2万余亩土豆育种的订单农业，3140户贫困户年均增收2000元。

在种植领域，投资了我国最大的柑橘类水果供应商杨氏果业，累计带动就业3300余人；投资了海南的天地海胶，按照“龙头企业+合作社+金融机构+贫困户”的精准扶贫模式，3年来雇用贫困户和农户零散务工达2万多人次，支付劳务费1500多万元，为贫困农户分红1600万元。

在养殖领域，非洲猪瘟暴发的时候，国投创益坚决贯彻落实党中央、国务院关于猪肉保供稳价的决策部署，累计完成了投资超25亿元，引导社会资本200亿元，在9个省33个贫困县建设现代化生猪养殖基地，投产后养殖将达到3000万亩，为猪肉的稳产提供了有力的保障。副总理胡春华到央企扶贫基金投资企业牧原股份就非洲猪瘟疫情防控、恢复产能进行专题调研。另外，我们践行“绿水青山就是金山银山”的理念，利用贫困地区秸秆、水、光、风等资源，与中国电建合作在新疆克州建设夏特水电站项目，与中广核合作在全国10个省份建设11个风光发电项目，向清洁能源领域合计投资超50亿元，撬动社会资本近400亿元，年均为地方政府提供税收超5亿元。

在医疗健康领域，我们为防止“因病致贫，因病返贫”，国投创益积极在贫困地区布局医疗健康项目，与国内知名的血透服务机构、眼科医疗中心合作，采取“一县一科”模式，在贫困县建设血透中心和眼科中心，采取整体保本微利原则，为建档立卡贫困患者免费透析和做白内障手术。

在加工制造业领域，投资万魔声学，开展耳机、音箱、智能声学类产品以及关键声学零部件的研发设计、制造和销售工作，在湖南炎陵县参股设立代工厂，解决就业2000余人，其中建档立卡贫困户200人。投资鄂尔多斯，开展羊绒服装等产品的加工制作，积极在贫困地区采购羊绒原料，涉及西藏、内蒙古等地的35个贫困区县。

在矿产开发领域，投资云南铜业，助力迪庆藏族自治州普朗铜矿的开采，年均为藏区贫困户矿石运输队支付运输费6000万元，云南铜业年均贡献税收超10亿元，其中普朗铜矿为迪庆州年均贡献税收3亿元。投资西部镁业，支持其10万吨氢氧化镁项目，实现氧化镁产业技术创新和产业升级发展、带动贫困人口就业的同时，通过水氯镁石资源利用，有效解决青海盐湖地区盐湖化工生产中产生镁元素废弃物带来的环境污染问题。

在抗疫战争中，国投创益引导带动基金投资企业，为打赢疫情防控阻击战贡献力量。一方面，国投创益捐赠现金2000万元；另一方面，引导投资企业累计捐赠2.8亿元、口罩207.6万只、防护服19万套以及药品、呼吸机、消毒剂等物资1亿元。

我们是如何管理这四只基金的？通过这几年不断的探索，我们形成了产业基金管理模式，并且进行了输出。第一，产业基金管理体系，这个是我们的顶层设计，也就是“一个目标”“两个原则”“三个保障”“四个主体”“五个标准”。“一个目标”是探索市场化的产业基金扶贫方式，促进贫困地区区域经济发展。“两个原则”就是坚持产业基金扶贫效果，坚持产业基金保值增值，有效退出。三个保障是基金治理结构、风险体系以及稽核监控系统。“四个主体”是“产业基金+企业+贫困地区资源+贫困人口”。“五个标准”是投资决策规范化、团队建设专业化、运作管理信息化、投后管理增值化，以及对外形象品牌化。

第二，在产业基金扶贫方式上我们有三个特点，一个是发挥优势，一个是放大效益，一个是精准投资。

第三，贫困地区资源禀赋，根据不同的地区的资源禀赋情况制定了行业的投资方案。

第四，反映了我们根据不同地区引进的一些龙头企业在当地进行的投资。

第五，我们根据投资的价值，包括经济价值和社会影响力以及投资的可行性，挖掘出贫困地区的投资机会。我们主要投资在战略关注和重点关注的领域，在这些领域我们加大了投资力度，达到了80%左右。

第六，我们的组合投资，我们既投资一些扶贫效果好，但是经济效益一般的中小项目，他们的管理、人才、资金比较困难，我们对其进行帮助。我们也投资经济稳健、收益有保障、扶贫效果显著的项目，并且我们投资了一批证券化项目，这种扶贫效果比第一种要差，但是经济效益非常强。我们这个基金要保本微利，保持循环发展，所以我们进行的是组合投资。

第七，我们也探索出了产业基金扶贫投资平台，包括清洁能源平台、医疗健康平台、产业金融平台、资源开发平台、资本运作平台、现代农业平台、产销对接平台，未来都是按照平台的模式投资运作，另外，我们的投资流程透明化和科学化，也有内部的投资工作指导。

第八，我们的投资流程，这个是大概的流程，从项目策划到现场调研到投资立项，再到这里的签署投资合同和投后的管理以及退出都非常清晰。

第九，全面风险管理，这是我们的一个基本原则，即以全面合规为底线，以保值增值为前提，以扶贫效果为根本。两个载体的基石是IT硬控制系统和风险管理文化软实力。三个主要支柱：一个是层级化风控职能体系，一个是全程化风险管控机制，一个是结构化风控制度支撑。

以保值增值为前提，基金要有效退出，以扶贫效果为根，如果不符合或者效果差的，我们就退出。另外，风险控制也镶嵌在我们资金募投的各个环节，包括我们的财务监督和制度建设，这里尤其介绍一下社会效益闭环管理，我们有三大体系六大环节81个指标。我们也有一些央企，包括一些地方政府衡量一个企业是不是值得投资，必须要符合我们社会效益的评价体系，这个社会评价体系体现了该企业是不是可持续，如果符合了，我们在资金方面再给予大力的支持，这个是我们的三大体系和81项指标。

投后管理我们有四大模块、六大机制、八大服务加大对投后企业的管理和服务；另一个是加强信息化的建设，建设了投资管理系统、财务监控系统、智能分析系统以及企业管理平台；还有一个是党建引领，因为在党建方面一些企业比较薄弱，我们作为一家央企，有党建的指导员帮助这些企业成立党组织，开展一些党建活动，所以党建工作也是我们扶贫工作的一个重要抓手。

我们做好央企的品牌宣传工作，带动和引领央企在扶贫战线上尽到自己的社会责任。后面我们还投资了“壹号土猪”这个项目以及九州通、金徽酒等。

2020年是脱贫攻坚的收官之年，我们将认真贯彻落实党中央、国务院精准扶贫战略，坚持为国而投，为民创益，聚焦深度贫困地区，坚持市场化、产业化目标，聚集更多资源，探索有益带贫助困机制，发挥影响力投资作用，提高产业基金扶贫助困效果，不断巩固脱贫攻坚成果，为打赢脱贫攻坚战贡献基金方案。

赋能未来　惠及人人

Apple 全球副总裁、大中华区董事总经理　葛　越

如何通过创新和技术以及教育做出贡献？我们非常重视创新，也用创新精神来做扶贫的工作。要实现脱贫的长效机制，我们必须发挥创造力，我们坚信技术可以带来积极的改变，教育可以带来更多的可能性，创新、技术、教育会成为脱贫的宝贵工具，并且帮助大家找到长期发展的机会。

2020 年对我们所有人都充满了挑战，我们中间最薄弱、最需要帮助的伙伴尤其突出，我们捐赠了 5000 万元人民币建立了新冠肺炎援助基金，2000 万元已经第一时间援助了湖北 6 家定点医院，采购医疗设备，助力医疗卫生体系的建设。我们计划用剩下的资金支持经济建设的长期项目和教育扶贫，以培养振兴乡村的人才支持扶贫的长效机制。我们相信扶贫先扶智，要巩固扶贫的成果人才是最重要的，这主要包括两方面内容，一个是培养农村建设的人才，一个是助力农村新一代的成长。

为了培养可持续发展的人才，我们和中国扶贫基金会合作，支持以新农人为培养目标的合作社发展学院，利用苹果的设备、技术和平台，设立教学实训基地，培养合作社的领军人物。合作社发展的基石是苹果 5 年前参与孵化的一个农村项目，作为这个项目启动的唯一捐赠企业，苹果率先开启了产业扶贫和消费扶贫的创新。我们为孵化的公社提供技术指导，严格的品控加上互联网和平台的应用，以更有效的方式让人们更容易从自然灾害中走出来，推动乡村振兴。

我们这个公社已经在 14 个省份开展了产业扶贫项目，受益农户 24000 户，其中贫困户 3000 户，它的成功离不开四川雅安的领头人，

这个领头人的优化管理以及种植技术，每年为社员创收数万元，成为有名的电商老人。合作社的发展是想培养更多这样的新农人，帮助贫困地方的人们脱贫。

另外，我们不断地积极探索，结合苹果多年来中国扶贫的经验，并且充分发挥技术优势，将扶贫的成果保持下去，为社区的成员继续赋能。在2018年，我们启动了“智惠计划”，“智”是苹果的技术、智能设备服务以及我们员工的智慧；“惠”是用这些技术和资源惠及中国，从而大力支持教育扶贫。我们号召“赋能未来，惠及人人”，希望通过我们各个团队的努力让社会变得更加美好。

为了助力农村的新一代也有接触高质量教育资源的机会，我们将打造更多的智慧教室，促进贫困地区数字化的教学建设，培养老师们掌握相关的教学技能。

接下来，我想分享一下我们在教育扶贫方面的践行和思路。

2018年，我们向中国发展研究基金会捐赠了2500万元人民币，资助贫困地区儿童发展数字化项目，为幼儿园和职业院校学生改变带来工具，这个项目直接受益超过了14万人。我坚信教育可以改变孩子的命运，上周我有机会到云南进行贫困地区儿童发展基金的调研，很高兴可以实地看到我们的产品是如何帮助边远地区的老师提高教学质量，让孩子们体验到数字化教学快乐的。通过平板电脑记录每一名孩子学习的成长和点滴，不仅可以帮助我们调研和进行分析，还可以让远在异乡的家长看到孩子们的笑容。

之前我在四川和贵州的职业高中考察的时候，也亲眼看到了数字化的教学如何帮助老师实时准确地了解到每一个学生的情况，对学生进行个性化的辅导，数字化教学将主动权交给了学生，让学生成为学习的主人。同学们表示新的教学方式让课堂更加鲜活，他们更乐意在课堂上互动和交流。老师告诉我们，数字化教学为职业发展带来了新的契机，这让我们充分地感到了科技的温暖和力量。

教育是伟大的均衡器，它一直是苹果基因的一部分，我们苹果公司的志愿者积极地利用自己的空余时间，帮助孩子们读写。我们看到了第一次接触平板电脑的孩子脸上的惊喜，在北京我们的员工用苹果“人人编程”的课程给北京农民工子弟学校的孩子上课，我们希望生动有趣的课程可以帮助孩子们点燃心中创意的火花。

教育扶贫是打赢扶贫攻坚战的重要举措，也是阻断贫困传递的治本之策，贡献我们的力量责无旁贷。用科技助力教育脱贫，我们希望苹果的“智惠计划”可以通过科技工具实现教育赋能，在年龄、教育背景、职业上，给他们带来发挥潜力的机会。我们的工作刚刚开始，扶贫的道路上可以做的还有很多，未来我们会一起帮助大家学习新的技能，发现新的机会，为他们和他们的家庭创造更美好的未来，我们期待和合作伙伴一起为我们的社区赋能未来，惠及人人！

尽锐出战，决战决胜脱贫攻坚

中国一汽扶贫办主任　葛季明

十九载耕耘，十九载收获，2002 年我们开始承接扶贫任务，现在已经 19 年了，非常高兴的是 2020 年 5 月 9 日这一天，最后一个贫困县也摘帽了，圆满地完成了任务。

我们帮扶的是 5 个小县，人口最多的是 18 万人，最少的是四五万人，所以我们帮扶的 5 个县加在一起也就 70 多万人口，我们的模式叫作“三位一体+”，“三位一体”是定点县为脱贫攻坚的主体，不会因为我们帮扶就指手画脚怎么样，过于越位的事情我们不做。中国一汽为帮扶主体，不缺位。这里先说一下我们想做好的一件事，我们集团按照党中央的要求成立了脱贫攻坚领导小组，党委书记、董事长都是小组成员，党委常委担任组长和项目督导。

“十三五”以来，集团公司两届领导都去县里开展了实际的扶贫调研，并且是全覆盖，可见集团公司确实是对扶贫工作非常重视，我们派出了一系列干部，这里值得说的有两点。第一，我们派出 11 批 34 名干部，2 位同志被当地政府留下了，我们的干部在当地受到了政府、群众的认可。第二，我们的扶贫体系对挂职干部的考核就一句话，“进村狗不叫，入户狗不咬”。他们家的狗不咬你，你就是合格的，表明你平时经常来，狗都认识你，我们的挂职干部都是尽职尽责的，所有的央企干部都是尽职尽责去做的。

最开始我们是帮助对口县，改造大片的草房，并且是做修桥等工作。现在我们扶贫做什么？专注教育、赋能、产业、市场、消费，我们从草房改造开始，当时是全村推倒重建，基本上原地就进行建设。东北农村有两个习惯，一个是随地吐痰，一个是嗑瓜子。当时我们建了这个小镇，和当地的村支书聊天，到老乡家里去的时候，我亲眼看到女同志嗑瓜子嗑完了之后把瓜子皮收集起来，所以我们觉得硬件可以改善人的行为习惯，这是我们特别欣慰的。另外，这个房子里面还有室内的淋浴间等，很多当地人一生只洗几次澡，现在是只要想可以天天洗。

我们建的一汽小镇，现在已经是一个旅游综合体了，是不是脱贫攻坚的进步？其实大家可以感受到我们对口帮扶的县乡村都在进步，我们也在进步。以前在广西一些少数民族的房子是三层，一层是畜牧，二层是人，三层是一些工具。我们规划建造每一家从以前的面对面进行了人畜分离，也是一个人文的进步。

吉林我们有一个改造，并且发展了养殖业，这些都是我们朋友圈和其他央企一起为我们产业扶贫项目做了推进，是我们产业扶贫基金一起推进的养殖项目。我们和山东的合作企业在凤山有一个蔬菜和中草药的种植项目。

西藏有两个县，是旅游途中必须要经过的，大家过去旅游的时候，提我的名字没有人认识，但是提中国一汽肯定都认识。我们上一届干部离开的时候，在他们的大院，老百姓到现场献花，这种感动是由衷的。2017 年，我们董事长宣布设立红旗扶贫办基金，除了我们承担的所有工作之外，17 年中我们用 3 年时间专注于教育扶贫，主要就是帮扶长征路沿线的 15 个国家级贫困县，我们在中央红军出发点落成了红军梦想智慧学校，其一系列学校也在落成。

我们有红旗梦想自强班。在 2019 年的时候我们准备帮助 10500 名高中生，他们高中毕业之后很多学生的家长会让他们回家种田。贫困县的高中生国家是免学费的，所以我们就资助他们的生活费，和国家的政策配套。现在我们已经资助了 7000 人，第一批 100 个孩子都参加高考，之后我们发动强大的朋友圈，中国女排、京东，都为他们送上了祝福。成绩出来，有一个孩子考上了北大。

我们发现偏远山区学校的硬件条件在快速地追赶上来，但是这些孩子业余的时间比如周六、周日，城里的孩子在学弹钢琴，他们在放羊，很重要的原因就是乡村艺术类教育的匮乏，缺少这类专业的老师。偏远山村我们通过双师教育培养这样的老师，然后就可以给孩子们开美术、音乐等艺术类的课程。这几年，我们已经培养了 800 多名艺术教师，使 17 万名孩子从中受益，孩子的画作很稚嫩，但是非常温暖。

在消费扶贫方面，我们举办了大型展销会，并且进行贫困地区农产品定向的直销活动，搭建了电商扶贫平台，帮助吉林省销售特色农产品，也丰富我们分管的产品。

后续我们已经为自己设定了新目标，我们马上面临乡村振兴，我们的目标现在也是一个新目标，产业要兴旺，生态要宜居，生活要富裕，并且我们已经编制中国一汽“十五五”期间定点扶贫衔接乡村振兴规划 2020 版。在新征程的展望上，我们希望与全社会共享中国一汽跃迁式发展成果，全面建成小康社会，为第二个百年奋斗目标共同努力。

第二节 扶贫成果：创新精准扶贫模式

汇聚乳业产业优势 助力决胜脱贫攻坚

蒙牛乳业（集团）股份有限公司副总裁 魏 薇

众所周知，乳业有着从牧场到餐桌的超长产业链，涉及种植、养殖、制造、服务等多个环节，蒙牛作为行业领军企业，按照党中央、内蒙古自治区党委、中粮集团党组关于脱贫攻坚的工作部署，蒙牛探索出了一条“3+X”的乳业精准扶贫模式，也就是“产业扶贫+营养扶贫+定点扶贫+多元帮扶”精准扶贫模式。接下来，我从四个维度入手，与大家分享蒙牛在助力脱贫攻坚过程中的心得与经验。

第一个维度，授人以渔、产业扶贫。蒙牛产业扶贫的核心是“以奶带农”，把产业链完整融入地方经济发展，通过产业落地、金融帮扶、技术帮扶、渠道帮扶等多元化方式，帮助贫困户参与产业发展，带动农牧民技能提升、就业增收。

在产业落地方面，蒙牛在全国践行产业落地“种养加一体化”，仅在内蒙古地区就合作300余座牧场，带动超过7000名牧民、贫困人员就业，帮助近40万农牧民脱贫致富。

在金融帮扶方面，截至2020年9月，蒙牛已累计发放奶款近2000亿元，累计投入奶源扶持资金近160亿元，为合作牧场节约大量资金成本。

在技术帮扶方面，蒙牛开展“牧场主大学”技术帮扶项目，全国累计培训3000余场，培训超5万人次，帮助牧场效益提升超15亿元。

在渠道帮扶方面，蒙牛打造“奶业生态圈互助联盟”“爱养牛集采平台”等渠道平台，帮助合作牧场节约各类成本超过3亿元。

受新冠肺炎疫情影响，中国乳业产业链上游的奶农受到严重冲击，生存十分艰难。蒙牛向合作牧场发出了“不拒收一滴奶”的承诺，推出“稳定信心，守护上游”五大举措，多措并举帮助牧场渡过难关。截至2020年9月，我们已经累计向合作牧场提供了30亿元免息资金，授出100亿元授信，总共为合作牧场带来了超过3000万元的成本节约。

第二个维度，以奶助学、营养扶贫。针对贫困地区儿童营养改善问题，蒙牛开展“营养普惠计划”，累计投入超过6000万元，为全国31个省、自治区、直辖市1000余所学校捐赠学生奶，80万余名学生受惠，用营养支持贫困地区儿童成长。

蒙牛“营养普惠计划”还涵盖食育教育、环保教育，开展营养健康科研、科普教育，并携手互联网公益在线教育平台，对2000名乡村青年教师进行互联网培训赋能，通过赋能乡村教育，助力乡村儿童发展，有效阻断贫困代际传递。

第三个维度，精准施策、定点扶贫。蒙牛积极响应定点扶贫号召，从援建基础设施、发展产业、健康扶贫、医疗扶贫、慰问救济等多个方面开展帮扶工作，切切实实让贫困村民过上好日子。

蒙牛参与定点帮扶内蒙古呼和浩特市和林县、广西南宁市隆安县、西藏山南市洛扎县。蒙牛认真调研当地资源禀赋，针对性投资建设了牛羊养殖基地、种养殖循环农业等项目，都取得了很好的效果，成为当地的特色产业，大量贫困户实现脱贫增收。

第四个维度，因地制宜、多元帮扶。蒙牛积极结合贫困地区和贫困人口实际需求，因地制宜、因人制宜推进党建扶贫、消费扶贫、公益扶贫等多元帮扶举措，改善当地发展环境和生活水平。

在党建扶贫方面，蒙牛持续与牧场开展党建共建，在全国做到100%全覆盖，依托“蒙牛基层党支部+牧场所在地村党支部”模式、

“蒙牛基层党支部+地方银行党支部+牧场党支部”模式，解决劳动力牧场就业问题、牧场融资难问题，实现“打工有地方，收入有来源”。

在消费扶贫方面，蒙牛在节假日积极号召员工用实际行动支持消费扶贫。

在公益扶贫方面，自2017年起，蒙牛设立海军家属关爱基金，投入近200万元，用于资助家庭生活困难的海军官兵家属及官兵慰问活动。2019年，蒙牛推出“退役军人999公益牛奶计划”项目，在全国范围内为999个困难老兵家庭长期提供免费牛奶产品，提高老兵生活质量。

2020年系决胜脱贫攻坚的收官之年，在这场伟大的战役中，蒙牛将始终不忘行业龙头责任，用实际行动全力以赴助力打赢脱贫攻坚战，为实现2020年所有贫困地区和贫困人口一道迈入全面小康社会的目标贡献力量！

“互联网+精准脱贫”的探索与实践

阿里巴巴集团社会公益部资深总监　胡海河

2015年11月，中共中央、国务院发布了《关于打赢脱贫攻坚战的决定》，明确提出要实现现有标准下7000多万贫困人口的扶贫。为了更好地助力国家战略，2017年12月1日，阿里巴巴成立了阿里巴巴脱贫基金，计划未来5年投入100亿元，在教育脱贫、健康脱贫、女性脱贫、生态脱贫、电商脱贫五大方向实现要脱贫更要致富的愿景。

两年半以来，在国务院扶贫办社会扶贫司的指导下，阿里巴巴和社会各界密切协作，已经为12万名乡村学生送去了更为丰富的教育资源，为458万个建档立卡用户提供了健康补充保障，帮助120万名穷困女性获得了就业机会以及养育指导或保险保障，创造650万人的绿色就业岗位，帮助832个国家级贫困县实现网络销售超过2000亿元。

在阿里巴巴脱贫基金成立的背后，离不开三个关键词，一个是“可持续”，一个是“可参与”，一个是“可借鉴”。

一是技术创造数字发展机会，推及可持续的脱贫攻坚模式。在脱贫领域阿里巴巴主动推动模式下沉，不仅通过新平台、新渠道帮助贫困地区优质商品进入市场，拓展销路，打造品牌，而且积极开展人才培训，帮助更多农民成为新型点上人才，带动地方文化和第三产业的发展，让互联网成为贫困县发展的新机遇和新动能。

2019年3月30日，淘宝直播与河南、山西等11个省份的代表共同启动“村播计划”，通过为贫困县培养自己的农民主播，唤醒农民对个人价值的重新认知，帮助贫困地区农产品电商直播实现自运营，通过直播带动农产品走出大山，卖向全国。甘肃礼县的一个村民，参加了阿里巴巴的活动，每天已经有上万人观看他的直播，最高的时候是2万人，到2019年已经是把3万斤的水果卖到了全国。未来我们的手机是新农具，数据是新农资，这样的村民在全国已经超过了9万名。

在女性脱贫领域，阿里巴巴探索持续为贫困女性赋能的公益模式，淘宝平台上有一个特殊的店铺叫作“魔豆妈妈”，这是为自强不息的女性提供电商创就业培训的店铺。3个月的培训可以让“生手”变为“熟手”，月收入可以到达3000元，更为熟练的一个月可以收入5000~8000元，通过培训让这些妈妈不离开家园就可以获得一份收入。通过这个“爱豆计划”我们可以提供人工智能的支持，一个已经是人工智能培育师的妈妈，回到家乡可以教育孩子，也可以赡养老人，目前她的月薪已经超过了3000元。通过我们的女性脱贫项目，让更多的女性不离开家门就可以照顾家人，这个是我们的初衷。

二是技术搭建社会协同平台，创新可参与的全民公益模式。阿里巴巴致力于用技术搭建社会协同平台，阿里巴巴和蚂蚁金服平台上很多的机构进行募捐，涉及教育、医疗、环保等帮扶的多个领域。阿里巴巴借助互联网技术和平台，将点滴爱心汇聚为巨大的力量。大家打开支付宝就可以看到“蚂蚁森林”这样的一个按键，点开就可以参与我们的种树。据我们统计，截至2020年6月，“蚂蚁森林生态经济林”项目守护了贫困地区的19.3万亩土地，种树可以让当地的群众有收入，内蒙古的一对夫妇，上年秋天他们的收入是3万多元，是他们全年种地收入的8倍。

所以我们说植物可以种，也可以采摘，可以用一些有附加价值的水果，既让我们的贫困人口在当地可以种树、护树，同时享受到经济带来的效益。

在教育脱贫领域，马云乡村寄宿制学校打造样板，在生活空间、课余活动以及生活管理、教师能力水平提升等方面给孩子快乐成长的空间。这个是江西的一个小学，我去拍了这张照片，确实是明亮的教室和非常漂亮的活动空间，这个是老师在给他们进行生活辅导。同样，我们也看到了这样的学校：两层楼，三个年级，四个老师。这样的一个学校，老师可能教得没有乐趣。如果说明不是一起上课的话，就会非常的麻烦。我们通过三方合作，可以把这样的小学合并成一所，让100个以上的学生一起学习，大大提升教育的效率。

三是技术创新精准帮扶模式，输出可借鉴的产品项目经验。机遇是互联网技术的驱动，阿里巴巴脱贫基金从中总结并且输出可供参考的模式和方法论。在健康领域我们联合发起了“顶梁柱”健康公益管理项目，实现“互联网+精准脱贫”。贵州的一个农民，是四个孩子的父亲，不幸患上了白血病，我们解决了他们的燃眉之急。他康复之后说，没有想到我在这么偏远的地区可以得到社会各界的帮助，希望孩子长大之后回报社会。

“顶梁柱”项目两年取得了这样的成果，很重要的原因是区块链技术的应用。在北京一个高峰论坛，公益链技术和应用规范正式发布，这个是阿里巴巴脱贫基金会提倡和发布的，它的推出将很好地解决当前公益事业面临的信任和参与难题，为提升参与度和透明度给予了强有力的技术支持。“顶梁柱”项目也积累了可复制和可参考的经验。为了帮助更多的贫困县，2019年，我们启动了阿里巴巴脱贫特派员项目，央企可能是叫“挂职干部”，我们叫作“特派员”。

正如马云所言，扶贫是给人以鱼，脱贫是授人以渔，致富则是给大家造鱼塘，我们不仅要脱贫，更要致富，阿里巴巴在有条件的地区开展试点，进行模式探索。未来阿里巴巴会集合阿里经济体的力量，在产品销售、就业招聘以及代管支持等方面为深度贫困地区提供支持，助力脱贫攻坚冲刺“最后一公里”！

第三节　圆桌论坛：推进脱贫攻坚与乡村振兴有效衔接

圆桌主持人：

清华大学公共管理学院副院长、社会创新与乡村振兴研究中心主任　邓国胜

圆桌嘉宾：

中广核集团办公室副主任、扶贫办主任　王宝山

中海地产行政总裁　张智超

方正证券战略客户与市场部董事总经理　阿孜古丽

温氏集团行政管理部宣传中心主任　刘文聪

松下电器中国东北亚公司战略公关部企业社会责任经理　金冬梅

邓国胜：2020 年是我们脱贫攻坚的收官之年，我们马上就要从脱贫攻坚向乡村振兴有效衔接和转型，所以今天讨论如何巩固成果以及如何做好乡村振兴。

王宝山：我们是做核电的，核心价值观是一次把事情做好。脱贫攻坚战役中我们提出要按照做核电站的标准做扶贫，因此要一次把扶贫做好，这既是对扶贫工作的要求，也是我们扶贫工作的目标。

体现在三个方面：第一个方面是扶贫项目的选取上，第二个方面是扶贫项目扶贫机制的设计上，第三个方面是组织和资源的保障上。要一次把扶贫做好。

第一个是在扶贫项目的选取上一次做好。一个是项目的风险。比如我们的一个项目主要考虑市场的风险，因此我们利用央企的资源到

北京和杭州调研，看看相关行业发展的方向是怎样的，甚至我们还了解了国际市场的情况。另一个是病虫害的风险。这两个风险是参考我们审批连续三年支持广西发展种桑养蚕的产业提取总结的。

在选取项目上，我们把握精准性和建党立卡的贫困户重叠在一起，要登记造册，这个是我们的统一认识和自觉行为。在选取项目上找适合我们企业自身发展优势的项目。比如猕猴桃产业，猕猴桃的保质期是35天左右，利用我们的技术可以延长到105天，这样大力发展猕猴桃种植的时候就可以延长销售期，这是利用我们自身的产业优势做扶贫，这就是我理解的首先在前端选取项目的时候把事情做好。

第二个是扶贫的机制设计上一次做好。我说两个例子，一个是我们集团有一个产业是做生物有机肥的。当时我们有一个项目，有一个领导看的时候，说我们这个肥非常好，800元/吨，但是运到大山里面运费就1600元/吨。他说能不能在这个地方建一个有机肥厂，我们看了山里的环境，其实条件不太好，选取之后我们经过可行性研究觉得还是可以的。最后我们就下到二级公司做，基本上我们是一个生产线1800万元，以捐赠的形式给他们。后来我们想这样的方式可能不行，因为自然禀赋不好最后运营有巨大的问题。所以我们设计的时候是我们控股，我们捐40%的股份到县里，持续3年盈利之后我们无偿捐助，包括项目市场化的环境下可以运营，这个机制上的设计也非常重要，不然公司的领导换了，人员变动了，县里的领导换了，对这个项目不熟悉，有可能这个项目就流产了。

第三个是组织资源的保障上一次做好。在组织资源的保障方面，我们管理扶贫项目和管理核电站是一样的，都是标准化的。同时，我们有28个扶贫干部分布在全国各地，我们定点的两个县有6个挂职干部。这些干部我们都提拔，有的没有回来我们就提拔了，我们选取的干部都是非常优秀的，并且我们自己后台还有一个特批的处级机构，叫作“扶贫办”，有3个人的编制。

张智超：中国建筑在2020年《财富》杂志里面排名第48位，因为我们是一个全竞争性的行业，我们主要是建筑业和房地产业，中央给我们的任务是对接甘肃省3个县的扶贫工作，一个是卓尼县，一个是康乐县，一个是康县。这3个县都比较有特点，其中，一个是藏族自治县，一个是回族自治县，所以特点不完全一样。我们扶贫的工作核心是“五个坚持”以及五个坚持方向。

“五个坚持”。一是坚持党的领导和组织保障。应该说我们的扶贫工作是我们的党委书记和董事长“一把手”在抓，所以从我们组织保障上来讲集团非常重视。我们还有11个核心的二级单位，全部是对口有任务清单支持我们扶贫工作的。二是加大投入。应该说扶贫的基金上面我们是中央企业购买最多的，大概买了16亿元扶贫基金。另外，我们自己导入的资金和自己投入的资金也总计达到2.64亿元。所以我们觉得扶贫也是要有财力的真正投入，在这个投入保障的前提下扶贫工作上可以更到位。三是坚持工作的严标准。我们的领导先后组织了70多次调研和部署会议，并且这个过程当中选派了28名核心干部蹲点，这上面保障了我们工作上的严格要求和标准。四是以问题为导向。补齐相关的短板和缺项。我们投入2000多万元，改造了300多栋老百姓的危房，而且对1200多口取水井进行了改造和优化，对30多个卫生所进行了改造和提升。五是坚持真正的精准扶贫。就是说要把我们的产业和业态以及可持续的发展与当地的资源结合起来，我们也分别打造了一些特色项目和相关品牌，并且帮助它们进行产品的设计、包装、生产流程再造。确保它们在我们的淘宝和电商平台上可以成立，希望我们这些老百姓的主力在家乡，利用家乡的资源把这些产业真正地做好，以前可能缺少一些投入和市场的思维以及使命，所以我们在包装和标志以及产业链上进行一些梳理和打造的相关的工作。

五个坚持的方向。一是坚持产业为导向。所以我们打造了旅游产业和相关农产品的产业，我们的投入也是比较大的，30多个二级单位都参与了进来。二是就业。其实我们行业是劳动密集型的，比如建筑业和物业管理需要很多的劳动力。我们帮助培养了 5400 多名干部和相关技术员工，有 2000 多人最后加入我们企业就业。无论我们的建筑业还是我们的物业，我们统计了一下，平均月收入在 6000 元人民币左右。三是做好消费扶贫。我们打造了相关的业态，也利用了很多资源。比如房地产的销售里面本身有很多渠道，还有更多和客户对接的通道，利用我们物业的平台和销售电商的平台更好地促销他们的产品，包括我们自身在食堂和客户关怀里面也放大了扶贫的品牌。其实，这也是一种社会责任，比如，我们在沈阳的时候探访一些客户，临走的时候，我们也赠送了两盒扶贫的产品，让客户感受到你这个企业是有温度的，有社会责任的，这些都和我们的业务充分地结合。四是教育扶贫。虽然是房地产企业，但是我们有自己的教育产业，在全国有 400 所教育基地，我们也加大了这方面的培训。五是党建。我们充分地融入进来，希望大家把我们的使命愿景认真落实。

阿孜古丽：我汇报一下金融企业如何来参与脱贫攻坚做精准扶贫。2016 年，行业协会发出证券公司结对帮扶国家级贫困县的倡议，我们积极地响应。秉承创始人的精神，我们开启了扶贫之路，2016 年 9 月，为了做好扶贫工作，我们建立健全了四级组织架构。因为以前没有做过，所以先成立了领导小组，并且成立了一个业务部门。另外，我们派出挂职干部，这些干部跨了四级，有驻村的，有县里工作的，还有市里、州里工作的，目前还有 3 位在任上没有回来。我们建了 37 个金融工作站，都是四级组织架构，组织架构保证了从决策到落地的组织体系，建好了组织架构，建立了自己的扶贫规划，有了自己的战斗纲领。

为了保证工作可以落地，我们建立健全了一系列工作制度，从决策到具体工作的落地，到我们的考核激励，保证工作到一线的时候大家全力以赴。基础工作做完之后，我们开始和帮扶县签约。到 2016 年底的时候，我们已经签约了 3 个县。通过对 3 个县的前期工作调研，很快我们结合工作的专业优势以及人才优势形成了我们的“2+3”扶贫模式。“2”是产业帮扶和金融扶贫，紧紧围绕我们的能力开展扶贫；“3”是教育、公益、消费扶贫。模式推出之后我们是整个体系，到每一个县都是由系统推进的，因此我们是体系设计和系统化推进以及品牌化运营。

项目到了县里以后，在具体工作执行的时候，每一个县的资源禀赋是不同的，产业基础不一样，对金融的需求也是不一样的，所以实际上做出的项目也是有各自特色的，由此形成了一个县一个特色，实际上我们的金融和产业落地扶贫也是这样的情况。

我把“2+3”解释一下，“2”是产业帮扶和金融扶贫，作为资本市场的上市公司，我们当然希望可以给县里更多的金融支持，帮助县里更多地使用直接融资工具，我们开展了“智服大讲堂”，告诉县里的干部如何对接资本市场。“大讲堂”发挥了特别好的作用，公司的领导和外请的专家都是到一线讲课；另外，我们把县里的领导和企业家以及骨干请出来，请到北京大学听中国一线的智囊和专家讲中国现在处于什么阶段，宏观经济是什么样的，未来会怎么样，我们脱贫了应该怎样，帮助大家拓展思路和眼界。我们请大家到发达地区去，到习近平总书记提出未来乡村振兴理论的浙江安吉，让大家看看他们是怎么做的。

更重要的是，我们把大家请到了脱贫之后的地区去学习，学习他们如何建立自己的完整机制，如何调动干部和群众来完成脱贫攻坚，课堂的内容非常丰富。有了“大讲堂”我们和干部以及企业家的共同语言就很多，工作就容易推动。这么多的贫困县都有自己的绿色农特产品，我们自己采购和协助销售到定制化请电商帮忙推销再到大宗采购，目前消费扶贫的采购已经超过了 1.3 亿元。我们根据实际需要不断升级，有了这两个基础，我们升级了公益基金会，用公益的力量推动脱贫攻坚。

其实我们也做了健康和教育领域的公益，并以公益扶贫做创投，在此基础上我们才开始真正介入金融扶贫和产业扶贫。我们的干部把全县的金融和产业需求梳理出来之后一步一步推进。目前我们帮助他们上了新三板，推到省里的区域股权市场做规范，用 IPO 推动他们对接市场，推动当地的产业和脱贫工作之后的落实。我们还设立了贫困县的产业基金，一路走来各县都可以实际开展，所以也成为我们可复制和可推广的平台。所以一家公司将自己的专业优势、人才优势以及管理能力、创新能力用到一个县的精准扶贫的时候，确实可以产生非常好的效果，目前我们帮助融资已经超过了 30 多亿元。

刘文聪：我们从 1983 年创业到 2020 年已有 37 年了，是以养殖为主业的大型农牧集团。37 年来我们一直坚持企业文化扎根农村服务农民做精准扶贫，我们已经在全国 20 多个省份发展了 80 多家分公司，我们怎么联动多家公司做精准扶贫？其实在 1986 年的时候我们就开创了“公司+农户”的生产经营模式，通过这个模式与农户利益共享、风险共担。合作的过程中，农户整个过程只要负责饲养，技术和销售都是由我们公司负责。药物这些都是公司提供的，也就是农户在没有专业的技术人员指导帮助的时候，不懂销售也没有关系，只要养好了，后期我们公司回收就可以。这样就有效解决了农户的技术欠缺和市场销售问题，这样的模式深受农户的欢迎，是很多农户学习和复制的一个典范。

在精准扶贫的过程中，我们充分发挥了农户加盟的优势，全国各地都是通过这样的一个模式去发展，当然我们会根据贫困地区的特殊情况定制性地发展。到 2019 年我们扶贫的覆盖范围也非常广，在贵州和云南等 17 个省份都有我们的扶贫点，投入资金达到 3 亿多元。

邓国胜：金冬梅女士，您介绍一下松下怎么通过生鲜冷链带动农户增收。

金冬梅：说到产地预冷，大家可能比较陌生，我们的农产品从田间到餐桌有一个冷链物流体系，这个体系非常长。包括我们场地的采摘和我提到的产地育冷以及存储运输销售，目前在中国农产品上行销售方面，有一个很大的问题是我们流通的损耗率非常高。我国农产品整个流通环节的损耗率达到了30%，甚至有的地区会高于30%。而在发达国家这个损耗率一般是5%以下，美国是1%~2%。实际上松下在日本制冷领域也有几十年的经验，针对这样的问题，我们也希望将这种经验带到中国来。

给大家介绍一下产地预冷。我们的农产品是易腐的农作物，在采摘之前有一个体内的呼吸循环，采摘之后呼吸循环是没有停止的。刚刚摘下来的时候是有一个温度的，在后期的运输过程中温度会提升，这样就很容易损耗。产地预冷是蔬菜水果刚刚摘下来的时候，我们用专业的设备和专业的人士进行操作，把蔬菜水果降低到一个适合的温度，后期我们的冷链运输和相应的包装上都会简化很多，同样可以保证损耗率的降低。中国政府现在非常重视产地预冷，从2016年开始中央每年的1号文件都会提到产地预冷的问题，松下也希望通过我们的产地预冷经验助力冷链物流领域的发展。

第一个方面，农户收入提高。主要是我们项目中和贵州省搭建的移动式冷链物流体系，因为冷链物流的应用让我们农产品的损耗率降低了，在贵州省有一个蓝莓产品我们帮助他们做了产地的育冷，使损耗率降低了30%，产品销售的时候增值了近1倍。

第二个方面，储存期的延长，以前可能储存2天，现在可以储存4天。以前因为技术限制，樱桃这个产品只可以在贵州省内售卖，经过我们技术的帮助，可以卖到北京。

第三个方面，我们是智能方案的解决方案提供商，因为这样的优势我们和很多商超以及便利店还有伙伴有所交流，也把我们的这个事情向商超的负责人做了介绍，帮助农户对接相应的销售渠道，降低了他们产品的损耗。以上就是我们帮助农户的销售提升的一些措施。

邓国胜：请各位简短地回答你们在下一步脱贫攻坚向乡村振兴衔接过程中的打算、规划。

王宝山：一是利用我们的科技优势，包括我们的风电和太阳能以及等离子体，变成自己自发的一种行为，这是有生命力的。二是后续我们会把教育扶贫持续做下去，这是阻断贫困的根本之策。三是通过党建引领的模式让全员参与，我们企业的产值和资产还算可以，但只有 4 万多人。全员参与扶贫，让我们感觉扶贫不是俯视和施舍，帮助别人其实就是帮助我们自己，这是我们的三个坚持。

张智超：一是我们教育扶贫会充分地做扎实，前面我们大概帮助建设了 16 所相关的学校，我们希望更多地引进山里的教师到发达地区看一下，把课程输送给他们。我觉得教育扶贫对于人的理念、观念还有技能是一个真正的改变，这些方面我们要做扎实的工作。

二是产业方面的扶贫，将我们的产业链结合当地的资源和需求，以及集团的一些东西充分地做好。康乐县有一个苗木育化，我们的业务也有很多的应用，我们做了一些提质增效的产业提升。

三是我们应该打组合拳，各个产业和技术应该综合性地利用，把我们每一个乡村和村落都建设得越来越好，让我们全体民众都富裕起来。

阿孜古丽：我们还会继续积极响应国家和行业的号召，从已有的模式继续深入，发挥我们的专业优势，本着精准务实的原则，用我们的专业精神帮助我们的产业、企业得到更好的发展，用我们的专业优势服务国家！

刘文聪：通过自身的优势和产业振兴做好乡村振兴的工作，现阶段我们也是通过一个智能化养殖模式让农户提高收入，让客户科学养殖，快乐生活，未来我们会持续通过模式的优势紧跟国家政策，在国家乡村振兴大背景下发挥我们自身的引领作用，做好乡村振兴工作，为乡村振兴贡献温氏力量。

金冬梅：我们还会继续从产业扶贫振兴的角度来做，因为冷链物流是一个非常大的话题，先做一些硬件的东西，软件上我们会进一步地培训，包括对蔬菜水果以及一系列问题和内容的培训。今后我们会围绕这个内容继续深耕，发挥我们松下这方面的优势。

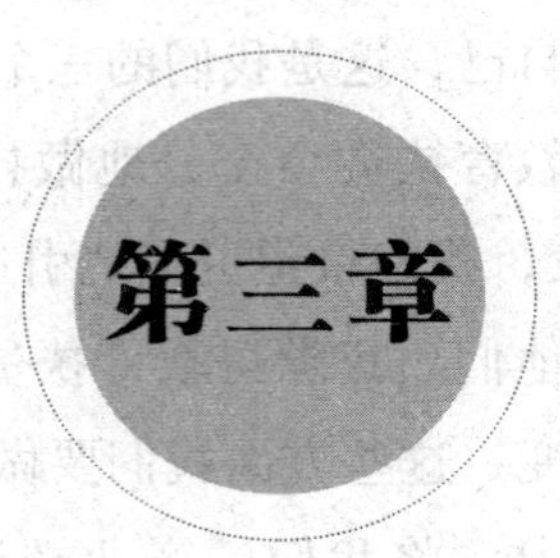

东西协作　共谋发展

党的十九届四中全会《中共中央关于坚持和完善中国特色社会主义制度、推进国家治理体系和治理能力现代化若干重大问题的决定》提出要“重视发挥第三次分配作用，发展慈善等社会公益事业”。西部地区重视发挥第三次分配作用就是要发挥社会组织的载体作用，然而，西部等欠发达地区的社会组织在人才队伍建设、资源动员能力、提供服务效能以及社会影响力等方面都比较薄弱。对于西部地区来说，社会组织不发育、不发展是三次分配中向西部倾斜的关键瓶颈。

“培育社会组织，需要政府和社会协同配合，共同推进”“充分发挥第三次分配作用，培育起一支解决当地民生短板问题的专业帮扶力量”……中国扶贫基金会的“活水计划”，是针对西部地区社会组织特别是基层社会组织发展薄弱问题，积极研究谋划的一种新项目、新模式。“活水计划”将通过平台搭建和资助赋能，支持西部地区社会组织更好地发展，更好地引入和承接社会力量，主动在巩固脱贫成果、建立解决相对贫困长效机制等方面发挥积极作用。

第一节 "活水计划"：助力西部地区社会组织发展

引导社会资源向西部流动，为西部地区引出更多"活水"

民政部副部长　王爱文

党的十八大以来，在党中央、国务院的坚强领导下，在各地党委、政府的大力支持下，我国的社会组织蓬勃发展，到目前已经达到了80多万家。这些社会组织广泛地活跃于经济、社会、文化的各个领域，成为我国社会主义现代化建设的重要力量。特别是在扶贫攻坚工作中，广大社会组织发挥着自身的优势，调动着社会的资源，精准对口帮扶，取得了明显的成效。虽然我国的社会组织综合实力有了较大的提升，但区域发展不平衡的问题仍然比较突出，社会组织的发展存在着东西部明显的落差，甚至是反差，西部地区社会组织的数量仅为东部地区的1/4，每年接收到的社会捐助资金也仅为东部地区的1/6，这种现象越到基层越突出。

党的十九届四中全会强调，要在构建基层社会治理格局中发挥社会组织的作用。因此，西部地区要加快培育发展当地的社会组织，特别是基层的社会组织，有效提升基层的造血功能，激发低收入人口，特别是农村低收入人口的内生动力，推动和服务本地区的发展。

培育社会组织需要政府和社会来共同配合，共同推进，作为社会组织动员能力强的枢纽型慈善组织，大型基金会自己不仅要有过硬的本领，还要担当起领头羊、孵化器的作用，在社会领域体现慈善事业作为第三次分配的功能，引导社会资源向西部流动，也有效地推动西部地区社会组织的发展。中国扶贫基金会可以说在这个方面是带了一个好头，启动“活水计划”，就是针对我刚才说的这方面的问题，这是一个非常有效的积极举措。希望中国扶贫基金会始终坚持创造这个项目的初心，切实做出成效，为西部地区培育出一批基层社会组织和人才队伍，也希望社会各界、各地方政府、各个部门给予大力的支持，也希望更多有远见、有能力的基金会、大型的社会组织参与进来，在全国上下、东西部不同区域的社会组织能够建立更多的协作关系，为西部地区开发更多的水源，引出更多的“活水”，造福西部人民。

民政部作为社会组织的登记机关，始终高度重视社会组织的健康有序发展，按照党中央、国务院的部署，我们推进党组织的建设，健全社会组织的治理机制，改革了登记管理制度，也会同有关部门出台了政府购买服务、税收优惠、人才培训等一系列的政策，下一步民政部将和地方各级民政部门一起，积极从强化职能建设，履行职能，做好服务。社会组织作为社会的重要力量必将与时代同步，也必将创造新的辉煌。让我们共同努力，不忘初心、牢记使命，广泛汇聚社会资源，更好地服务国家、服务社会、服务群众、服务基层，在决战脱贫攻坚，决胜全面建成小康社会的基础上为走向共同富裕再立新功，不断做出新的、更大的贡献。

社会力量助力西部地区全面健康发展

国家乡村振兴局副局长、时任国务院扶贫办副主任　洪天云

中国扶贫基金会开展的“活水计划”，同时聚焦培育西部社会组织，助力打赢脱贫攻坚战，巩固脱贫攻坚成果，建立解决相对贫困的长效机制，同时也推动西部地区全面健康发展，我认为这个活动非常有意义。

党的十八大以来，脱贫攻坚的这部分工作在党中央、国务院的高度关注和坚强领导下，取得了决定性的成就。我们从 2013 年开始，对全国农村地区国家级贫困县，也就是 2010 年的国家级扶贫县 2300 元钱的标准线下的贫困人口进行了全部的建档立卡。这是我们国家几十年来做扶贫工作第一次把它精准量化到村、户、人。2013 年底，建档立卡的贫困人口是 8962 万人，通过几年的努力，到 2019 年底仅剩下 551 万人。同时贫困发生率由 10.2%降到了 0.6%，成绩来之不易，跟我们党中央的坚强领导，习近平总书记的亲力亲为，跟全国各个地方的帮助、关心、支持，跟我们贫困地区干部群众的团结奋斗，特别是跟我们社会组织通过各种形式、多种方式、多种模式，对贫困地区的倾力倾囊、关心支持都分不开。

习近平总书记在中央扶贫开发会议上指出，脱贫致富不仅仅是贫困地区的事，也是全社会的事，要更加广泛、有效地动员和凝聚各方面的力量，鼓励支持各类企业、社会组织、个人参与脱贫攻坚，同时引导社会扶贫重心下沉，促进帮扶资源向贫困村和贫困户流动，实现同精准扶贫的有效衔接。

社会组织也在认认真真落实习近平总书记的指示精神，习近平总

书记在全国抗击新冠肺炎疫情表彰大会上再次强调，要瞄准脱贫攻坚突出问题和薄弱环节，一鼓作气，坚决作战。同时大家都知道，“灰犀牛”“黑天鹅”事件频发，虽然脱贫攻坚取得决定性的成就，但是要取得全面的胜利，面临的困难和挑战还十分艰巨，绝对不能松劲懈怠。脱贫攻坚任务完成之后，接着就是巩固脱贫攻坚的成果，要做好与乡村振兴战略的有效衔接，建立解决相对贫困的长效机制，从这个角度讲，贫困地区既要把脱贫攻坚战打赢打好，还要千方百计地巩固好成果，所以我们当前到2020年底要做好三件事：一是全面完成脱贫攻坚任务，二是巩固脱贫攻坚成果，三是做好同乡村振兴的全面衔接。

中国扶贫基金会要始终不忘初心，对标、对表中央的要求，发挥全国性社会组织的作用，做好脱贫攻坚的排头兵。在推动实施“活水计划”的时候，充分发挥专业的优势，根据脱贫攻坚的新形势、新任务、新要求，着眼于社会力量，助力欠发达地区加快发展，充分发挥第三次分配的作用，培育起一支解决当地民生短板问题的专业帮扶力量，要把本地资源更好地整合，增强西部地区自我造血、自我发展的能力，要搭建好平台，更加有效地衔接东部地区的社会力量，引入西部欠发达地区，在国家投入和市场机制外，建立起社会力量参与解决贫困问题的长效机制，助力西部地区全面健康地发展。

与此同时，“活水计划”积极探索社会组织可持续发展的新路子，不仅为欠发达地区带来新资源、新观念，也为这些地方探索出资金筹集、项目管理、专业化对扶和机构内部治理的一套工作机制，推动实现社会组织健康规范的可持续发展。

习近平总书记指出，脱贫摘帽不是终点，而是新生活新奋斗的起点，消除贫困改善民生，实现共同富裕，防止两极分化是社会主义的本质要求，也是我们党的根本宗旨的体现，必须长期坚持下去。郑永年教授说过一句话，扶贫不能轻言胜利，我们讲解决绝对贫困问题我们即将取得全面胜利，但是相对贫困问题长期存在，需要十几代人乃至几十代人的共同努力。我相信有我们中国扶贫基金会做出的示范榜样，会有更多社会组织共同参与进来，我们的“活水计划”将开出一片新天地。古人说“问渠哪得清如许，为有源头活水来”，这个“活水”就是我们把全社会各个方面关注的力量都引进来，把我们祖国每一寸土地浇灌得更加美丽，鲜花盛开。

巩固脱贫成果，建立解决相对贫困的长效机制

中国扶贫基金会理事长　郑文凯

决战决胜脱贫攻坚胜利在望，中国扶贫基金会也在不断地深入学习理解习近平总书记关于决战决胜脱贫攻坚和实施国家新减贫战略的重要指示精神，我理解概括起来就是下一步我们要巩固脱贫成果，有效防止返贫，建立解决相对贫困的长效机制，实现脱贫攻坚与乡村振兴有机衔接。这是一项长期艰巨的任务，相对贫困在世界上任何一个国家都会长期存在，因为相对贫困是比出来的，绝对贫困是衡量出来的，相对贫困就是相比较而言，所以我们解决了绝对贫困之后，相对贫困问题仍然是我们国家扶贫开发事业的重要内容。

基于这一点，也基于扶贫基金会多年实施这方面的经验和机会，也学习习近平总书记的思想，我们构思和谋划了“活水计划”，想让涓流成海，就是想让水的源头活起来，我们就是想建立一个平台，使整个社会的慈善公益资源都能够通过这么一个良好的平台和渠道，源源不断地输送到贫困地区所需要的贫困人口手中。就像习近平总书记讲的，这样才能下了绣花功夫，把我们今后相对贫困的、更复杂的问题逐个解决好。下一步我们一定会全身心地举全会之力，把这个项目实施好，要让它公开、透明、有效。

提高政治站位主动担当作为，助力西部地区建立扶贫长效机制

中国扶贫基金会副理事长兼秘书长　刘文奎

为什么要启动“活水计划”，为什么是扶贫基金会提出这样的项目？接下来我分三部分给大家做汇报。

第一部分，项目启动的背景。提高政治站位就是要响应中央的号召，把握时代需求。有三个主要背景，第一个是社会主要矛盾发生了变化，党的十九大提出，现在我们社会的变化主要是不平衡、不充分的发展。中央报告里看得很清楚，主要是区域的不平衡，城乡的不平衡，这是目前中国社会最大的矛盾和变化。实际上在党的十九大以前，中央就开始采用一些战略来解决这种不平衡，无论是原来的西部大开发还是东北振兴，都是为了解决地区之间的差异，实际上脱贫攻坚战略就是为了解决地区间的、城乡间的不平衡。已拉开序幕的乡村振兴也是这样一个目标，虽然采取了几个大的战略，脱贫攻坚收官，但是矛盾不平衡的问题依然突出。

第二部分，党的十九届四中全会，中央提出巩固脱贫成果，打赢攻坚战，建立脱贫的长效机制。绝对贫困问题解决，但是相对贫困问题还长期存在，需建立解决的长效机制。我们认为，所谓长效机制必须面对三个问题：一是原来行之有效的项目还有需求的项目能不能继续，是不是以后就没有了？二是资源能不能持续；包括资金，扶贫资金，国家一年投入可能上万亿元，这个扶贫资金能不能持续；如果中央的资金，财政资金不能再下这么大的力度，有没有其他新的来源？三是谁来做扶贫？脱贫攻坚战，政府动用了很大的力量，习近平总书记说抓扶贫，很多村第一书记都是我们各部委的处级干部、厅级干部。

未来是不是能延续；如果不能，有没有替代机制；未来的扶贫由谁来做？我认为，要建立解决相对贫困的长效机制一定要回答这三个问题。这三个问题虽然都迫在眉睫，但最后一个问题最重要，因为解决了人的问题，项目可持续的问题才能解决，解决了人的问题，资金的来源才可能开辟新的来源。

第三部分，党的十九届四中全会提出，重视发挥三次分配的作用。第一次分配就是市场分配，多劳多得；第二次分配通过国家征税，转移支付；第三次支配通过社会转移支付来缩小这一点差距。这就发挥了三次分配的作用。但目前三次分配是个什么状态呢？2018 年中慈联的慈善捐助报告，大家可以看捐赠，原来我们以为中央这么提倡“脱贫攻坚”，很多人关心西部的发展，每年的捐赠总量大部分去了西部地区，但是报告反映，一年东西部捐赠总量加起来是 590 亿元，不到 600 亿元，用到西部地区的有 153 亿元，接受捐赠的，大约占了 1/3，捐赠就更少了，可能占整个西部地区不到 100 亿元，这是一个资源的分布和资源的分配两个数。

另外，我们扶贫基金会也做资助，我们希望一些资金交给一些社会组织去执行，但是我们在招标的过程中，民生银行做的 ME 项目，每年拿出上千万元的资金招标，支持社会组织的发展，但总是发现西部地区的社会组织寥寥无几，最终还是大部分的资源给了东部社会组织，很多基金会和很多企业捐赠都面临这个问题。这个问题反映了什么？我们西部的社会组织发育非常慢，非常不完善。全国现在基金会有 7000 多家，西部地区只有 746 家，比 1/10 多一点。其他的社会组织共 40 多万家，西部只有 6 万家，差距非常大。要发挥三次分配的作用，社会组织是一个重要载体，如果社会组织不发挥，它就没有载体，发挥三次分配的作用，可能最后还是一个不均衡的分配。

在这样的背景下提出了第二个问题，我们为什么要提这样的问题，扶贫基金会是一个什么样的机构？2020 年是中国扶贫基金会成立第 31 年，我们是在民政部注册，由国务院扶贫办主管的全国性公募基金会，也是首期认定可以公开募捐的慈善组织。脱贫攻坚战以来，基金会围绕总目标，聚焦总战场，拓展专业化，全力以赴推进脱贫工作。我们自己执行的项目，注重从根本上解决问题，在产业扶贫、教育扶贫方面做了大量的工作，也收到非常好的成效。

但是我们认为光自己做不够，党的十八大以来，基金会总共筹集资金 49.4 亿元，受益群众 2000 多万人，我们开展教育扶贫、健康扶贫、产业扶贫等。基金会现在号称中国慈善基金会里人数最多的、员工最多，我们大约不到 300 人，我们认为光靠这 300 人远远满足不了需求。所以我们一直在做一件事，希望能培育更多的社会组织跟我们一起应对贫困问题，应对其他问题等。过去的 30 多年，我们投入 40 多亿元，支持 1000 多家社会组织，当时我们也没想清楚，觉得需要更多的社会组织，但没有像今天这么聚焦，包括健康、教育、文化、环保等很多组织我们都支持了。我们支持社会组织一直是有传统的，也是有经验的，在现在的背景下，脱贫攻坚要结束了，但是东西部的差异依然巨大，中央提出来发挥三次分配的作用，在西部组织的发展非常慢，满足不了要求，我们支持社会组织的作用能不能更聚焦，发挥更大的作用？所以我们提出“活水计划”。

“活水计划”就是要帮助西部地区，重点放在县域或者市域，培育当地的扶贫类社会组织，要让它们有能力做项目，有能力成活，能够成为当地政府有效的帮手和抓手，能回应一些政府不方便或者资源不够解决的社会问题。我们用六个“新”来概括“活水计划”的项目内容。

第一，新目标。聚焦培育发展西部地区社会组织，助力西部地区建立扶贫长效机制，这是中国扶贫基金会第一次作为品牌项目来设计支持社会组织。

第二，新品牌。大家看“活水计划”，很熟悉的一句话，是朱熹的名作，“问渠哪得清如许，为有源头活水来”，“活水”的注入意味着生生不息和不间断；两条“活水”左右排列象征着东部和西部，寓意两个地区协力并进、平衡发展；两个颜色，绿色代表生命、活力，橙色代表丰收、富裕，有着美好的寓意。

第三，新举措。我们现在通过试点摸索出了一些经验，想从四个方面为我们的区域社会组织提供支持。一是提供资金支持，这个资金就是机构发展资金，可以请人，可以发工资，可以做办公费，我们建议一个县一个组织投入 200 万元，不一定一年花完，3~5 年的时间，这些钱就是让你请人，能让互联网，让现在的技术培养人。二是开展能力建设，你有了钱可以雇人，雇来的人没有经验，我们给你培训，给你赋能。三是对接新项目，你可能有了人，没有那么多的资源，扶贫基金会给你对接。四是对接资源，社会组织通过“9·9 公益日”募捐了 30 亿元，除了腾讯的“9·9 公益日”，还有阿里的“9·5 公益日”，这是当今中国最大的平台，我听说趣头条也在准备搭建这个平台。还有很多大企业都在做捐赠，扶贫基金会愿意帮助大家对接这个资源，这就是我们的“活水”，这是从这四个方面给我们的县域组织提供支持。

我们的合作模式或者原则，首先是我们跟这些机构是合作关系，没有隶属关系，我们通过规则签合同来约定。我们的原则是自愿参加，不强迫。做得好的，确实能力也很强，也很有责任心，贡献也大，解决的问题多，我们就给你引入更多的资源；做得不好的、不积极的、我们可能把资源投到更有效的地方去。

第四，新合作网络。指的是我们在原来专业伙伴的基础上加入区域伙伴，我们现在新的“活水计划”，县域机构就是我们城乡的；另一个区域伙伴就是我们的专业网络，教育机构、乡村发展机构、救灾网络、救灾伙伴。通过这两类伙伴形成我们“活水计划”的网络。

第五，新资源。我们对接资源，利用互联网技术、依托腾讯“9·9 公益日”，希望搭建整合资源，可连接更多城市资源的“活水计划”平台，为我们的县域以及西部地区、贫困地区的社会组织赋能。

第六，新力量。那就是我们的愿景，我们分两个阶段，第一个阶段计划用3年的时间，在西部地区培育发展10C个县域社会组织，联合100个专业伙伴，通过“活水计划”联合行动，为西部地区发展持续注入“活水”，形成一套行之有效的区域社会组织。第二个阶段是在第一个阶段的基础上，不断扩大项目规模，这就是前面说的未来“脱贫攻坚”收官之后谁来做扶贫？我们希望这成为一个有效力量，成为政府建立解决相对贫困问题长效机制的新力量，为我们的长效机制做出贡献，这就是我们“活水计划”的愿景。

“问渠哪得清如许，为有源头活水来。”希望我们东部的“活水”不断反馈到西部，让我们西部的大地都能得到滋润。

第二节　优化配置：引导社会资源向西部流动

优化社会资源配置，发挥第三次分配作用

中共中央党校（国家行政学院）教授、博士生导师，
社会治理创新工程首席专家　马庆钰

公益和慈善是社会资源的配置。关于这一点，实践是靠我们的领导管理，方向靠的是理论和思想。涉及社会组织、资源配置，第三次分配中间的一个内在的逻辑关联度，主要有三点。

一是社会资源配置与第三次分配怎么解读；二是治理理念对社会资源配置的促进；三是优化社会资源配置的制度环境。“资源配置”是一个经济术语，我认为国家社会的进步最终体现为有权力的垄断配置向政府和社会一起来分配资源的方向迈步。

慈展会是社会资源配置、政社合作的一个好例子。中国扶贫基金会的“活水计划”是政府和社会合作配置资源的又一个好例子。

广义上的资源配置其实不限于经济资源，我们刚才说的叫社会资源，本该由我们社会资源配置，由我们家庭配置，有时候也是由于制度设置上的限制，我们说了不算。社会资源空间、资源配置空间是由国家社会制度决定的一个动态过程，它是国家公共权力和社会权力互动博弈的过程，理念上如果是一个统治理念的话，很难让社会去让出一个空间，所以当我们有了这种治理理念的时候，就会让社会让步一些资源、支配的机会，并在两者之间让出一个介于博弈的关系。

在现实生活当中，资源配置主要有经济资源配置、社会资源配置、

政治资源配置。经济资源配置针对的是物质消费产品的效率和质量，政治资源配置针对的是公共政策产品的效率和质量，社会资源针对的是社会服务产品的效率和质量。这个配置要么用计划的方式，要么用市场的方式，实际上已经证明了，在资源配置当中，无论哪种资源的配置，有比较一定比没比较好，有选择一定比没有选择好，有竞争一定比没有竞争好，这是肯定的。

什么是社会资源配置呢？我们要放弃公共部门对社会服务领域的计划思维和封闭的做法，采用多元的方式来配置，包括人力、物力、资金以及责任等社会服务资源，从而降低成本，提高社会服务的效率。进一步说就是把市场在资源配置中起决定作用的理念，贯穿社会服务和博弈慈善领域，逐步形成能服务公众的社会选择机制。各类社会组织既是社会资源，又是其他社会资源的配置主体之一，它的组织性、公益性、非营利性、自主性和专业性成为凝聚和配置社会资源的重要机制，在促成第三次分配、化解社会难题方面具有独特的优势。

第一，它具有第三次分配的优势，伴随公益慈善理念和实践，它的第三次分配的独特功能就逐步地显现出来了，也得到了广泛的承认。它在缩小贫富差距，维护社会公平方面效果是非常显著的，现在还没有人来计算对中国缩小贫富鸿沟方面的作用，但是有最近的美国一个数据。美国的慈善文化土壤是很深厚的，参与公益和人人慈善是一个习惯，印第安纳大学家族慈善学院撰写美国施惠基金会的一个报告，披露全美国在2018年底的时候捐赠的总额是4217亿美元，相当于3万亿元人民币，美国在初次分配之后，基尼系数是0.49，加上税收的条件，再加上第三次分配，公益慈善领域做了这么一个贡献之后，它的基尼系数降到了0.38，所以值得我们思考，关于社会组织和第三次分配的问题。

第二，它具有解决社会问题的优势，公益和慈善毫无疑问属于民生问题领域，这些问题包括扶贫济困，社会救助、社会团体、弱势群体的保护。很重要的一点是满足人民对马斯诺需求的偏好，马斯诺需求里面自我实现的层次，就是有条件配置更多的资源，获得满足感。观察一下，中国官员群体慈善满足感是增加的，由少到多直接相关，这就印证了马斯诺需求的定理。各慈善组织是很重要的资源配置机制，如果制度相对友好，我们的组织应该是解决社会问题、实现普通人社会价值的重要条件和机会，这就是各非营利组织对各位的吸引力，或者动力所在。

有提升之后，在公益慈善界一系列的法规政策杠杆撬动下，2016年底，全国法人社会组织的经济贡献规模是6373亿元，我们创造的社会价值是2198亿元。

发挥互联网优势，助力西部地区抓住第三次分配机遇

腾讯公益慈善基金会执行秘书长　孙　懿

2020年是全面建成小康的收官之年，也是打赢脱贫攻坚战的决胜之年，我先分享腾讯公益在过去几年，助力打赢脱贫攻坚战所做的一些工作和心得。

“扶贫”在腾讯公益成立至今始终是发展中的一个关键词，我想先简短地回顾腾讯扶贫的四个阶段。有人可能会问，路在哪儿，或者“活水”在哪里？其实我觉得一切答案都会在坚不懈的实践中，对于腾讯来讲也是一样的。我们的第一个阶段是在1998年到2008年的10年，这是初期探索的10年。很多都是一些发于初心的、很朴素的行为，1998年是腾讯公司成立的那一年，其最早的行动就是向贫困地区捐物，向广东省的一些贫困地区捐赠电脑。从捐钱、捐物到成立腾讯基金会，以一种更组织化、多元化的、持续的方式开展扶贫行动。

第二阶段是2008年到2015年，这是很关键的探索期，2008年我相信对于每一位都是记忆深刻的一年，因为这一年对于公益行业是特别重要的，很多人说2008年是中国公益的元年。在我们互联网行业来看，汶川地震时的捐赠热情第一次让我们有了信心，是说互联网的平台和互联网的产品可以助力公益的发展。那时候还是PC时代，没有移动互联网，大家都用电脑，2008年的时候汶川地震，通过腾讯公益平台不到7天捐款2300万元，当时我们从这个数字里首先感受到的是中国人从来不缺爱心。其实有很多场景可以去捐赠，单位会组织，街头也有，而且当时线上支付的门槛是很高的，我就老是支付不成功，想起密码没带蓝盾，带了蓝盾又不记得密码。但是依然带来这样的数字，大家可以看到用户的需求。这里面平台发挥的作用是什么？降低

参与的门槛，让大家可以很方便地做公益。但是一切的核心还在于我们每个人心中的爱心，这是基本点，或者说起点。

在这个阶段我们开始了对互联网公益的探索，在2009年的时候我们推出了第一款产品——月捐。月捐就是希望每月捐10元，选择你喜欢的项目持续地支持，这跟汶川的捐款没什么不同。这里有我们平台的一些思考和追求，我们不是希望用户只捐助“苦穷惨”，只在大灾大难来的时候才去做捐款，而是希望慈善的捐赠是他每天去做的事情，他可以随心随想随时去做公益。慈善不是他想起来才去做的，而是他生活的一部分，是他的一种习惯，这是我们希望看到的。腾讯基金会成立13年以来，我们始终追求一个目标，我们希望做人人可公益的创联者，所谓创联就是创新实践+连接。

第三个阶段是2015年到2019年，是快速发展的时期，这段时间技术的平台也有了飞速的发展，我们迎来了移动互联网的时代，迎来了社交网络的崛起，从开始一两个人用微信，到现在有了微信每天的日活，就是每天在活跃使用微信的超过12亿人。所以在这个情况下，我们在2015年的时候联动各方发起了“9・9公益日”，也可以看到“9・9公益日”在这6年的发展过程中，从最初的我们3天205万人次参与到2020年的5780万人次参与。所以我们就进一步明确了作为腾讯公益平台它要做什么。它要做好大家数字化的助手，然后和大家一起去共建一个更好的生态。从2015年到2019年这5年的数据来看，公众捐赠的金额提升了18倍，用户的参与提升了60多倍。

第四个阶段是2019年到2020年，尤其是新冠肺炎疫情暴发以来，我们在思索，进入后脱贫时代，腾讯基金会和腾讯公益将为脱贫攻坚提供全面的数字化助力，各行各业要进行数字化转型，为什么？我们的慈善数字化该怎么做才能去抓住时代所赋予我们的机遇，才能在我们的这种慈善工作里面去创造可持续发展的新动能。在未来的时间里还有一个趋势就是技术的快速和多样发展，包括AI、大数据和区块链，这些技术可以在慈善的场景里面去做非常好的融合和助力，也就是说下一部分的技术与公益项目更好地融合，会促进慈善领域一个效率的提升和效果的放大，从而去创造更大的社会价值。对此我们一点都不怀疑，而且是充满信心的。

正如腾讯公益慈善基金会发起人、荣誉理事长陈一丹所说，决胜脱贫攻坚、实现乡村振兴是中国当前最迫切的公益之一。所以我们在听到中国扶贫基金会推出“活水计划”时候，是非常兴奋的，因为这是直面关键问题的一个解决方案。正如金锦萍老师讲的，扶贫之前更多是我去做一个更优秀的项目，现在是我怎么样去做一个更好的，带来一个更好的资源分配的机制，然后去共建一个更可持续发展的生态。过去更多是说我做好了，大家给我点赞，现在可能是希望大家做好，我们才是做好。其实这个和腾讯一直以来的思路是非常匹配的，就像我们从来不说我行，我们都说你行，你行了我们才行，所以这是我们跟伙伴的一种关系。

就目前来讲，腾讯公益平台作为一个开放性的平台，它的包容性是很强的，所以在我们的平台上你可以看到各种各样扶贫项目在进行它的探索，包括我们所了解的健康扶贫、教育扶贫、救灾扶贫、弱势群体扶贫、产业扶贫、环保生态扶贫等。所以只要你想实践，腾讯公益都会给你提供这样的舞台，让你有发挥的可能。截至 2020 年 9 月份，腾讯公益平台累计有超过 100 亿元的善款是聚焦脱贫攻坚和乡村振兴的，我想分享的是这 100 亿元背后的数字。100 亿元里面每个用户的平均捐款额是 25 元，这个数字在 5 年前是 10 元。我们互联网公益平台与传统的慈善模式最大的不同是，我们是一个聚微爱成浩瀚的平台。所谓“聚微爱”，我们希望汇聚更多人更微小的爱；“成浩瀚”就是说光聚微爱不行，一分钱也是爱，但是一分钱不能解决你所面临的社会问题，“成浩瀚”就是说它要在今时今日你的公益项目里发挥作用，这是一个核心。

2019 年到 2020 年县域的小伙伴参与“9・9 公益日”的数字，大家能想有多少县域的小伙伴参与“9・9 公益日”吗？2020 年，大概是这样的数字，比2019年增加3~4倍。我举一个例子，如何在互联网慈善里面有可能获得成功？目前来看有三个关键点，河南省武陟县连续两年参加“9·9公益日”，它的成功有三点。

一是项目设计。就武陟的例子来看，它首先在精心设计项目，紧紧围绕扶贫设计了一系列的项目，打造了一批关爱留守儿童、爱心助老、厕所改造、改善村容村貌等一系列的项目。为什么要设计一系列的扶贫项目，而不是一个项目？就是要切中每个村的需求，扶贫到了这个阶段很多问题不是共性问题，而是个性问题。我们平台100亿元的善款来自超过4亿的用户，无外乎就是一个规律，那就是要打动他，什么样的项目能打动他？八个字，“与他相关，在他身边”。这个非常关键，所以当项目设计好了，后面的动员就是自然而然的事情，优秀的项目设计是第一步。

二是领导重视。我们去一个县调研，他们做“9·9公益日”就是四套班子一起动。“9·9公益日”是一个节日，也是属于每个人的舞台，能不能在“9·9公益日”这个舞台上舞出你自己的篇章是非常重要的，因为每个地方情况不一样，具体营造什么氛围也是很关键的。

三是有效的组织。怎么让慈善的理念、慈善的项目能够为大家所知道、所认可，其实是需要一系列组织工作的。希望我们每个人尤其我们的慈善组织组织我们做水。水是什么？水利万物而不争，如果大家想做好互联网和慈善，思考点是你要做水，去成就每个参与方，你只有成就其他人才可持续，成就每一个捐赠人，让他能够获得这种愉悦的、快乐的公益体验，让他有成就感。让他觉得虽然只是捐了20元钱，但是他做了对的事，做了特别有价值的事；让他觉得参与到公益慈善里面，他是出力了，但是他的品牌也得到了提升，成就我们每一个社会对象，让他能获得一个善待的同时，也可以焕发自己的内生动力，其实这个是核心。

资源配置有一个点是很关键的，谁是“发动机”？我们的慈善组织要去做整场的“发动机”才有机会，事情要做好，必须是一个可持续发展的生态，在生态中有慈善组织，有用户，有企业，有平台。我们需要是一个互相协作的关系，我们必须做好我们的角色，这个生态才会好。我们每个角色在这个生态中拥有自己不同的责权利，只有我们每方面都做好了，我们互联网慈善的生态才会好。在这生态里，平台首先扮演好做好支撑的作用，而慈善组织非常重要，因为我们是当仁不让的引领者、实践者和创新者。互联网给大家提供了广阔的舞台，优秀的慈善组织可以在这个舞台上建立属于自己的品牌，充分联动各种社会力量，唤醒内生动力，建立长效机制，持续帮助有需要的人，我们相信通过大家的努力，互联网慈善也会成为我们村、县、市一张温暖的名片。

随着脱贫攻坚接近尾声，绝对贫困将被彻底消除，我们的祖国也将步入全面后脱贫时代。在后脱贫时代，大数据、人工智能等新技术将大有可为，希望我们的技术能为大家插上科技的翅膀，为大家探索创新的扶贫模式注入新的动能。

第三节　抓住机遇：发挥第三次分配作用

抓住第三次分配机遇，建立西部地区扶贫长效机制

铜仁市委副书记、市长　陈少荣

铜仁市地处黔湘豫三省接合部，是黔东门户，也是武陵山区集中连片的贫困地区，我们有2个区8个县都是贫困县，人口有446万人。这些年以来，我们深入贯彻习近平总书记关于扶贫工作的重要论述精神，坚持以脱贫攻坚统揽经济社会发展全局，书写了中国减贫奇迹的铜仁篇章。截至2019年底，铜仁全市的贫困人口从2013年底的建档立卡贫困户92.70万人，减少到4.38万人，贫困发生率从2013年的24.74%降低到1.16%，9个区县顺利退出贫困县序列，还剩一个深度贫困县，目前也达到了出列的条件。在发挥第三次分配作用，助力脱贫攻坚的实践当中，我们抢抓住东西部扶贫协作定点帮扶和社会扶贫等重大机遇，凝聚全社会的力量，着力构建专项扶贫、行业扶贫、社会扶贫"三位一体"的大扶贫格局。我们借助对口帮扶、扶贫协作谱新篇，深入推进苏州、铜仁市的对口协作，抓产业就业重点，补住房饮用水的短板，强教育医疗的弱项，向深度贫困倾斜。我们实施帮扶项目1141个，覆盖了70余万贫困人口，合作共建19个产业园区，引导236家东西部企业到铜仁投资，选派了430名干部和1778名专业技术人员开展专项扶贫，联手打造了组团式帮扶试点21个，辐射劳务协作工作站，帮扶了4万余人让他们实现了就业。我们借助定点帮扶，示范带动显成效，新华社、浦东干部学院、中国中煤集团、中国冶金

科工集团、大连民族大学等单位和我们结成定点帮扶关系，通过致力帮扶授予，牵线搭桥造血，嫁接单位资源，实现精准帮扶，累计投入2.2亿元，实施帮扶项目246个，帮助建档立卡贫困人口1.99万人脱贫。我们借助公益帮扶，聚力攻坚战贫困，实现了百家社会组织帮百村，助力脱贫行动，依托扶贫日等活动，广泛调动社会力量参与扶贫开发、产业发展，智力、商贸、捐赠、志愿等多种帮扶，累计获得项目资金4.3亿元，受益群众10余万人，特别是中国扶贫基金会先后在铜仁市落地“顶梁柱”公益项目，“自强班”“爱心包裹”“爱心厨房”等项目，投入公益资金2000多万元。

2020年又在沿河、印江、思南等3个县实施“活水”项目，每个项目三年各支持200万元，通过“9·9公益平台”撬动更多社会力量投入“脱贫攻坚”成果巩固，募集资金400多万元，为铜仁市脱贫攻坚提供了很大的动力。我们借助春晖帮扶，服务家乡促发展，发起了“同心战贫困，赤子报春晖”的行动，搭建家乡与海外游子的信息构建平台，动员感召春晖社员参与家乡发展，助力脱贫攻坚，建立了春晖社1850个，实施项目243个，募集春晖产业发展资金2.17亿元，募集春晖公益资金5655万元，帮扶贫困青少年5.8万人次。我们借助企业帮扶，同心构筑小康梦，全市360多家民营企业和商会协会结对帮扶608个村，总投资12.68亿元，帮扶贫困人口9.64万人，社会各界的帮扶引来了“活水”，兴旺了产业，富裕了百姓，滋润了民心，为脱贫攻坚做出了重大贡献。从社会帮扶的趋势看，社会帮扶主体从慈善组织向行业、企业、社会组织、个人等全社会力量转变，社会帮扶内容从原来的慈善捐助等单一形式向产业、技术、教育、商贸等多样化转变，社会帮扶组织方式从一方直接捐助向甲、乙双方共同推进项目转变，社会帮扶激励从输血式向造血式转变，实践证明，三次分配是一、二次分配的有利补充，社会扶贫是脱贫攻坚的重要力量，内外协同是脱贫攻坚的重要保障。

当前，铜仁以及广大西部地区脱贫攻坚虽然取得了决定性的胜利，但由于经济发展起步晚、底子薄、基础贫、致贫返贫风险高，仍需社会各界协同发力，建立扶贫长效机制，持续巩固脱贫成效。在此有四点建议。一是加大第三次分配向西部倾斜的力度。第三次分配有利于缩小地区差异，是更合理的收入分配，希望加大第三次分配向西部倾斜力度，引导更多像中国扶贫基金会的公益组织、社会力量向西部发展。二是培育西部社会组织。刚才秘书长说了，培育社会组织非常重要，第三次分配需要有承接的主体和连接的桥梁，有成熟的社会组织拓展资源，注入“活水”，希望中国扶贫基金会从资源、平台、渠道、经验、模式等方面给予西部地区社会组织更多支持，创建属于自己的公益品牌。三是支持西部地区社会组织拓展资源渠道。本土资源较少，希望中国扶贫基金会在项目展示、资源争取、拓展渠道、沟通执行等方面为西部地区社会组织创造更多的机会。四是助力西部地区建立扶贫的长效机制。建立健全防警、预警的机制，希望用好第三次分配机遇，筑牢政策保障网、社会扶助网、保险救助网，助推西部地区高质量长效脱贫。

圆桌论坛："活水计划"有哪些机遇和挑战

圆桌主持人：

恩派公益组织发展中心创始人、主任　吕　朝

圆桌嘉宾：

县政府代表：马边彝族自治县县委副书记、副县长　陈劲松

专家代表：四川尚明公益发展研究中心首席研究员、四川成都农禾之家公益发展中心理事长　郭　虹

企业代表：中国民生银行总行办公室社会责任管理处处长　曹雪森

西部社会组织代表：平昌老区建设促进会会长　唐述成

郭虹：我来自四川尚明公益，更多的人熟悉我是因为在救灾的时候，我们一起从汶川雅安一起走过来。因为在雅安地震的时候，我们曾经跟扶贫基金会共同推进一个项目——公益同行。这个项目也是扶贫基金会第一次在抗震救灾或者是灾害救援的过程中，以大规模的2000万元的资金来支持当时参加雅安地震的十家公益组织，在整个雅安灾区开展不同的服务项目，有生计发展的，有老年照顾的，有青少年活动的，也包含残疾人的，涉及方方面面。正是由于"公益同行"这个项目，使雅安和很多的社会组织建立了非常深厚的革命友谊。最后说一下我对"活水计划"的期待，我们讲东西部发展是不平衡的，其实最大的不平衡不是没钱办事，更重要的是没人办事。我说的没有人是没有社会组织，从统计数据也能看到，相对于东部的社会组织发展，西部的社会组织发展更加不足，而正是由于这样的不足，即使我们有了钱，没有人办事，这个钱也不能很好地发挥作用。

因此"活水计划"聚焦在西部地区的社会组织发展上，我觉得这

是一个非常具有战略意义的决策，我也非常期待看到“活水计划”能够真正通过3年的时间，推动我们西部的社会组织有一个可观的发展。

陈劲松：我本人和“活水计划”有很好的缘分，我是生长在浙江，工作在北京，现在又从北京到我们四川的西部地区、我们的国家级贫困县马边县去贯彻扶贫，所以可能我本身就是一个“活水计划”的纽带或者符号。

我从纯粹的基层干部视角说一点具体的话。其实政府、企业、社会组织这三个主题确实都是我们现在脱贫攻坚战中很重要的角色，但是他们的角色定位并不一样，我们的政府在我们的体制里面是一个主导性的，它掌握着或者能整合大量的资源，但是它还有其他角色不可替代的作用，但是它的主要问题是什么？在资金使用上多半是按照项目，有很刚性的需求的，说白了我们的问题就是政府的活钱很少，这个钱分到什么地方就用到什么地方；它多半投到重大的基础设施，一些保民生、保基本的方面。另外，企业确实注重效率，效率很高，因为它完全按照市场的规则办事情，在发展产业这方面我觉得企业承担着非常重要的作用，此外公益这块儿也是很重要的方面，它对基层来讲有一些我们想做的很细微的事情，但是它在基层如果想做这个事情，成本就高，而且很不方便。所以从这个方面来讲，我们的社会组织包括中国扶贫基金会，是公益组织里面起到引领性作用的组织，而且各级领导也评价我们的中国扶贫基金会，应该在国内完全对接国际公益组织的标准，以规范化、专业化的方式来做这个事情，所以从我们一个县的角度来讲，公益组织确实发挥了很好的作用。从2019年开始，中国扶贫基金会按照自己的规格确定了一些帮扶我们的项目，包括投向的领域都是我们县里面想做的，但是我们按照自己的财政资金的投向是没办法做的，做不了。企业对包括我们的教育扶贫、健康扶贫、小南山马边的防治和“顶梁柱”公益项目都投入了大量的资金，帮助我们解决了很多实实在在的问题。

吕朝：我们知道扶贫基金会其实是一个看门人、操作者、中介者的角色，能不能为捐赠人服务好，也是“活水计划”能够成功的一个关键。

曹雪森：2020 年是脱贫攻坚的收官之年，明年可能是要有乡村振兴等新的国家战略布局，再去推动和巩固我们的扶贫成果。

西部地区是我们整体扶贫工作，尤其近几年脱贫攻坚的重中之重，是主战场，但在社会组织的发展上相对落后和薄弱。需求是最大的，如果东部和西部相比较的话，主要需求在西部，但是好的组织、能力强的社会组织基本都在比较发达的北上广深这样的地区。从这样的分布来看，在西部地区的社会组织是非常薄弱的，通过“活水计划”，把这一部分的力量持续地培养和推动起来，为接下来巩固脱贫攻坚成果，解决社会当中的一些民生问题，是非常好的一个措施。

我也借这个机会把民生银行在近几年的社会责任以及脱贫攻坚的一些安排给在座的各位做一个简单的介绍，民生银行早在 2002 年就主动参加国家的定点扶贫，近几年建立了“一体两翼”的扶贫体系。“一体”是民生银行自己的扶贫任务，河南滑县和封丘县是国家指定给我们的扶贫县，我们也是以这两个县为扶贫的主体，在一两年前这两个县都是实现了脱贫摘帽。这两年民生银行对这两个县的帮扶措施主要是以巩固他们的脱贫成果为主，那“两翼”也跟这个有关系，民生银行在做好自己的定点扶贫外，多年来一直在关注西部，尤其是对“三区三州”深度贫困地区的深入帮扶，比如在 2020 年我们刚刚参与国家定点扶贫的时候，甘肃的临洮县和渭源县也是民生银行的帮扶县。2015 年国家重新调整，我们民生银行不再对其进行帮扶，集中力量在河南的县进行帮扶，在这 10 多年中也对甘肃这两个县投入资金 3000 万元以上，修建了 50 多所学校，资助了 2 万多名贫困学生，而且我们前后也组织了 500 名优秀教师到北京去进行培训和学习；2019 年我们还为甘肃、宁夏捐资 500 万元，给当地购买 20 辆急救车。我们跟中国光彩事业基金会围绕儿童的心脏病救治展开合作，也救治了 898 名心脏病的儿童患者。我们在四川大凉山也围绕艾滋病的一些救治持续开展10多年。

“两翼”就是我们跟中国扶贫基金会连续5届开展“我决定民生爱的力量——ME创新资助计划”。这5年中，民生银行出资超过5000万元，我们资助了共110个中小型规模的社会公益组织，支持它们创新和发展。但是在这110个组织里面我们也看到，西部地区的组织只占到了37个，比例比较低，我们在今后的ME计划里面也跟“活水计划”的设计配合起来，对相对贫困地区，对西部地区我们在项目的制定和推动上调动资源，激励社会组织更好地发展。除帮扶外，民生银行在全国贫困地区的贫困贷款到2020年8月余额已经有165亿元，围绕“三区三州”的贷款也达到了11亿元。我们是一个系列帮扶，除了一些我们扶贫的捐助和公益的捐助外，我们还大量发挥优势，在金融方面我们也给全国贫困地区尤其西部地区提供支持。

唐述成：我来自西部贫困地区，四川巴中平山县，是革命老区建设促进会的会长，根据这次“活水计划”的安排，就我们在实施“活水计划”当中对社会组织在“活水计划”当中的作用、现状以及有关方面面对的机遇和挑战谈一点体会。

第一，关于社会组织在“活水计划”当中的作用和现状，我们作为县域社会组织，职责和使命是什么呢。在第三次分配中怎样发挥作用？我认为，应该积极动员社会力量，筹措社会资源，提供公共服务，参与社会治理。过去几年，我们社会组织做了一些事，我们开展了一些活动，比如说我们的扶贫办主任，跟中国扶贫基金会合作过，当时接受了“阳光操场”“爱心包裹”等项目。我们接受了广东电器有限公司为平山县每一个乡镇，每一个村、社区捐赠的净水机和电视机，价值200多万元，还包括基金会对妇女儿童的资助。

这次我们积极参与中国扶贫基金会“活水计划”，针对我们平山县的实际，全县扶贫最大的短板就是处于后扶贫时代，我们怎么巩固这个脱贫成果，补齐短板。我们项目组通过相关部门的调查研究，最后征得领导的同意，决定了残障儿童守护计划，这个计划就是我们县有1350多名残障儿童，其中一级、二级重度残疾人有848人，这些残障儿童生活在山区，非常困难，他们每次去北京或者成都做一次康复治疗，时间1个月，往返要花1万多元，家里也不堪重负，他们渴望在我们当地能够帮他们建一所集康复和教育为一体的残障学校，我们县里过去办过聋哑学校，但是由于体制机制问题，投入不足，处于瘫痪状态，现在基本上是名存实亡。我们县残联也试图搭建康复中心，但是由于投入不足，几年下来也没落实，所以中国扶贫基金会“活水计划”这个平台，加大社会捐助的力度和社会投入的力度，来实施第三次分配作用中把这件实事办好、办实，这是我们的指导思想。

我们层层开展动员大会，特别是开了志愿者协会、老年人协会、老年大学等社会组织，并将这些组织共同组织起来，我们全县有1000多名志愿者协会的成员，进社区，进农村，进商场，进学校，进医院，进机关，张贴一些海报、倡议书，还有帮助下面开展链接、技术培训，效果非常好，县委、县政府没估计到这样的效果，后来他们非常关注。有些社会人士认为效果不太好，因为疫情的影响，捐款意志不高，但是实际上我们已经突破300多万元，效果非常好，出乎意料。事实证明，只要我们选对了项目，真心实意为困难群体做好事、做实事，广大群众是支持的。特别是一些老人，不能在网上捐款，他愿意拿现钱捐款，可是我们没有办法操作，这也是问题。上次我们跟基金会的老师沟通，争取下一步怎么做，这也是一个新课题。

我们在第三次分配中的作用，需要专业的布局，社会资源在我们西部地区比较匮乏，还需要中国扶贫基金会搭建平台，我们通过平台坚持取之于民，做好社会动员，积极动员社会和个人积极参与。服务好社会救济，真正的阳光操作，把捐赠人的每一分钱都用好、用到实处，绝不挪用。

第二，面临的机遇和挑战。一是机构体制的问题，比如我们过去的社会组织都是由党政军退下来的老领导组成，没有编制，财政给的预算主要是宣传、调研、沟通、参与。如何接受社会捐赠，如何搞好社会公益事业，力量存在不足。二是资金投入不够。三是方法上有一些问题，不能适应社会发展的需要，在中国扶贫基金会的指导下，我们做了大量的工作，有一些探索，取得了一些经验，当然我们还存在很多问题。

吕朝：在社会组织的角度、政府的角度、资助人的角度，“活水计划”要成功会不会也有一些困难？

郭虹：2008 年汶川地震以后大家都知道，社会组织的发展其实是跟灾害救援密切相关的。我们前几年一直有个说法叫“灾害救援推动社会建设”，凡是哪个地方出现了灾害，当其他外部的以基金会为代表的社会力量进入后，一定会促进当地的社会组织发展。雅安地震以前，一家社会组织都没有，地震以来到现在发展到 140 多家。灾害推动社会组织毕竟是一个我们不愿意见到的现象，实际上我们是希望社会组织真正能够在我们这个社会发展起来。那怎么去发展？实际是缺乏一个机遇，这个机遇首先是认识问题，需求永远是存在的，为什么灾害救援推动社会组织的需求？因为它有机会，我们现在一没有机会，二没有支持。现在的乡村战略，包括民政部 2017 年开始大力推动社会组织发展的意见和决策，我们看到这个机遇已经有了，中共十九大以后提出了大力发展社会组织，民政部特别提出要在社区发展社会组织，实际上这都给我们提供了机遇，但这都是要求，支持在哪里？

我们现在可以看到，还有一些公益基金会、扶贫的资源实际上仍然没有进入西部，所以“活水计划”的进入是非常好的，那它面临的一个挑战是什么呢？我们能不能通过“活水计划”真正去动员当地的资源？怎么样真正地把东部的资源引进来？既然是有这样的渠道，我们最重要的建议就要打通渠道，希望通过 3 年的计划，能够真正让东部和西部交流起来，水流活，真正地让水能够不断，而且能够形成西部和东部均衡发展的生态。

陈劲松：我从基层干部的角度做一些补充。

第一，缺人，我们县里面有 17 个公益组织，但是其中有相对固定的工作人员只有两个组织，一个是慈善会，有一个工作人员；另一个是我们的扶贫协会。在中国扶贫基金会支持我们县之前，我们只有两个退休干部，是兼职的，没有拿工资。

第二，我们的困难就是缺资源，如果想做事但是没有钱，就做不成事。

第三，在工作的理念、方法、手段上我们确实需要学习很多东西，所以我们第一年通过网络的形式，通过腾讯公益基金会来做，我们都没有想到通过这个公益基金会，“9·9公益日”这三天能够筹集到300万元左右的基金，而且我们完成目标的进度设立得还比较科学，我们基本上完成了93%的整体目标进度，这是一个情况。还有一个情况，我觉得“活水计划”给我们带来的不仅仅是扶贫，通过整合扶贫基金会的各种资源，给我们带来的远不止一点项目资金和协会建设能力的资金，这对马边整体形象的提升都有帮助。另外，扶贫协会给我们送来了力量，就是我们全县上下通过，跟东西部协作的浙江省绍兴市越城区还有四川省的乐山市、峨眉山市做“活水计划”这个项目，把它们所有的力量和我们帮扶单位的力量全部动员起来了。马边虽然只是一个22万人的小县城，但是我们的努力程度基本上紧跟平山县，跟他们做得差不多。为什么我们能够做到？关键是我们有强大的后援，越城区有近70万的人口，峨眉山有近40万的人口，所以我说通过做扶贫做公益这两件事情，最让我感动的是，这件事不是一个人在做，而是一群人在做，是所有人在做这个事情，所以我觉得做“活水计划”这个事，包括腾讯的公益日这个事情，恰恰是通过“活水计划”引水，把东部的所有关心扶贫的、关心弱势群体的、关心公益的这些人的力量，通过我们的“活水计划”源源不断地输送到西部，输送到更多需要关心的人手里面。

曹雪森：我觉得最大的困难和挑战就是执行，方案和方向没错，解决的问题和设计没错，剩下的是怎么执行到位。所有的问题就是在执行过程，只要把它执行到位就没有问题，实际上，“活水计划”是一个平台，最后实现的是平台作用。这个计划里面有项目，有资金，你没有项目没问题，“活水计划”也可以，就是怎么样去分配这些资源，设定什么样的标准；怎么去筛选当地的社会组织；甚至有的地方是空白，它没有怎么办？那就要解决有和没有的问题，还有当地政府倡导或者推动一些社会组织的发展。有了社会组织，那么你的计划，刚才所说的这一切可能执行起来会到位。

唐述成：一是加大我们专业人员的培训力度，虽然我们西部社会组织专业人才比较少。二是加大宣传力度，形成社会共识，形成好的环境，使其常态化。三是希望加大东部推进西部平台的移动，真正让东部的“活水”流到西部。

第四章 脱贫攻坚　特区实践

2020年是决战脱贫攻坚收官之年，也是深圳特区成立40周年。深圳的高速发展离不开改革开放的春风，离不开全国人民的支持。深圳始终牢记着特区的责任与担当，忠诚践行着“感恩改革开放、回报全国人民”的初心和使命。

30年来，深圳累计投入财政帮扶资金超过419亿元，实施项目超过4万个，重点投入了一批产业帮扶、民生帮扶项目，有力推动了当地经济、社会快速发展，帮助194.36万人脱贫奔小康。

在中国脱贫攻坚的收官之年，在第八届中国慈展会上，一场聚焦于“脱贫攻坚的深圳力量”研讨会，融合了深圳科技、金融两大优势特点，邀请深圳本土企业代表、扶贫干部、受援地干部、智库及社会组织代表，分享深圳扶贫工作中的特区经验、特区模式，探索“短期见成效、长期可持续”的高质量扶贫路径。

第一节　脱贫攻坚的特区担当

发挥深圳优势，开拓创新精神

时任国务院扶贫办社会扶贫司副司长　马　英

距离脱贫攻坚收官还有103天，在全国上下全力以赴为打赢脱贫攻坚战做最后冲刺的关键时刻。今天，我们齐聚一堂，分享深圳特区扶贫实践经验，进一步探索短期见成效、长期可持续的高质量扶贫路径，颇有意义。

在以习近平同志为核心的党中央坚强领导下，经过各地区、各部门、各方面不懈努力，现行标准下的农村贫困人口从2012年底的9899万人，减少到2019年底的551万人，贫困发生率由10.2%下降到0.6%，贫困县从832减少到52个，贫困村从128000个减少到2707个，脱贫攻坚事业取得重大决定性成就。面对新冠肺炎疫情和灾情，我们组织动员1391家民营企业和617家社会组织结对助帮扶1113个挂牌督战村，共同认定9400多个扶贫产品，商品价值总量达到9400亿元，目前销售扶贫产品超过1300亿元。我们组织开展稳岗就业，外出务工贫困劳动力达到2897万多人，是上年外出务工人数的106%。稳岗就业基础进一步稳固，贫困地区经济社会发展明显加快，贫困群众的生活条件显著改善，这些成绩的取得离不开对口帮扶地区和社会各界的大力支持。

深圳市的扶贫事业是从1990年开始的，至今已有30年时间，扶贫足迹覆盖了17省（自治区、直辖市），这体现了深圳市委、市政府的担当。脱贫攻坚以来，深圳对口帮扶涉及新疆、西藏、广西、贵州、四川等地区，全都是脱贫攻坚战当中难啃的“硬骨头”，点多、面广、任务重。深圳市认真贯彻习近平总书记关于扶贫工作重要指示及批示，深入落实党中央、国务院的各项决策部署，自加压力。我说的“自加压力”是除中央、省布置的任务外，深圳市还给自己加了压力帮扶贵州。

主动担责、高位推进，对口帮扶工作走在全国前列，2017 年以来，深圳牵头实施的“粤桂扶贫协作”连续 3 年被国家评为“好档次”。总结深圳对口帮扶工作有以下几个特点。

第一，政治站位高。深圳市党政主要领导亲自挂帅出征，分管领导靠前指挥，对口帮扶工作标准高、要求严、措施硬，效果好。

第二，工作机制活。出台关于建立健全扶贫工作机制的意见，建立领导推动、统筹协调、市场运作等八项机制，实施“1+1+5”工作架构，层层压实市、区、街道、社区四级责任，形成高效顺畅运转工作机制。

第三，用心用情帮。累计投入财政资金已达 480 亿元，累计社会帮扶资金超过 760 亿元。对口帮扶建档立卡人口达 204 万人，已帮助 194 万贫困人口成功脱贫。助力脱贫攻坚战是优秀企业家的共同选择，我们高兴地看到广大企业家积极参与脱贫事业，并发挥了重要作用。

一是国有企业在脱贫攻坚战中走在前、做表率。截至 2020 年 3 月，中央企业定点扶贫的 246 个扶贫县中，有 219 个已宣布脱贫摘帽，约占中央企业重点帮扶总量的 90%。

二是民营企业把脱贫攻坚作为必须履行的社会责任，截至 2020 年 6 月，民营企业参与“万企帮万村”精准扶贫行动已达 10.95 万家；帮扶 6.89 万建档立卡贫困村，占全部贫困村的 53.8%，共带动和惠及 1564 多万建档立卡贫困人口。

三是外资企业参与脱贫攻坚，比如三星、苹果、奔驰、松下电器等一批外资企业积极对接金融扶贫、精准脱贫，也做出了积极的贡献。

尤其值得一提的是，在深圳这片热土上成长起来的企业，致富不忘贫困的父老乡亲，积极响应党中央的号召，在教育、金融、产业、消费扶贫、乡村振兴等多个领域奉献爱心、贡献力量，在脱贫攻坚事业的丰碑上，留下浓墨重彩的一笔，值得铭记。

2020 年 9 月 8 日，习近平总书记在全国抗击新冠肺炎疫情表彰大会上强调：要瞄准脱贫攻坚突出问题和薄弱环节，一鼓作气，尽锐出战。

借此机会提三点建议供大家参考。

一是在聚焦脱贫攻坚重点任务上下功夫。习近平总书记指出："当前最突出的任务是帮助中西部地区降低疫情对脱贫攻坚的影响。""在劳务协作上帮，在消费扶贫上帮"，这是习近平总书记提的两个重点。9 月 18 日，习近平总书记在湖南考察时再次强调：全面落实"六保制度"，就业是"六保六稳"的首要任务。务工是贫困人口增加收入、摆脱贫困的重要途径。东部地区要储备足够的就业岗位，为当地就业的贫困劳动力提供稳岗、转岗服务，让他们走出来，留得下。消费扶贫是社会力量参与扶贫的新平台，是巩固成果、防止返贫的新举措。9 月是全国的"消费扶贫月"，社会各界要大力支持消费扶贫、积极拓展销售渠道、扩大采购规模，推动贫困地区产品走出家门、走向市场，助力贫困群众增收致富。

二是在抓好产业扶贫上下功夫。产业扶贫是稳定脱贫的根本之策，是精准扶贫"五个一批"的重要内容。据了解，全国贫困人口中，大部分都参与了产业扶贫，得到了新型经营主体的带动。习近平总书记在湖南考察时强调：要深入推动农业供给侧结构性改革。这一点是他首次提出的要求。因地制宜放大优势特色产业，推动农村一、二、三产业融合发展，在这方面，万达、华润已经做出了有益的尝试。我们希望更多的企业参与进来，充分发挥在资金、技术、人才、管理、市场等方面的优势，因地制宜推动贫困地区优势特色产业发展，想更多办法，给予更多后续帮扶支持，延长产业链，建立更加稳定的利益连接机制，不断提高脱贫攻坚的质量。

三是在勇于探索东西部协作新机制上下功夫。习近平总书记指出：东西部扶贫协作要立足国家区域发展总体战略，深化区域合作，推进东部产业向西部梯度转移，实现产业互补、人员互动、技术互学、观念互通、作风互建、共同发展。习近平总书记在湖南再次强调：要落实“四个不摘”，建立健全防止返贫的长效机制，深入研究接续推进全面脱贫与乡村振兴有效衔接。以前研究的是脱贫攻坚，但是这一次的提法变了，“全面脱贫”。两个字的变化，在这里面是有深刻含义的。

深圳之所以能取得今天的辉煌成就，靠的就是敢为人先、开拓创新的精神。所以，深圳市要继续发挥优势，以走在前、勇当尖兵的标准，在加强东西部协作、巩固脱贫攻坚成果、做好全面脱贫与乡村振兴有效衔接上，进行新探索、做出新成绩、再创新经验、铸就新辉煌。

慈善力量参与脱贫攻坚

民政部慈善事业促进和社会工作司
志愿服务处处长　张有为

慈善事业是我国基本的经济制度、民生保障制度和社会治理制度的重要组成部分。党的十八大以来，以习近平同志为核心的党中央高度重视慈善事业。2016 年，十二届全国人大四次会议审议通过了《慈善法》，为我国传统慈善走向现代慈善提供了法律依据。民政部等有关部门也出台了《慈善组织认定》《慈善募捐》《志愿者服务》《慈善信托》等一系列的政策法规。

2019 年，党的十九届四中全会进一步将其纳入推进国家治理体系和治理能力现代化的整体框架，明确要求重视发挥第三次分配作用，发展慈善等社会公益事业，为新时代慈善事业发展提供了根本指引。扶贫济困一直是我国慈善事业的传统领域。2015 年，《中共中央　国务院关于打赢脱贫攻坚战的决定》出台，吹响了慈善力量参与脱贫攻坚的冲锋号角。以慈善组织、爱心企业和爱心人士为代表的慈善力量，围绕服务脱贫攻坚这一战略大局，在生活救助、教育扶贫、医疗救助、产业扶贫、易地搬迁扶贫等领域开展大量的慈善活动，已成为我国大扶贫格局的重要组成部分。

特别是新冠肺炎疫情暴发以来，全国各地的社会组织、专业社工、志愿者等充分发挥其专业优势，全力投入了疫情防控，助力复工复产，募集抗疫资金 396. 27 亿元，抗疫急需物资 4. 9 亿件，在全国开展了 57 万个疫情防控志愿服务项目，1000 多万名注册志愿者提供了超过 2. 4 亿小时的志愿服务。在疫情寒潮中，汇聚起一股股爱心的暖流，让人们深切感受到中国慈善的温情与温度，也向世界彰显了中国慈善的重大力量。第八届中国慈展会的主题是“决战脱贫攻坚　共创美好生活”，这也是慈展会三年聚焦脱贫攻坚的最后一年，依托中国慈展会平台，举办第三届深圳经济特区扶贫实践交流分享会，具有重要意义。深圳经济特区成立40多年来，从一个边陲小渔村发展成为中国特色社会主义先行示范区，取得了举世瞩目的成就。

这几年，社会财富增加比较快，很多工人和企业也愿意把财富的一部分拿出来帮助更困难的人和更贫困的地区。扶贫工作和慈善事业发展都很快，特别是在对口帮扶工作当中，深圳立足援助地的资源禀赋和产业基础，将产业模式向援助地输出，促进生产要素、资源优化配置，帮助贫困地区提升发展动能，探索出了一条“短期见成效、长期可持续”的高质量扶贫路径。为对口地区经济社会发展和打赢脱贫攻坚战提供了重要支撑，也为决胜脱贫攻坚、全面建成小康社会贡献了深圳力量。

我们希望以本次会议为契机，全面总结慈善力量参与脱贫攻坚的好经验、好做法，进一步探索慈善事业服务党和国家大局的新路径、新模式，并为接续推动脱贫攻坚、全面脱贫和乡村振兴的有序衔接，提供特区的路径和特区的经验。

同志们、朋友们，“大厦之成，非一木之材；大海之阔，非一流之归”，今天与会各位领导嘉宾在扶贫领域都有很深入的实践和丰富的经验，希望大家畅所欲言、倾囊相授，为决战脱贫攻坚提供宝贵的意见和建议，为社会力量参与建立稳固的脱贫长效机制和实施乡村振兴战略提供可操作、可复制、可持续的样本，共同推动我国扶贫和慈善事业实现新发展、迈上新台阶。

深圳力量助力脱贫攻坚

深圳市人民政府副秘书长　黄　强

2020年是全国全面打赢脱贫攻坚的收官之年，也是深圳经济特区成立40周年。40年来，深圳从一个边陲小渔村发展成为一个充满魅力、动力、活力和创新力的国际化创新型城市，取得了举世瞩目的发展成就。深圳的发展离不开全国人民的支持，我们始终怀着感恩改革开放、回报全国人民的情怀，扎扎实实做好中央和广东省交办的对口协作和帮扶任务，立足受援地资源禀赋和产业基础，推进喀什—深圳产业园、深圳—哈尔滨产业园等16个异地产业园建设。推动优化受援地产业模式，探索出“短期见成效，长期可持续”的高质量扶贫路径。率先开展全国消费扶贫深圳站的活动，全面建成运营“1+10市区消费扶贫中心”，创新提出了全产业的“四化四线”深圳模式。近年来，累计投入财政资金约421亿元，社会帮扶资金超过760亿元，帮扶了9个省54个县市区，194万人实现了脱贫。深圳牵头实施的对口广西扶贫协作工作，连续3年被国家评为“好的档次”，创造了助力攻坚的科学样板。

当前离全面脱贫攻坚收官仅有100余天，深圳将以本次会议为契机，充分发挥中国慈展会这一国家级重要平台的作用，加强与各位领导、嘉宾的交流合作，以先行示范的标准，坚决完成好对口帮扶任务，努力为决战决胜脱贫攻坚、全面建成小康社会，做出更大贡献。希望大家畅所欲言，为深圳决战冲刺脱贫攻坚提出宝贵的意见和建议，为深圳社会力量参与建立稳定脱贫、长效机制和实施乡村振兴战略提供可操作、可复制、可持续的样本，共同促进深圳扶贫工作和慈善事业实现新发展、新跨越。

脱贫攻坚的深圳实践

深圳市扶贫协作和合作交流办主任　刘卫翔

习近平总书记曾经深情地说：40 多年来，我先后在县、市、省、中央工作，脱贫攻坚是我工作的重要内容之一，也是我花精力最多的事。党的十八大以后，习近平总书记亲自挂帅出征，先后走遍了全国集中连片的深度贫困地区，并且先后召开了 7 次脱贫攻坚专题会议，分阶段、分专题推进工作。经过全国上下共同努力，这几年脱贫攻坚成效显著，贫困人口大幅下降，连续 7 年脱贫人口超过 1000 万人，贫困发生率 10. 2%降到 0. 6%；贫困县由 832 个减少到 52 个；贫困劳动力的收入也有大幅增长，特别是建档立卡贫困户年均人均收入增长达到 30%，这可以说是一个奇迹。所以，中国的脱贫实践在国际上广受赞誉。

联合国秘书长古特雷斯说：精准扶贫方略是帮助贫困人口、实现 2030 年可持续发展议程设定的宏伟目标的唯一途径，中国的经验可以为其他发展中国家提供有益借鉴。上年，贸发会的一份报告中提到：不把中国计算在内，全球的贫困人口不但没有减少，反而在增加。就是中国对全球减贫贡献率超过了 70%。所以，世界银行前行长佐立克也说：毫无疑问，中国的减贫是消除贫困历史上最大的飞跃。

中国经过这么多年的脱贫实践，形成了有效的制度体系，其中包括各负其责、各司其职的责任体系；精准识别、精准脱贫的工作体系；上下联动、统一协作的政策体系；保障资金、强化人力的投入体系；因地制宜、因村因户因人施策的帮扶体系；以及全世界动员体系、监督体系、考核评估体系。其中，深圳深度参与因地制宜、因村因户因人施策的帮扶体系。从 1990 年开始，我们就开始了深圳反哺全国、帮扶落后地区的历程。1990 年与广东的梅州市结对，经过 30 年发展先后与全国 109 个县市区结对，目前对口的地方涉及全国 9 个省 54 个县市区，这是大概的情况。从 54 个县市区来看，这个范围上，对口地区共有 23.1 万平方公里，所以常常说在深圳之外，我们还有 116 个“深圳”。

从维度上来说，北回归线以南，一直延伸到北纬 39°；从时区上来说，我们帮扶地区横跨三个时区；从海拔上来讲，我们既有南海之滨的零海拔，又有到帕米尔高原 4000 米以上的海拔；从帮扶的地区来说，既有大石山区广西，也有深度贫困地区的“三区三州”。贫困程度都比较深，自然条件十分恶劣。

深圳的实践也受到了国家和各省份的广泛赞誉，特别是习近平总书记 2017 年 4 月在广西考察的时候肯定了深圳既给钱又派人的做法。2020 年 5 月，习近平总书记对深圳帮扶广东毛南族整族脱贫给予肯定，对于我们也是极大的鼓舞。

总结深圳 30 年的帮扶，我们认为有四个要注意把握的方面：一是坚持当地所需、深圳所能；二是坚持注重长短结合，短期见成效，长期可持续；三是坚持扶贫不图名、帮扶不添乱、实干见真情；四是坚持政府引导、市场运作、企业主体、合作共赢。

坚持当地所需、深圳所能。我们把对口地区群众揪心事、烦心事、难心事和最迫切的愿望，作为工作的重点，与深圳的优势相结合，合力解决一批突出问题。30 年来，我们投入资金超过 419 亿元，实施项目超过 4 万个，这些项目全部都是立足于解决当前群众最关心的问题。其中有两年投入资金特别多，是在河源、汕尾实施大项目，每个医院投资都超过 16 亿元，所以在当时是比较高的。

坚持注重长短结合，既要尽快解决群众对美好生活的向往，突出扶贫成效，又要增加造血功能，使困难群众长期受益。所以，我们大力推进产业扶贫、消费扶贫、就业扶贫三大工程。单是 2020 年上半年，深圳市场消化全国扶贫产品超过 50 亿元，吸引转移结业超过 30 万人次。

坚持扶贫不图名、帮扶不添乱、实干见真情。特别是省委要求我们牵头粤桂扶贫协作。在国务院扶贫体系当中，粤桂扶贫协作是深圳勇于担当、义不容辞的，特别是对一些难啃的“硬骨头”和急难险重的任务，我们都不计名分、不折不扣地完成落实。

坚持政府引导、市场运作、企业主体、合作共赢。充分发挥市场在资源配置中的决定作用，积极推动帮扶企业与当地产业实现合作共赢，打造“总部+基地”的模式，特别是在产业合作上，充分发挥企业的作用。

在这个工作当中，我们也形成了八大价值，主要是领导推动机制、统筹协调机制、社会参与机制、市场运作机制、决战督战机制、脱贫长效机制、宣传引导机制、扶贫保障机制。

从领导推动机制方面来说，市委书记、市长对脱贫攻坚负总责，市委常委、副市长每人挂点指导 2~3 个县，市人大、市政协的领导也全部参与挂点，实现对口地区的全覆盖。2020 年以来，9 位挂点广西的市领导已经全部到了一线，推动解决了一批突出问题。还没有到位的一些领导陆陆续续在完成，预计到 9 月底，所有挂点领导都会到一线指导。同时，完善了“1+1+5”的工作架构，其中某个市的对口支援工作领导小组成立了扶贫协作合作调度办。在上年机构改革，机构非常紧张的情况下专门成立了扶贫机构，设立了 5 个前方指挥部。同时，深圳各个区与对口地区的县全部实现了结对全覆盖。形成了一名市领导挂点，一个专班推进，一个区结对帮扶，一批街道企业、社会组织助力的“四个一”尽锐出战机制。

在决战督战方面，我们成立了 9 个督战小组，目前实现了周调度、月通报、季督办，同时开发了决战督战服务小程序，市分管领导约谈各区区委书记，进一步压实责任，共同推进脱贫攻坚工作。我们深圳的扶贫工作还有六个特点。

一是感恩文化。深圳在建市之初是小县城，叫宝安县，当时有 30 万人口，有 2 个技术员（拖拉机维修员、兽医），当时 GDP 是 2.7 亿元。到了 2019 年底，全市管理人口已经超过 2000 万人，增长了近 66 倍；科技人才超过 20 万人，增长了近 100 万倍；GDP 达 2.7 万亿，增长近 1 万倍。40 年的时间，深圳的发展与成就归根结底离不开全国人民的支持，“感恩改革开放，回报全国人民”，一直是深圳这座城市和深圳人民肩负的历史使命和拥有的殷殷情怀。

二是立体帮扶。对教育、医疗、科技、产业、社会事业、干部人才社会帮扶等各个方面都进一步加大力度，助力对口地区实现补齐短板。

三是民生为先。深圳 80% 以上的资金都投入了民生，特别是教育、医疗、住房安全、饮用水安全方面。在教育方面，2016 年以来，援建对口地区学校 208 所，同时与 326 所学校展开结对帮扶，并且培训当地的校长、教师 1.4 万名；派出支教老师 1000 多人次。在医疗保障方面，2016 年以来，我们与对口地区 140 所医院结对帮扶，派出医生也有 1000 多名。重点援建了喀什市人民医院、塔县人民医院、深河人民医院、深汕中心医院等。在住房安全保障方面，援建了喀什、塔县 2.5 万多套安居房；河源、汕尾完成危房改造 5000 多套。同时，在百色建设了“深圳小镇”，在察隅完成了易地搬迁，在毕节昭通建设“幸福小镇”，推动易地搬迁工作。

四是产业围绕。坚持政府搭台、企业主导，深圳在市外建的产业园达到 26 个，其中在对口帮扶地区 12 个。推动了深圳 400 多家企业到广西投资，投资额超过 1200 多亿元。按照国扶办要求，每年还有一定投资的增长。

五是科技为翼。通过援建创新平台、转化科技成果、选派科技特派员、引导科研院重点攻关，用科技为扶贫赋能。比如，建成深—喀科技创新中心、深圳南山河源高新区产业园等重点创新载体，帮助对口帮扶地区打造科技创新高地。比如，深圳高科技现代农业力量很强，我们积极引进中国农科院深圳农业基因组研究所等专业机构，实施了海水稻种植、牦牛改良、土豆改良等一批重点科技农业项目。还推进广西沃柑、油黏香米等7类10个产品纳入“圳品”体系管理，有效提升扶贫产品附加值。

六是观念为源。我们在深圳对口帮扶过程当中，注重把深圳理念、深圳精神、深圳质量引入对口帮扶地区，带土移植深圳的体制机制。

习近平总书记说，脱贫攻坚不是终点，而是新生活、新幸福的起点，下一步，我们也将以先行示范区的担当，推动全面脱贫与乡村振兴有效衔接。重点刚刚马司长讲了就是“五个互”：要推动产业互补、人员互动、技术互学、观念互通、作风互鉴。我们的想法就是变大手拉小手，携手同行，从而实现特区与老少边地区、困难地区共同发展、共同富裕。

第二节　脱贫攻坚的深圳力量

牢记重托担使命　脱贫攻坚当尖兵
——深圳助力喀什脱贫攻坚回顾与展望

深圳市人民政府副秘书长、
深圳市对口支援新疆工作前方指挥部总指挥　杨春生

按照党中央的部署，从2010年开始，深圳对口支援新疆喀什地区的喀什市和塔县。喀什地区是南疆四地州深度贫困地区，是全疆脱贫攻坚的重点和难点。2014年，喀什地区建档立卡贫困人口29.87万户120.98万人，贫困发生率30.3%，占南疆四地州贫困人口的44.7%，脱贫攻坚任务十分艰巨。

从2014年开始，深圳援疆工作聚焦“一市一县”脱贫攻坚，累计投入脱贫攻坚资金46亿元，组织实施各类项目206个，在各领域精准发力，取得明显成效。在产业帮扶方面，我们累计培养产业工人约40000人，吸引约500家企业落户喀什，孵化企业87家、创业团队42个。在教育帮扶方面，参与援建162所幼儿园和建成14所学校，包括投入10亿元建成的喀什大学新校区，每年选聘1000名优秀教师充实喀什市和塔县双语教师队伍，累计培训老师2.6万人次，培养学生3.52万人，资助贫困大学生5000人。在医疗卫生帮扶方面，培训医生3万多人次，新建、改扩建喀什市和塔县15个健康体检中心；成功帮扶塔县人民医院创建二级甲等医院；建成喀什市人民医院东城分院，新增住院病床208张；投入2000万元支持喀什地区妇幼保健院新院区建设，计划 3 年内将其打造成南疆妇幼领域标杆。在安居富民房等民生实事方面，我们为受援地新建、改扩建安居富民房 6.65 万余套，完善了一批与群众生活密切相关的水、电、路、气等基础设施。在社会帮扶方面，深—喀社工站通过“小母羊”项目帮助喀什 1734 户贫困家庭和边缘户家庭实现收入增长，帮助 5000 多名产业职工适应了就业岗位，帮助 4000 多名困境儿童建立心理健康防御机制，整合 20 多家爱心单位捐赠价值 800 多万元爱心物资。此外，招商局集团、深业、中国平安、万科、卓越等企业，南岭、上步等深圳社区股份公司也纷纷在喀什投入人、财、物，大力开展社会帮扶，社会各界累计捐款近 5 亿元。

通过援受双方的不懈努力，受援地全部实现脱贫摘帽，其中喀什市实现 17750 户 75810 人脱贫、塔县实现 4074 户 16505 人脱贫，两地贫困发生率分别由 2014 年的 31.8%降至 0.49%、43.16%降至零。回顾我们的主要做法有五个方面。

第一，精准扶贫，规划先行。一是在编制“十三五”规划时，我们加大向扶贫领域倾斜，80%以上援疆资金都投向基层和民生领域，特别是直接投入帮助受援地贫困人口。二是从“帮扶一个县就是帮扶一个民族”的战略高度出发，2015 年深圳市决定由福田区参与塔县精准脱贫。三是科技引领，设计实施了一批精准扶贫项目。比如在塔县建成全疆首个集中式光伏扶贫电站并成功并网发电，引进中国农业科学院兰州畜牧所在塔县实施牦牛改良项目，在喀什市成功试种海水稻（盐碱稻）。

第二，发展产业，保障就业。我们牢记习近平总书记“产业扶贫是最直接、最有效的办法，也是增强贫困地区造血功能、帮助群众就地就业的长远之计”的重要论述，坚持以产业带动就业。一是参与喀什经济开发区的规划建设，完善开发区功能，规划建设深圳产业园、综合保税区和金融区。二是建立特色产业园，形成纺织服装、电子加工、食品加工等较具有积聚效应的产业基地，促进劳动力就近就地就业。三是建设深喀双创中心，使其成为喀什创业创新、科技成果转化的加速器。四是发挥旅游产业对扶贫的拉动作用，2015 年助力喀什古城成功创建 AAAAA 级景区，2020 年初助力塔县成为国家级全域旅游示范区，帕米尔旅游区也成功创建 AAAAA 级景区。

第三，扶智增技，锻造队伍。一是每年选派上百名深圳教师到喀什“组团式”帮扶大中小学，通过“青蓝工程”“名校长名师工作室”方式进一步培养本土师资，打造一支“带不走”的教师队伍；同时大力发展以就业为导向的职业教育，培养与喀什经济社会发展相适应的技术型、实用型人才队伍。二是以“强基+固本、组团+联盟”为特色实现卫生扶贫全覆盖，选派深圳医疗人才“组团式”支持喀什医疗卫生事业发展，培养受援地骨干人才，开展新技术、新项目科研研究。通过深喀医疗卫生人才交流培训项目，以“院对专科”“区对中心”模式，推动深圳各重点医院对口支援喀什市重点医学专科和基层卫生服务中心建设，培养一支“带不走”的医疗卫生队伍。三是加强干部培养力度，安排专项资金用于受援地干部人才交流培训，实施“科技英才培养”等各类干部人才援疆项目，组织从机关到基层等不同层次的受援地干部赴深圳培训学习，开拓视野，选派年富力强、业务精通、富有开拓精神的深圳干部在受援地任实职、担实责，特别是到乡镇一线任职，与受援地干部共同提升素质能力。

第四，社会帮扶，凝聚合力。一是率先提出构建社会工作人才帮扶机制，在深圳市民政局、深圳市社会工作者协会、喀什市民政局、深圳援疆工作前方指挥部的大力支持下，于 2011 年 3 月 31 日正式成立了深喀社工站，坚持“授人以渔”的原则，在喀什实施“小母羊”项目，助力贫困村民发展养殖业致富；实施塔吉克妇女创业培训帮扶项目，培养贫困户自我发展的潜能，提高家庭收入；向产业园区职工提供心理、法律等方面的个性化辅导，助力稳工就业。2019 年 3 月汪洋主席在喀什调研期间，对深喀社工站在喀什开展的社会工作予以肯定。二是以“村村结对”模式推进脱贫攻坚工作深入基层末梢“毛细血管”，精准助力贫困户增收。三是发动深圳企业积极参与扶贫，把政府主导与社会参与有机结合起来，形成各方共同参与的大扶贫格局。四是大力开展民族交流交往交融，开行“深喀号”旅游包机、旅游专列，开展深喀青少年“手拉手”夏令营活动，安排受援地爱国宗教人士赴深圳学习考察，促进深喀两地文化共同融合发展。

第五，消费扶贫，促进增收。我们按照政府引导、社会参与、市场运作、互利共赢原则，推动喀什产品和服务深度融入深圳市场，助力贫困户增收。一是畅通销售渠道，推动农产品进入深圳机关单位食堂，动员天虹、人人乐、家乐福、百果园等深圳零售企业精准对接，鼓励深圳果品行业协会、零售业协会、食品行业协会等大型社会组织积极参与。二是创新销售模式，大力支持消费扶贫中心（深圳）建设，设立喀什扶贫产品专区，与京东、拼多多等公司对接建立线上销售平台。三是提升农产品品质，引导百果园公司与高校合作在喀什试种美国杏李新品种，引导援疆企业为喀什农副产品申请“圳品”认证。截至 2020 年 9 月，我们已帮助销售喀什农产品 10581.32 吨，实现销售额 17691.37 万元。

各位来宾，正所谓“凡是过去，皆为序章”，深圳助力喀什脱贫攻坚的脚步不会停留在过往。接下来我们把“一市一县”脱贫摘帽作为新起点，紧贴喀什需求，发挥深圳优势，注重脱贫攻坚与乡村振兴的有机衔接，协同推进受援地巩固脱贫攻坚成果和农业农村现代化建设。具体来说我们将在以下三个方面下功夫。

一是科学编制“十四五”援疆规划，推动更多的资金和项目向脱贫攻坚巩固提升倾斜。我们正在紧密结合“一市一县”发展实际和民生需求进一步研究论证，编制形成科学可行的援疆“十四五”规划。目前，我们初步提出了 8 大工程约 100 个项目，预计总投资 47 亿元，绝大部分投向基层和民生领域，将有力地巩固脱贫攻坚成果。

二是突出乡村振兴战略，确保全面脱贫和乡村振兴衔接共进。下一步，我们将实施喀什市乡村振兴和贫困村综合整治提升工程，建设

"美丽乡村工程"和乡村振兴示范点。深度参与喀什市特色食品产业园（馕产业园）建设，以产业增强乡村造血功能。在乡村旅游示范点，以旅游带动乡村振兴，巩固脱贫攻坚成果。

三是探索协作共赢模式，打造面向未来的优势产业项目。我们将继续秉承可持续发展的理念，坚持政府主导、企业参与、市场运作，利用深圳的资金、人才优势，挖掘受援地的资源禀赋，形成两地人才、市场、消费协作效应，推动两地协作共赢、携手发展。下一步，我们将在受援地统筹规划、精准实施、科学管理一批面向未来的优势产业项目，有效补齐受援地产业短板，实现受援地产业发展、就业扩大、民生幸福的目标。

各位来宾，巍峨的帕米尔高原和壮美的昆仑山铭记了深圳助力喀什脱贫攻坚的点点滴滴，辽阔的南海和美丽的深圳湾见证了深喀携手面向未来的情谊。展望未来，我们将聚焦新疆工作总目标，牢记重托，勇当尖兵，为实现受援地社会稳定、长治久安做出新的更大贡献！

扶志、扶智和扶技相结合——中广核助力教育扶贫

中广核集团办公室副主任、扶贫办主任　王宝山

中广核是伴随改革开放，在深圳成长起来的，总部在深圳的清洁能源央企。业务覆盖国内所有的省、自治区、直辖市，国际上是31个“一带一路”沿线国家和地区，主要是做核电．还有风电、太阳能、非动力核技术应用，以及生物制能等，其中核电排名是国内第一、世界第三。我们的核心价值观是：“一次把事情做好。”做扶贫也是一样的，我们2001年开始做有体系、有组织的扶贫工作，20年如一日，用力、用心、用情，一次把扶贫做好。现在在全国派驻28名扶贫干部，国家重点帮扶的地区是广西百色凌云和乐业两个县，很荣幸跟深圳的盐田东西部协作形成合力。今天我分享的主题是教育扶贫，在开始分享之前请大家看一张照片。

我给这张照片取的名字是“第一次举手”，照片中的孩子叫作杨小洁，是乐业县罗沙江中心小学一年级的学生。2020年5月，我们的志愿团队来到这里认识了小洁，小洁的家里是建档立卡的贫困户，她和弟弟都是留守儿童，从小到大由大伯带着，尽管读书成绩不好，认字不多，但小洁已经是家里文化水平最高的人了。班主任说，小洁性格羞怯，上课从不发言，也很少抬头和老师交流，总是默默摆弄着自己的文具盒、橡皮。支教团队的第一节课是美术课，就在她这个班级，这也是她人生中第一节正式的美术课，因为在她还没有入学的时候，最后一个美术老师就已经调走了。我们的支教老师带领孩子们画画，画兔子、小猫、太阳，孩子们非常开心，小洁也是。当问到谁想来到讲台上一起画画时，小洁举手了。班主任说“这是她入学来第一次举手”。这是中广核教育扶贫的一个缩影。

当然，教育扶贫不仅仅是减轻负担的支教、捐物、捐款，早些年，凌云县学校的硬件配套、师资非常薄弱，当地少数民族、贫困群众，特别是瑶族群众思想观念守旧落后，普遍孩子多，负担重，对下一代教育程度不够。孩子的监护人多是祖父母、外祖父母，不少是孤儿，教育学习没有人管，成绩差，小学语文、数学，两个主课的平均分一般只有四五分。学校的条件有限，美术、英语、音乐这些小三科基本上是开不了课的，受家庭环境和经济条件影响，很多孩子自卑、内向、亲情缺失、内心敏感，重蹈上一代的老路，早早辍学打工，最终沦为贫困人口，形成了一个贫困的循环。

我们从 2017 年起在凌云县创办了少数民族白鹭班。为什么叫“白鹭班”呢？因为我们中广核的 Logo 是白鹭。坚持扶志、扶智和扶技相结合开展教育扶贫，用绣花功夫阻断贫困代际传递。当然，生源选择上是不掐尖不去尾的，累计招收当地的贫困学生 862 人。我们指定集团内部专门从事人才培养工作的企业大学，也就是中广核的党校来实施白鹭班，依托工作计划指引、学生成长记录手册、白鹭追梦期刊这三个法宝来推进项目实施。我们组织中广核的大国工匠乔素凯、世界记忆大师李威等到学校开设大讲堂，帮助学生建立自信，树立远大理想。同时还开办夏令营，去核电站、大学院校，包括深圳大学、卫星发射基地开拓视野。建立教学考核激励机制，对优秀学生开展圆梦计划，让他说出一个梦想，我们帮他来实现。对于优秀负责任的老师进行奖励，把白鹭班的老师当成我们中广核自己的员工。组织外籍员工支教，激发学生对外语学习的兴趣。党团组织结对帮扶成立兴趣小组，引导学生综合发展，全面提升开展职业技能培训，使孩子拥有一项安身立命的本领。开设瑶族文化课堂，传承少数民族文化，以此增强孩子们的民族自豪感。

2019 年，我们开始实施“彩虹计划”，包括彩虹课堂、彩虹助学、彩虹视野、彩虹家园等四大系列 12 项帮扶行动，进一步关心、关爱留守儿童。白鹭班 16 大举措覆盖小学、初中、高中全过程，学习、生活、心理健康全方位帮扶，富裕贫困地区学生向上生长力量，为他们搭建一条出山路。经过亲情帮扶，学校师资力量加强了、学生的学习生活改善了、精神面貌和精气神提升了、学习成绩上来了，自凌云县白鹭班2018年首届高三毕业班以来，连续3年高考上线率100%，2020年还有一名白鹭班学生考入985学校，这样的成绩来之不易。

我们不断总结提炼办班经验，针对白鹭班各专项活动编制了行动指引，形成了标准化和模块化的制度文件，为后续大面积快速复制、推广打下了基础。按照春华副总理指示，白鹭班开到了百色的乐业、四川的凉山、云南的牟定、广东的阳江、内蒙古的兴安盟。当然，我们也收获了很多，“彩虹计划”在去年的中国公益慈善大赛1000个项目中脱颖而出，进入前30强。我们的合作伙伴——香港中华电力，被“彩虹计划”的真情打动，出资300万港币主动参与帮扶。白鹭班“彩虹计划”入选国务院扶贫办企业扶贫的典型案例，在投身扶贫工作的过程中，在带给孩子们的交流中，我们也得到了精神的反哺。

扶贫不是施舍，扶贫也不是俯视，帮助别人就是帮助自己，“既以为人己愈有，既以与人己愈多”，主动自发参与扶贫已经成为中广核广大员工的思想共识和自觉行动，队伍战斗力显著提升。

国强民富有赖于德智的普及、知识和品德的培育以及广泛的教育，让贫困地区的孩子接受良好的教育，是阻断贫困代际传递最重要的途径。在昨天的圆桌论坛上，邓院长问我，今后中广核的扶贫工作怎么打算？我说，我们后脱贫时代衔接乡村振兴计划还没有审批，现在还不能说。但是我们始终要坚持的，就是做好教育扶贫。

中广核愿意和所有爱心企业、爱心人士一起，协同呼应投身教育，躬身入局、不负韶华。

小蜗牛圆梦童声——我们的教育扶贫故事

深圳市华强公益基金会副理事长　吴玉萍

2020 年是决战脱贫攻坚的收官之年，也是深圳经济特区成立 40 周年。华强集团成立于 1979 年，是伴随特区发展而成长起来的企业，在深圳市民政局的支持下，华强集团在 2012 年 3 月捐资 1000 万元成立了深圳市华强公益基金会，基金会的宗旨和使命是致力于公益事业、倡导企业责任、关爱青年成长、推动社会进步。

非常荣幸在这里和在座的各位分享华强集团履行企业社会责任，华强公益基金会践行公益初心扶贫故事。我们的故事是从一只小蜗牛开始的，它有一个很美丽的名字叫作“小蜗牛圆梦童声计划”。就在刚刚揭晓的“第五届鹏城慈善奖典范项目”的颁奖典礼上，“小蜗牛圆梦童声计划”教育项目获得了“典范项目奖”，这或许就是不期而遇的惊喜。

2016 年 6 月也是一个开学季，我们迎来了小蜗牛圆梦童声计划第一位患者小雪，小雪时年 3 岁，刚刚动完手术不久，是儿童医院耳鼻喉科李兰主任在细心地拆掉纱布，一切准备就绪，只待开机调试。我们高高兴兴地围着小雪和小雪的妈妈，当时我们的心情是复杂的，一边心疼孩子小小的年纪扎着厚厚的纱布，还透着血水和药水；一边是惊喜的盼望，盼望孩子动完这次手术后就能恢复听力、语言，能够和其他小朋友一样走进幼儿园的课堂，一起唱歌、跳舞，尽情欢笑。就在李主任按下开机键的瞬间，孩子却“哇”的一声，惊恐万分地抱住妈妈，歇斯底里地哭了起来。我们都被这突如其来的哇哇大哭给镇住了，不知所措。李主任说这是患儿“开机”的正常表现。这时候小雪的妈妈却笑了，她说孩子听到声音了。这一幕，虽然已经过去了 4 年，但是每一幅画面都让我们难以忘怀，也让我们更加坚定了要持续帮助小蜗牛患儿恢复听力，融入主流教育的公益初心。

后来我们得知小雪的姐姐是唐氏综合征患者，小雪是全家人的希望。现在小雪怎么样了呢？小雪在深圳郊区一个康复机构做语言康复，她现在会说“妈妈，我爱你”，还会唱歌了。小雪和妈妈一起拍摄了一条公益短片，妈妈希望让更多人知道耳蜗疾病在很大程度上是可以被治愈的，这样孩子就可以到学校上学了。目前，小雪的妈妈也在学习社会工作的相关知识，她希望自己也能成为一名社工，能够给更多人提供帮助。我们非常欣喜，这是教育扶贫的成功个案，它让我们近距离地感受到教育扶贫的智慧和力量。

很多人把“小蜗牛童声圆梦计划”定位为医疗救助项目，但是我更愿意承认它是一个教育项目，因为它的最终目的是让患儿回归主流教育，事实上，我们做到了。我们将孩子是否成功入学，作为衡量项目成效的重要指标之一。

教育扶贫是一个老话题，中国自古就有“书中自有黄金屋、书中自有颜如玉、书中自有千钟粟”的说法。2016 年公布的《教育脱贫攻坚“十三五”规划》，首次提出了教育扶贫的概念，既要扶教育之贫，更要通过教育脱贫。知识改变命运、教育成就未来，对扶贫问题的认识和理解在一定程度上决定了人们对扶贫程度和成因的判断，以及对于扶贫政策和方案的设计，精准识别贫困的内因和外因，是扶贫能否成功的前置条件。

有什么样的认识，就有什么样的价值判断。有什么样的价值判断，就有什么样的扶贫之计。教育是一项效益远大于成本的投入，其效益不仅在于提高个人收入，更包括提高国民素质和社会文明程度，增加就业、促进产业发展等社会效益，有助于在更大范围内彻底消除贫困。离开教育扶贫，精准扶贫可持续发展就是一句空话。治贫先治愚，扶贫先扶教，教育扶贫事实上是从“输血”到“造血”的一大跨越，就是从贫困家庭的孩子掌握知识、改变命运到造福家庭。十年树木百年树人，一个人才成长过程当中需要接受不同阶段的教育，不同阶段的教育是串联起来的，教育影响人的一生，一技在手，终身受益。

金融扶贫的探索和实践

中国建设银行股份有限公司深圳市分行副行长 陈坤雄

2020年是全面打赢脱贫攻坚战的收官之年，应该说这几年来，我们建行深圳市分行深入贯彻党中央关于扶贫工作的要求，持续加大精准扶贫力度。2016年5月，我们分行接到市政府关于定点扶贫河源市紫金县九河镇在上村的定点扶贫任务，接到这个任务之后，我们分行党委就把扶贫工作当作第一要务，放在我们的业务前面，可以说是一号工程。

积极发挥党建引领作用，成立以分行党组书记为组长的扶贫工作领导小组，选派优秀的干部驻村，躬身入局、下沉服务。围绕着金融科技赋能，信贷扶贫创新，产业扶贫支持，公益扶贫带动，四位一体的工作方针，有力推动帮扶在上村等相关机构和群体的脱贫攻坚，连续3年深圳建行在当地，以及在总行扶贫的成效考核中，都名列前茅，还荣获了总行的“扶贫突出贡献奖”。

接下来，我就从四个方面向在座的各位领导和嘉宾汇报一下我们在金融扶贫方面的一些探索和实践。

一是金融科技赋能，打造金融扶贫的生态圈。

1. 依托“善融商务”建设银行网上商城平台，助力消费扶贫。刚刚马司长也说了，9月是“全国消费扶贫月”，我顺便做一下广告，只要打开我们手机银行App首页就有“善融商务”栏目，你点击进去，上面就出来一个“全国消费扶贫月”，底下是电商扶贫。里面有央企馆、地方馆、“三区三州”，非常方便。里面也可以使用个人在建设银行的消费积分，你可以用积分购买扶贫产品，也可以用银行卡直接购买。在近3年中，深圳分行把这项工作考核到了网点，交易额达到7

亿元，我们要求所有领导干部全员参与，一个都不能少。还举办了“乐善好施消费扶贫活动”，鼓励员工积极参与。有一句口号是“我们是一颗沙，终究会堆起石的高山”，也就是说我们每个人都可以参与扶贫，都可以贡献自己的力量。

2. 建设银行在总行领导下，也设立了村口银行，设立了乡村振兴部，建设银行系列建成了农村的村头银行服务点，在全国超过 22.4 万家，覆盖全国 33%的行政村，推动了数字化的金融产品和服务下乡。数字化产品向农户倾斜，在手机银行一点就可以申请，现在也是让手机成为农民的新农具，使农民在村口就可以享受现代金融服务。

3. 除了这些方面，在教育扶贫发力方面，也是运用金融科技的手段。依托“金智惠民”工程，助力教育扶贫。依托建行大学华南学院，将我们的金融知识和一些实用的培训方面的东西汇集到农村，开展多层次、多形式的金融知识培训，举办“建行大学金智惠民乡村振兴万民暑期下乡实践活动”。全国有 1000 多所大学的学生，还有海外的大学生也报名参加，让这些学生走进田间地头，感受新农村的风采与风貌。

二是创新扶贫产品，搭建普惠的扶贫场景。

1. 落实普惠金融战略，创新扶贫产品。创新推出扶贫小额信贷惠农贷款等金融产品。深圳分行采取新的模式，创新推出女性创业贷，确实为低收入女性群体创业脱贫提供金融服务支持。

2. 构建民工惠业务场景，助力解决农民工欠薪的问题。以科技赋能、数据驱动、连接政府、部门、业主、总包裹、劳务公司、农民工和用工平台，创新推出“民工惠”产品，解决农民工工资发放缺乏保障和讨薪难的社会痛点。这个痛点确实一直都存在，我们建设银行推出民工惠的产品滞后，只要农民工每个月正常出工就能每个月拿到工资，就不会让业主方拖欠他们的工资。农民工往往都是从贫困地区出来的，有一些半年一年都拿不到钱，甚至还出现了一些社会问题，我们就通过金融手段、产品的创新，来解决这个痛点。到 2020 年 8 月末，我们深圳分行民工惠业务投放了28亿元，惠及农民工40万人。

三是深化产业扶贫，建立长效扶贫机制。产业扶贫应该说是脱贫攻坚的根本之策，也是长效机制。我们分行一方面就吸收贫困人口就业的企业给予信贷资源的倾斜，给予利率的优惠，2020年就这方面投放给企业的贷款已经达5亿元。另一方面我们重点支持河源市紫金县在上村，建立了百亩三叉苦药材、20亩黄金百香果示范基地。明确产业收益的50%用于帮扶贫困户，积极推进在上村建立长效脱贫产业，建设光伏阳光发电扶贫项目，并网发电。实施入股紫金县临江工业园项目等，以产业扶贫作为脱贫奔小康的重要支点。2019年，在上村集体年收入从2016年的2.47万元，提升到13.82万元，全村44户180余名贫困户全部实现高质量的脱贫。

四是创新公益扶贫，践行社会扶贫理念。我们有一个口号是“带上员工做公益、带着客户做公益、带动机构做公益、融合业务做公益”。作为国有大行，我行在公益慈善、公益扶贫方面深耕细作、开拓创新，在梅林建设了CCB建融家园的公益驿站，为怀抱创业梦想的年轻人免费提供共享的服务平台，举办留守儿童圆梦行动、追光的星星、公益音乐会等公益活动。广泛动员社会各界关爱特殊人群，连续15年开展怒江助学活动，共资助贫困学生3000多名，捐赠款项有350多万元，3万多册图书。携手多家慈善组织，发行了16期爱心理财产品，募集资金82亿元，捐赠650亿元善款，带动了3万多名个人客户参与到慈善事业中。同时，也加大与企业客户的合作，促成慈善基金会向定点帮扶的在上村捐款150万元，用于在上村小学教学楼的建设。同时与华大基因等健康龙头产业，借助金融手段推动基因检测普及，降低因残致贫、因病返贫概率等，这也是健康扶贫。

以上我们在四个方面的实践和探索，是从金融扶贫的角度来说的，关键是我们作为金融的从业者，而不是眼中只有金融的规模、金融的利润，一定是要以人民为中心。说“不忘初心”，一定要以人民为中心，以金融的手段来解决社会的痛点，承担我们的社会责任。只要你有这样的价值观和这样的出发点，就能做好扶贫工作。同时，也能够把建设银行的业务做好。

金融如水，秉持善念之本和善治之道，方能因势利导，以润泽万物。在脱贫攻坚进入收官关键时期，建行深圳市分行将继续按照党中央、地方政府扶贫工作要求，心系百姓所呼，积极发挥金融扶贫优势，为精准扶贫、全面脱贫注入金融“活水”，为赢得脱贫攻坚的全面胜利贡献金融力量。

以产业“造血”，做产业扶贫的探索者

深圳能源集团股份有限公司党委副书记　李　明

产业扶贫作为实现稳定脱贫的重要途径和支撑，需要从当地实际情况出发，充分把握区域特点和优势，挖掘地方特色资源，激发贫困地区脱贫的内生动力，制订长期与短期相结合的扶贫计划，打造区域特色产业，并持之以恒地发展巩固，实现长期稳定“造血”，从根本上实现脱贫、防止返贫。

深圳能源的主业是能源电力，具有项目建设、运营、管理经验和雄厚的技术实力，新能源发电，尤其是光伏、风电是深圳能源的优势产业。而在2015年左右，国家先后出台了多个关于新能源发电项目扶贫的指导性意见。做公司最擅长的事情，同时又能扶贫，发挥出最大社会效益，与我们“尽我所能、源远流长”的产业扶贫思路高度契合。为此，我们在认真完成市委、市政府交办的对口帮扶任务的同时，还积极探索产业扶贫新路子，并成功依托新能源项目全国布局，充分发挥产业优势和技术特点，将新能源产业扶贫拓展到新疆、甘肃、广西和吉林等多个省、自治区、直辖市，具有“投资见效快、收益长期稳定、帮扶力度大”等显著优势，目前主要有四大模式。

一是“资源对接、收益返还”模式。深能福塔塔什库尔干2万千瓦光伏发电项目，是由福田区政府和深圳能源携手实施的产业精准扶贫项目，也是新疆首个地面集中式光伏扶贫项目。项目于2018年5月投产，投产当年即实现利润925万元，每年贡献利税不低于1000万元，持续20年，项目的全部收益将以建立大疾医疗互助基金、教育基金、贫困户救济金等方式助力当地扶贫事业，帮助当地4140户16806人脱贫致富。“他们为祖国戍边，我们为他们发电”，成为帕米尔高原冰山上“最阳光”的项目，得到了国务院国资委、国家能源局的高度关注，深圳市委主要领导、深圳市对口支援新疆工作主要负责同志、新疆维吾尔自治区党委主要领导等先后实地调研并给予了充分肯定，成为产业帮扶精准脱贫的典型案例。

二是“飞地光伏扶贫”模式。深圳能源合理利用甘肃武威市红沙岗镇地势开阔、光照充足、人烟稀少的环境优势，建设2万千瓦光伏发电站，并将其收益用以帮扶甘肃另一个地级市陇南市下属礼县，开创性实现武威、陇南两市资源互补、经济协同发展的“飞地光伏扶贫”模式。项目于2017年2月投产，在接下来长达20年的运营期内，深圳能源将每年向礼县政府提供240万元帮扶资金，礼县800名贫困户年均每户可得3000元。

三是“项目开发绑定帮扶资金”模式。深圳能源申请将广西境内开发的风电项目全部纳入精准扶贫项目库，打造粤桂对口帮扶的明星工程。扶贫模式为深圳能源每建成投运1万千瓦风电，即向广西提供100万元的帮扶资金，在项目开发协议签署时就锁定资金支持。深圳能源目前在广西已核准开建风电项目为5万千瓦，另有约25万千瓦项目在开展前期工作，顺利落地后，将为广西贡献3000万元的帮扶资金。

四是“光伏农场扶贫”模式。深圳能源在吉林打造的深能白山农业4万千瓦光伏项目，是吉林省省级扶贫项目，该“光伏农场”将光伏设施与现代农业相结合，同步种植油葵、紫苏等经济作物，在光伏面板下开展机械自动化农业灌溉，大大提高了种植效率。项目在提供无污染零排放的清洁电力的同时，又不单独占用农业用地，实现光伏产业和农业生产共赢的良好局面。依托该项目，深圳能源向当地已建档立卡的117户贫困户每年每户提供3000元的资金，持续帮扶20年。

此外，我们在广东省河源市，还利用200万千瓦优质煤电项目落地的契机，由龙川、和平、连平、紫金等4个原中央苏区县及革命老区县各持有项目1.25%的股份，项目运营后四县将按持股比例分享利润，实现“合作建设、持股分红”帮扶老区苏区。

近年来，我们在产业扶贫方面做了一些探索，工作上虽然取得了一定成效，但在产业扶贫的深度和广度上还有待进一步加强。深圳能源集团产业扶贫只是深圳市扶贫工作的一个缩影，在深圳市委、市政府的坚强领导下，深圳各界坚决贯彻落实党中央关于精准扶贫的决策部署，并取得显著成效，但贫困地区在脱贫摘帽后内部发展的差异性仍然存在。深圳能源将在未来工作中继续发挥自身优势，积极与社会各界共同努力，携手共进，加强扶贫工作协同，持续推动产业“造血”功能，深化巩固脱贫成果，为坚决打赢脱贫攻坚战做出应有的贡献！

脱贫攻坚衔接乡村振兴的平安实践

平安银行扶贫金融办公室副总经理　陈宏敬

2020 年是脱贫攻坚的决胜年，国家层面强调乡村振兴是脱贫攻坚的延续和扩展，大家都在研究“两大战略”的衔接问题。这也是我们平安银行扶贫金融办近期正在思考的方向，今天借此机会，也受办公室领导的委托，把平安银行在这方面的思考和探索给大家做一个汇报。

在扶贫方面，经过两年多的实践和探索，平安银行已经形成了集扶智培训、产业造血、产品赋能、“一村一品”于一体的扶贫闭环。对于致富带头人，平安银行通过“扶贫保”予以支持，对于他们的产业成果，平安银行打造了平安城、平安果等特色农产品品牌，并快速打开市场，提高知名度。同时，平安银行整合内外部资源，通过线上引流、线下对接，帮助致富带头人推广、销售扶贫农产品，把平安银行的金融流量转化为农产品的销量，最终实现初级农产品转变为商品和商品转变为畅销品两个转变。

这是 8 月平安集团总经理兼平安银行董事长谢永林，到凉山州扶贫项目基地考察。这些案例是我们扶贫闭环在贫困地区实践落地的剪影。在四川凉山州，通过致富带头人培训和孵化，帮助合作社提高经营管理水平，并进行产销赋能，在平安电商平台销售。在广东的河源紫金县，通过支持危房改造、捐赠教学设备、饮用水工程等方面，支持“两不愁、三保障”政策落地。在洋头村选派了驻村干部，带头开展茶叶种植，累计投入资金 493 万元，带动贫困户通过就业和分红，实现脱贫增收。

无论线下的培训还是线上的创新做法，平安扶贫部都在求突破、求实效。2020 年 5 月，在广东省扶贫办的指导下，发起平安云农场公益项目，平安集团副董事长孙建一代言深圳对口扶贫地区的广西杧果，通过认养、直播带货、组织客户开展相关特色旅游等方式，为杧果的产业拓宽销路。

在云南的昭通，通过发放水电贷的建设项目进行扶贫贷款支持；联合企业帮扶羊肚菌产业。水电扶贫模式也获得了中国银行协会颁发的“最佳精准扶贫贡献奖”，同时，其作为唯一的金融范例入选联合国公发组织的世界小水电发展报告。

在助力脱贫攻坚全面胜利的基础上，平安银行也在尝试构建乡村振兴“321”模式：通过融智、品牌、科技三大赋能，推动综合金融与三农场景两者的有机结合，最终打造一个集政、企、农、银、保、研于一体的产业振兴共建平台。

三大赋能就是围绕人才、品牌和科技这三方面展开。我们知道乡村振兴的发展离不开有一技之长的本土化人才，而品牌和科技的支撑更是乡村振兴的必由之路。在四川凉山州，组织培训50位绣娘进行彝绣文创产品创作，把她们的手工艺品成果做成油橄榄产品的包装，实现彝绣和油橄榄产业的有机结合，打出了凉山致富的别样名片。在湖南衡阳，联合金龙鱼打造了“平安三村百宝茶油”，有平安和金龙鱼品牌的双赋能，这个湖南乡下的区县品牌被迅速地推广到全国。在河源紫金，平安区块链的溯源手段也应用在茶产业中，让茶叶从种植到产出的每个环节都有据可查、有源可溯，让品质更值得信赖。

两个融合主要是综合金融和三农产品的结合，也是将金融业的日常经营和乡村振兴相结合。我们认为只有和主业结合，这项事业才能更长远，也就是和金融主业相结合。平安银行联合中国扶贫基金会发起“平安产业扶贫及乡村振兴基金”，致力于提升乡村产业标准化水平。在凉山州昭觉县，对政府倡导的中草药产业进行了深入的调研，与日本最大的汉方制药企业合作成立了“平安津村”，通过提供行业标准、技术支持、人员辅导等，助力当地打造高品质的中草药产业。

除了内部合作，平安银行也充分挖掘乡村资源，例如把优质农产品、特色旅游和慈善信托，组合成平安银行个人的“客户权益+公益”专有的服务包。在贵州雷山县，茶精选致富带头人的产业成果“贵州雷山银球茶”，被打造成精美扶贫好茶“好事成双”，通过平安电商平台向私人银行客户隆重推出。提供给私人银行客户，不仅提高了茶叶附加值，还促进了销量、工业和业务的扩大。

平台方面举内蒙古的例子，在乌兰察布，平安集团在政府引导下，为当地培育了57名致富带头人，为燕麦龙头企业提供了6000万元扶贫保产品支持。同时，联合企业、致富带头人共同打造了两个品牌：一是三村百宝农产品品牌，直接采购销量1.5亿元；二是乡村旅游品牌。就在上周，我们组织高净值客户前往乌兰察布游览了燕麦的加工厂，并动手制作优麦美食亮相扶贫三城带货，客户纷纷反馈非常好，特别是有一些高净值客户带着小孩做扶贫过程当中获得的教育和体验。

这对地方和平安银行来说都是好事，地方打出了旅游新名片，平安银行提升了客户的紧密度，两者相互促进、共同提高。

以上是我们平安银行乡村振兴方面的思考和实践，不足之处请各位多加指正。平安银行将在各级政府的指导和支持下，继续深入推进脱贫攻坚，持续发展“金融+科技”的优势，在衔接乡村振兴中，要做出特色、做出亮点、做出贡献，贡献“金融+科技”的深圳平安银行力量。

腾讯基金会科技扶贫的探索

腾讯公益慈善基金会执行秘书长　窦瑞刚

首先，给大家简单介绍一下腾讯基金会，腾讯基金会是由腾讯公司2007年发起，在民政部注册成立的全国第一家互联网企业发起成立的非公募基金会。同时，腾讯基金会是非常典型的企业基金会，基金会成立的时候，董事会就给腾讯公司的管理层一个授权，就是每年把利润的百分比捐给基金会。截至2020年9月，腾讯公司累计给腾讯基金会捐赠资金超过63亿元，其中来自腾讯员工的捐赠超过7000万元。腾讯基金会的其他资金都来自腾讯的企业捐款。

腾讯基金会成立之后一直在思考，这样一个互联网企业发起的基金会到底做什么才可能对中国慈善事业以及精准扶贫、乡村振兴工作最有帮助？我们意识到对于腾讯来说，作为互联网和科技公司，如何把腾讯的互联网能力赋能给社会，推动公益事业的发展，这是我们最重要的使命。成立13年以来，就一直聚焦两个领域：一是利用腾讯的互联网产品和技术，打造公益型的技术和产品，去培养人人捐赠的公益习惯；二是在线下探索“互联网+公益”模式，去履行企业的社会责任。我们希望能够把互联网和公益慈善事业进行深度融合，用科技和技术来连接爱、放大爱，这是我们13年来的愿景和使命。

在扶贫领域有这样一个体系，由腾讯基金会作为公益扶贫的资助方与腾讯公益平台发挥社会扶贫的协同效应，以及腾讯为村平台助力乡村治理和乡村振兴，利用腾讯“互联网+”实现数字化，助力乡村振兴和实践。这里有两个大的数据：一是腾讯基金会累计对外捐赠将近40亿元，其中扶贫领域的捐赠占总捐赠的90%；二是腾讯公益平台13年来，动员了超过4.16亿人次在我们的平台上捐赠的资金超过了

114亿元，这114亿元我们也分析和统计过，有九成是和扶贫、弱势人群的帮扶密切相关的。

刚刚过去的“9·9公益日”腾讯基金会紧密配合国家打赢精准扶贫攻坚战，联合多地的慈善会一起上线了“精准扶贫项目”。“9·9公益日”有18亿爱心网友通过各种各样的形式参与，其中直接捐款超过5780万人次，捐赠资金超过23亿元。再加上企业3亿多元的配捐，腾讯基金会4亿元的配捐，仅仅公益日这几天的捐赠就超过了30亿元。

再说一下腾讯基金会在乡村振兴上的探索，腾讯也是最早在民营互联网企业进行定点扶贫的企业，在2009年就在贵州和云南启动了定点扶贫计划，云南的项目还纳入了国务院的国家部委定点扶贫云南的“28+1”扶贫项目中。一方面是像国企一样派遣员工去当地挂职定点扶贫，另一方面是把互联网的产品技术也赋能到乡村，基金会还资助当地的以教育、文化为核心的扶贫工作，进行了7~8年的探索。

在这个探索当中也意识到，对于腾讯这样的互联网企业来说，深入云贵乡村去做扶贫，可能有些能力我们不具备，我们就想能不能主要聚焦于核心能力，就是互联网能力，来推动乡村的发展。所以，在这样的基础上就上线了腾讯为村平台，我们希望通过互联网技术，来探索互联网与乡村振兴的有效结合，用腾讯为村平台为乡村连接情感、连接信息、连接财富。为村平台这个项目在广东省深圳市委组织部的推动下，在广东粤西北进行了免费的全覆盖试点。我们希望通过为村平台实现产业、党建、文化、社会和生态，建立党建引领下，以产业扶贫、文化扶贫、社会治理为核心的“互联网+乡村”的模式。

截至2020年5月，全国有29个省份超过1.5万个村庄加入了为村平台，通过为村平台能很好地梳理党务、村务，以及农村青壮年人口离开之后，如何通过为村平台形成连接，在村庄治理中实现上下的交互。

这两年还在探索腾讯的科技赋能到精准扶贫当中来，比如说和广东省扶贫基金会一起来探索中国觅影进行扶贫，觅影是科技部定点腾讯的医疗影像技术，它是辅助诊断，比如说这一次新冠肺炎疫情期间，捐了 8 台移动 CT 搭配的腾讯觅影，腾讯觅影帮助医院的医生在几秒钟内就能够完成肺部的影像筛查。觅影同时在多发的癌症如乳腺癌、宫颈癌、食道癌等的影像筛查当中，超过了三甲医院医疗影像的一审。所以，我们就希望通过这样的技术，能够帮助医院特别是偏远地区的医院，来完成癌症的早期筛查。因为我们都知道在乡村的贫困诱因中，很重要的因素就是因病返贫、致贫。扶贫基金会捐助 1500 万元，在广东省进行了癌症的早期筛查。

同时我们也探索文旅扶贫，包括数字长城、数字故宫、一部手机游云南项目中，探讨如何把互联网能力赋能给乡村文旅，探索文旅扶贫。总结一下腾讯 2019 年 21 岁生日的时候提出的“用户为本、科技向善”的愿景和使命，未来对于腾讯来说，一直秉持科技向善的价值观，整合互联网科技技术，在乡村振兴这样的百年大计中，我们会做更多的尝试。

科技向善的背后其实是人心向善，我们精准扶贫和乡村振兴工作之所以能取得这么大的成绩，是因为我们充分激发了每一个人内在向善的力量，动员企业、政府、社会的力量，一起推动社会变得更好。也希望未来有更多的机会和大家一起，用科技力量推动这个社会变得越来越好。

华侨城以“文旅扶贫”打通从“脱贫”到“发展”的幸福路

华侨城集团办公室副总经理、党委办公室副主任　陈石麟

作为国务院国资委直接管理的中央企业，华侨城集团以文化旅游为主营业务，在全球主题公园集团中位列亚洲第一、全球第三。同时，作为文旅行业的航空母舰，我们还是国内唯一的既是“全国文化企业30强”，又是“中国旅游集团20强”的企业集团。近年来，华侨城结合自身产业优势和贫困地区特点，以人才扶贫、基金扶贫、旅游扶贫、产业扶贫、短板扶贫、文化扶贫“六大路径”为指引，以文旅扶贫为重点，在广东、贵州、云南、西藏、海南、四川等地创新实践“文旅融合+美丽乡村”“产业扶贫+乡村振兴”精准扶贫模式，致力于打通从“脱贫”到“发展”的幸福路。

在广东，华侨城与深圳市坪山区政府、汕尾市陆河县政府三方联动打造螺溪谷新型乡村文旅项目。项目基于陆河客家文化聚集区的民俗特色，盘活村落内闲置的农宅农田资源，通过贫困户入股分红、农产品加工贸易、旅游相关行业劳动输出等方式盘活当地经济，刺激贫困户生产就业，实打实地为贫困百姓增加收入。如今的螺溪谷，已形成一个与乡村社区完全融合的开放式景区，是一个既有“颜值”又有“气质”的乡村旅游目的地。

在贵州，自2003年起，我们连续17年定点帮扶贵州省黔东南州三穗县和天柱县，目前两县均已实现脱贫摘帽。在帮扶过程中，我们深挖当地侗族、苗族民族特色文化资源，为三穗县颇洞村旅游示范点以及天柱县三门塘、金凤山旅游景区、“四十八寨歌节”项目出谋划策。如今，以三门塘为代表的民族特色景区已成为黔东南州乃至贵州

省极具代表性的旅游打卡点之一，每年接待游客逾万人次。

在云南，我们在元阳哈尼梯田投资发展文旅产业，探索实践“景带村”脱贫发展模式，景区每年提取的门票收入交由当地政府，用于哈尼梯田世界文化遗产的保护和发展。我们还在元阳建成集水果种植、旅游观光、水果采摘、水果科普、休闲度假为一体的红河谷水果小镇等。目前“景区带动脱贫致富”做法已覆盖云南全省 100 多个自然村，带动旅游经营户 500 余家，直接吸纳就业人员约 1500 人，间接带动就业人员 7000 多人。

在西藏，位于西藏东南部的林芝地区素有“西藏江南”之称，是自驾游“网红打卡地”。我们与深圳市南山区政府、林芝市政府联合打造了林芝华侨城南山国际汽车营地项目，将项目营业收入专项用于支援当地贫困县脱贫。作为华侨城集团响应国资委“央企入藏”的示范性引领项目，林芝华侨城南山国际汽车营地项目创新运用旅游景点打造和扶贫相结合的新模式，使项目成为可持续发展、可借鉴、可复制的文旅扶贫典范，以树立旅游新标杆推动林芝市全域旅游发展。

在海南，华侨城进驻中廖村，在保留村中好水好景的基础上，改造花海、民房，在村中湖打造黎族歌舞表演。改造后的中廖村具备吃、住、行、娱一站式接待能力，让村民们真真切切地吃上家门口的“旅游饭”。2019 年，中廖美丽乡村荣获由文化和旅游部颁发的“全国乡村旅游重点村”荣誉。

各位领导、同仁们！如何做好文旅扶贫，如何将扶贫成果惠及更多百姓，华侨城始终在探索、在实践，形成以下几点思考。

一是构筑“发展共同体”——将企业的发展战略和脱贫攻坚工作紧密结合。贫困地区多具备优质的自然资源和旅游资源。但往往地处偏远地区，经济发展水平落后。如果企业能将发展战略和脱贫攻坚结合，将自身产业优势和贫困地区的优质资源有机融合，构筑起“发展共同体”，就能使企业和贫困地区双方形成巨大合力和动力，使企业发展和脱贫致富的“活水”源源不断。下一步，我们将与贵州省建立全面战略合作，深入实践后扶贫时代的文旅扶贫新模式。

二是发挥“文旅带动作用”——以点带面，化输血式扶贫为造血式扶贫。文化旅游业综合性强、关联度高，拉动作用突出，不仅直接拉动运输业、商业、食宿业、加工业等传统产业，也对城市面貌、仓储物流、文化创意产业的发展起着重要促进作用。通过文旅扶贫这一支点，撬动大量相关产业，打通产业链条，改变贫困地区面貌，激发地区发展的内生动力，建立可持续发展的长效机制。

三是注重“保护生态资源、传承文化基因”——坚决贯彻“绿水青山就是金山银山”的科学发展理念。如果说当地的资源禀赋是“1”，那么文旅扶贫、消费扶贫、产业扶贫等就是“1”后面的“0”，没有1，一切无从谈起。文旅扶贫是在资源保护的基础上，深度挖掘和传承特有的文化基因并与产业有机融合，绘就一幅幅“望得见山、看得见水、记得住乡愁、留得住文脉、城乡居民共同富裕”的美丽图景。

“行至半山不停步，船到中流当奋楫。”主动将企业命运内嵌于国家、民族发展轨迹中，是深深铭刻在华侨城基因中的政治自觉。未来，华侨城将坚持走文旅扶贫的道路，以“六个迈向”助力脱贫攻坚踏上新征程，为夺取脱贫攻坚全面胜利做出华侨城新的贡献。

消费扶贫的本来探索

本来生活扶贫与乡村振兴中心总经理　丁玲玲

大家基本上用自己的企业核心竞争力，或者是企业核心优势来参与脱贫攻坚的伟大事业。我们所理解的消费扶贫，对于消费者而言，我们用自己的爱心购买一份扶贫产品；对于贫困户而言，这是一场政策及时雨，也是劳动成果的重要支撑。

本来生活作为农业从业者而言，我们认为消费扶贫是从市场端来反向推动扶贫的伟大变革。本来生活是成立于 2012 年，由鼎晖资本、顶新集团、九阳股份、顺丰共同投资的国内垂直领域生鲜电商。发展至今，8 年时间集团人员达到 4600 人，我们说 4600 人在做卖菜这样一件事。生鲜板块销售额 2020 年是 70 亿元左右。我们有 3 大事业板块，目前是定位为 P2C 本来生活、O2O 线下的本来鲜和供应链板块的本来果坊。在全国，北上广深、武汉、郑州、长沙等地，建立了自有的仓储体系，可以覆盖到全国 354 个城市的生鲜冷链的物流。

目前，我们三大事业部都积极参与到消费扶贫的工作当中，本来生活板块，在 App 上已经开辟了消费扶贫的频道，把来自全国 832 个贫困县的产品经过合规化的品控管理上到 App 专区，发动了全国 3 万家左右的企业合作伙伴一起助力消费扶贫。本来果坊定位为供应链水果，对于很多贫困地区来说，使产品走出来一个非常重要的关键点和环节是产品的商品化以及产品的标准化。所以，我们的供应链果坊事业部在过去 5 年左右的时间里，一直在贫困县筛选了很多聘选地区有产业优势基础的产业，来协助他们进行产品商品化和电商化的工作。本来鲜有全国 700 多家门店，在线下进行开辟消费扶贫专区，可以让我们的消费扶贫产品直面消费者。

本来生活的使命和初心正是我刚刚所讲的，是用企业自己的核心资源、核心竞争力参与到消费扶贫当中。致力于成为优质食品的标志性品牌，成为优质食品供应链服务平台，以互联网方式参与到中国大农业的生态变革中。

可能很多人对本来生活的认识来自一颗褚橙，大家知道“褚橙”这个品牌的名字是本来生活在过去 8 年时间里，一直致力于打造的互联网橙子。在最早，云南省褚橙种植地也是贫困县，除了通过用标准化的龙头企业的方式，把农民、贫困户转化为产业工人，带动了 2000 多名农户成功脱贫。目前经过 8 年的运作，橙子售价从 3 元多到今天最高售价标准化分级之后的 16. 8 元，每年农户收入都可以达到 8 万～12 万元。

在过去几年当中，我们把打造褚橙的模式应用到贫困地区，有一个和深圳招商银行联合打造的案例，在云南永仁，把当地的石榴从种植环节开始介入，把青皮石榴改造为软籽石榴。原来青皮石榴的最高收购价为 2 元多，经过我们改造之后打造为软籽石榴，现在收购价都可以达到 5 元，也就是说，农民同样一年的劳动，收入可以直接翻番。这也是从产地端开始来推动消费扶贫和产业扶贫。

截至目前，本来生活已经上线了来自全国 150 个贫困县的 2000 余个农产品，销售额也达到了 12 亿元。其中来自深圳地区对口帮扶的新疆喀什的西梅、蜜瓜，还有广西的百香果等产品，都已经在平台上上线售卖。

历经几年探索，本来生活探索出了属于我们的扶贫模式，整个模式是通过社会资源的整合，实现再输出贫困地区的标准化、品牌化、规模化和信息化，甚至在有些地区给予订单式的农业，打造成了农产品品牌的赋能平台，同时积极在政府的指导下，联合帮扶机构的力量，用“电商+合作社+农户”等模式形成五方联动模式，形成了扶贫领域的探索。

说到消费扶贫有一个很重要的环节，消费扶贫的可持续取决于一个重要的因素，就是我们的用户买到之后的满意度。其中很重要的环节就是品质控制，从上年帮助贫困地区投入了 300 多万元进行了 1000 多个农产品规格的品控，我们发现大量的农产品的标签在合规等方面还需要较大的提升，这一块也是我们利用本来生活严格的品控体系赋能到农产品的品质管理。

我们认为消费扶贫有几个重要的环节。第一，品控。第二，贫困地区的产品商品化。第三，供应化管理，让贫困地区产品走出来。2020 年本来生活和顺丰设置了贫困地区物流补贴，每一单只要是贫困地区的产品，他们都可以来申请专门的物流补贴。第四，消费扶贫到接下来的产业振兴、乡村振兴重要的枢纽和纽带，就是农产品的品牌化。因为只有品牌化，才能实现提升产品的溢价，也是农民增收的关键因素。

本来生活在扶贫这一块，从 2017 年开始发起了“百县百品”的帮助贫困地区采用“物流+商流”，助力农产品的工程和计划，目前已经联合招商银行、中广核、平安，把深圳帮扶地区的寻乌橙子来进行品牌化的塑造，以便卖出更好的价格。

也非常感谢一路以来国务院扶贫办、农业农村部、商务部和各地的政府机构给予我们的肯定和鼓励，我们也连续两年入选了国务院扶贫办商扶贫的优秀案例。在 2020 年 9 月，“消费扶贫月”也成了国务院扶贫办消费扶贫电商扶贫的直链专区，及时将消费扶贫的数据向国务院扶贫办做数据的汇总。

本来生活探索 8 年，希望坚守品质，相信时间的力量。让中国的良心农人得到良心回报，重塑中国农产品的价值和尊严。

第三节　脱贫攻坚的深圳故事

践行大行担当　致力脱贫攻坚
——小村庄里的大变化

河源市紫金县九和镇在上村驻村第一书记、
深圳建行对公业务经理　刘鹏威

作为扶贫干部的代表，我想将在上村脱贫攻坚的小战场里的变化和令人愉悦的消息和大家做一个分享。将这个变化分为两个方面：看得见的变化，也就是物质上、金钱上的变化；看不见的变化，就是思想上、文化上的变化，这一个方面我想作为重点来讲。

第一个方面是看得见的变化，我想简单地以图片文字概括。首先介绍一下在上村，它位于广东省河源市，是在广东东部，全村面积约11平方公里，580户2800余人，建档立卡贫困户是44户183人。2016年，深圳建行作为帮扶单位刚入驻到在上村的时候，村集体收入是24700元。这是什么概念呢？2016年，村里主干道路灯、维修费用就达到了6000多元/年，再加上村里其他的办公费用，村里是没有更多的经济能力去维持运转的，也没有办法进行提高。

深圳建行入驻之后，充分发挥以党建引领的方式，开展了包括金智惠民、普惠金融、消费扶贫、“三带一融合”等独特的扶贫方式，在几年来发展了一些产业。一是三叉苦中药材产业，刚刚也有嘉宾说到了，是百亩的三叉苦。二是20亩黄金百香果，现在都讲究带货，这个二维码就是黄金百香果上线到建行的电商平台里面的二维码链接。

三是包括光伏、山楂、消费扶贫购买贫困户的土鸡等产业。通过这些产业我们可以看到数据的比较，到2019年的时候，村集体收入已经达到10万元，预计村集体收入能够达到30万元以上。

右边小的数据是贫困户的人均可支配收入，2016年的时候贫困户人均可支配收入低于4000元，截至2019年底达到14077元，有较高增长。考虑到新冠肺炎疫情影响，也积极发动贫困户们在家就业，在村里提供一些就业岗位，包括种植基地，争取把数据保持在1.4万元左右。从这个数据上看到的是脱贫攻坚的变化。

再看民生工程，这也是肉眼可见的，这个位置是我刚到村里时的村委楼，右边是办公环境，村干部都在这个小房间里办公。再看2019年9月，我们搬到了新的党群服务中心，2020年的7月1日，深圳建行党委副书记在新的党群服务中心给村党支部上党课。

在上村小学的旧教学楼，2019年被评为四级危楼，已不适宜孩子在里面上学了。通过深圳建行的支持，再加上其他爱心企业和爱心人士的帮助，2020年9月1日开学之前，我们正式把新教学楼交付给孩子们使用。

这个设备是我刚提到的建行的扶贫理念——“三带一融合”，其中“一带”就是带着客户做公益，这就是带着客户做公益的成果。这是物联网医疗设备，通过这个设备可以实现村民们在村里线上问诊，可以跟省市县的名医直接面对面地问询病情，如果医生问询病情完毕后要开药，在这个机器人下单，边上就能出药品了，是非常方便的。

再就是村口的地标公益超市，百姓们可以凭借家里做的好人好事、清洁卫生等事情获得兑换券，凭借兑换券可以到公益超市换取日常生活用品。

最后是我们的文化广场、公共阅览室、自来水厂、公厕。

这些都是肉眼就可以看到的变化，确实是扶贫以来，在上村的面貌有非常大的改观，也有村民会这么跟我们工作队说：小刘书记啊，你们建行来到我们在上村之后做的这些项目，比我们改革开放做的项目还要多。虽然这是一句玩笑话，具体数目我们无处得知，但是足以看出这些民生设施、民生项目的分量在村民心中还是比较足的。

我想讲的关键是第二个方面，看不见的变化。授人以鱼不如授人以渔，脱贫过程当中最关键的是激发贫困户的内生动力，提高他的造血功能，把他的思想从要我富，变成我要富。让他变成感恩社会、感恩国家的人，我觉得这是我们在扶贫过程当中非常关键的组成部分。在这里，我跟大家分享两个小故事：

第一个故事的主人公是这位老人家刘东才，80岁，从事养蜂行业60年了。这位老人家养蜂技术非常熟练，由于家里面儿子儿媳身患残疾，医疗费用很高，导致家庭情况不是特别乐观。2016年将他确定为建档立卡贫困户之后，根据一户一策，对他们家大力发展消费扶贫工作，2019年，仅仅一年时间，这位老人家的蜂蜜通过建行电商平台销售收入就达到了6万多元，几年下来，家庭条件已经有了很大的改善。

这张照片是有一年建行领导到他家探望他的时候，这位老人家从他的房间里拿出用烟盒纸写的感谢信，并且要一字一句念给我们的领导听。这位老人家不会说普通话，只会说客家话，我的同事就在边上给他翻译。整个场景非常有趣，但也非常感人。

当时广东河源电视台的记者到他家里采访，这位老人家说道："现在我家里面能够有这样的好环境、好条件，离不开共产党对我家的帮助，离不开建行对我的帮助，现在我有钱了，也要将钱反馈给社会。"他说的要反馈给社会，就是刚刚我们说的在上村小学的教学楼，这位老人家非常支持公益，他们家捐款给在上村小学有八九千元用于在上村小学教学楼的重建。我在现场听到他的话之后非常感动，一个老人家能够这么有正能量、这么支持社会公益，懂得感恩，真是让人肃然起敬。

再看第二个小故事，这位故事的主人公是魏大哥，是在上村的建档立卡贫困户，2017年的时候，深圳建行创新发起了扶贫产品就是扶贫贷款。针对贫困户可以实现免息最高贷3万元的贷款，针对非贫困户可以实现基准利息，最高贷 10 万元的贷款。这个贷款按道理来说是非常好的，但是产品推出来之后效果并不热烈，几个月时间只贷出去 1 笔 1 万元的贷款。当时我就在想为什么会这样呢？按道理说，贫困户贷款还是免息的，把钱贷出来之后，放在银行里面放活期还有利息，但是贫困户不会这么想。随后我跟几个贫困户村民沟通，他们的说法是什么呢？“小李书记，这个钱我贷出来之后，首先我不知道拿去干嘛，钱放在那儿也没用。然后，我拿了你的钱，欠了一屁股债，虽然穷，但是我现在不欠钱，欠了你的钱，我晚上就睡不着觉了。”就是这么一个想法。我觉得这样下去不行，一定要在他们当中找到一个有示范效应、带动效应的典型。

后来我找到了魏大哥。魏大哥一开始也不知道这笔钱可以拿来干什么，经过几次跟他的交流，我发现他家里面有一口荒废的鱼塘，我就跟他说：魏大哥，你把钱贷出来，再把鱼塘修一修，买一点鱼苗，过一段时间鱼长大之后我帮你找销路。很快魏大哥同意了这个贷款建议，贷款也下来了，贷了 3 万元。过了半年多的时间，刚好深圳建行也搞消费扶贫活动，一次性将他们家里的鱼全部收购，收购金额 4 万多元。这个消息很快在村里传开了，因为魏大哥贷了 3 万元不用利息，不仅把他家里的鱼塘修了，养了一批鱼，而且把鱼卖出去了，卖了 4 万多元，把贷款还了，还赚了 1 万多元。这个消息传出去之后村民都来找我，小李书记，我能不能贷款？我也想拿这个钱去种点山楂、买点鸡苗等。后来，我们在在上村也陆陆续续贷出去了 10 笔贷款，总共贷出去 47 万元。这 47 万元可能在深圳来说并不多，但是对于在上村来说，是能够发挥很大作用的。放出去的贷款有买鱼苗的，还有买挖机的，因为村里工程多，开挖机到工地干活，一天能赚两三百元钱。他们懂得用钱怎么变钱、生钱，这个是他们思想上的转变，我觉得这是非常不错的地方。

最后，我认为扶贫工作还是蛮有意思的。接下来还想给大家分享几组照片，就是在 2020 年 9 月 9 日，分行党组书记带着我们一块儿到村里搞了活动，包括建行大学应用学堂、音乐教室捐助、这个是抖音支持在上村的活动。

整个几年时间下来，这些活动只是建行帮扶工作其中一个剪影，也是全国各地扶贫工作的缩影，我并不能概括很多，所以，就不再赘述了。

在上村或者是其他的贫困村能有今天的好景象，一是离不开党和国家的脱贫攻坚好政策；二是离不开世界各界爱心人士、企业的关心和支持；三是离不开在座各位的帮助。感谢你们，感谢你们对脱贫攻坚的关心和支持，谢谢。

脱贫攻坚的深圳力量

深圳商报总编辑　丁时照

脱贫攻坚的深圳力量究竟是哪几个力量?

我认为，第一个深圳的力量是给钱又给人。刚才几位领导的数据里面就记录了几个，这么多年来，深圳财政出资 420 亿元，社会带动的投入是 760 多亿元，深圳还投入干部 654 人（一线），效果是怎样的？已经让 194 万扶贫地的人脱贫。

第二个深圳力量是有广度。深圳扶贫 23 万平方公里，相当于 116 个深圳。南北东西的跨度是 4000 公里，这就是深圳的扶贫地图，这是我们的广度。54 个县都是最穷最苦的深度贫困县，这是我们的深度。海拔从深圳南海之滨的零海拔，一直到帕米尔高原、昆仑山，落差是 4000 米，这是一个新的高度。还有深圳速度，马司长刚刚说，我们现在到年底还有 103 天，这么多年来，深圳扶贫已经让 95%的人口脱贫，剩下的 103 天是我们的冲刺时间，5%的扶贫人口要在 103 天里面完成，我觉得有信心。深圳扶贫的广度、深度、高度和速度，合起来就是深圳扶贫的广、深、高、速。

第三个深圳力量是助人者自助。刚刚有一位嘉宾说，扶贫不是施舍、扶贫不是俯视，我认为讲得特别好。其实深圳在扶贫中，也吸收了贫困地区的人民和贫困做斗争的精神力量，把这种精神力量用到先发区的建设、用到大湾区的建设，我认为这就是深圳的活力、动力、魅力和创新力的源头。我个人以为，这就是深圳力量的三个方面。

最后，我以一个新闻人的身份，对战斗在一线的扶贫人员及在座的各位领导鞠躬致敬。谢谢各位！

青春建功　乡村振兴

国家《中长期青年发展规划（2016—2025年）》提出“青年是国家经济社会发展的生力军和中坚力量”，同时也提出对青年返乡就业和创业的重视和支持。毋庸置疑，在新一轮的乡村振兴战略实践中，大学生青年在乡村政治稳定、乡村经济发展、乡风文明建设等诸多领域都扮演着越来越重要的角色。大学生青年返乡就业近几年也成为讨论和研究的重点，对于影响返乡就业的因素、返乡的动力、返乡的过程及行动逻辑、相关政策支持等方面都有诸多的研究和探讨，但大学生青年返乡后的职业发展、职业规划的讨论较少。

2020年正值决战决胜脱贫攻坚和同步全面建设小康社会的收官之年，上海零点青年公益创业发展中心举办以“返乡青年职业发展探讨”为主题的研讨会，以返乡青年参与乡村扶贫工作的经验、成果与困境为例，进一步探讨其未来的职业发展路径。

第一节　追逐希望的返乡青年

返乡大学生青年的“反差”

零点有数董事长、上海零点青年公益创业发展中心理事长　袁　岳

我觉得青春中非常重要的事是反差。如果看看这些返乡青年创业的事迹，或者说我们今天倡导大家应该做的事，就是一个寻找反差的特别过程。我在乡村出生，从小的理想就是再也不要待在这个地方种地了，再也不要看到这个地方，再也不想作为一个农家的后代，到了乡镇上羡慕小镇的男男女女，好像都高我们一头。所以对于一个普通的农家子弟来说脱离农村，再也不要看见农村，往更大的城市移动，从更高的社会地位的岗位上选择工作是再自然不过的事，这就是个自然的选择方向和价值的自然趋向。反差是什么呢？大家都会很自然的这样做，但不一定这样做。所以我把青年返乡做事用下面的词来概括。

第一，回归的投入。回去并在这个地方有所投入，这就是不一样的反差。像梁丽娜是硕士生，今天不要说硕士生了，上了大专、中专的都不想回去，一个硕士回去产生的反差就很特别。我去了她的老家，在这个村庄里，梁丽娜学校里有一面旗，那是她的小学，可能在小学里搞任何工程都有人想在里面拿点油水，要么做一件自己想做的事。那怎样把一个小学做好，应该用什么样的方式去做，这个时候反差就产生了价值。她毕业于广西师范大学，其本身就是一个培养师资的地方，是一个现代教育的地方。可能对于她来说，一个现代的小学无论怎样做都多多少少有她的底色，但是当到一个村庄的时候，在村庄里

怎么办事就有村庄的规矩和本地的道道。一个带进去的知识和本地的道道之间就会形成反差，就会形成不一样的力量。我们回到村庄的时候怎样做事，怎样能够把该做的事既要做得不一样，又能做成。

第二，链接。我曾去过胡诗泽所在的海南的乡村，你做的事不能只凝聚本地的乡村领导和镇上领导的支持，如果按照本地的规矩就能办成事的话，那中国就没有贫困的问题了，也就没有边远和落后的问题了。这说明本地的知识虽然重要，但是如果仅限于这个知识也会有很大的问题。这使我认为返乡青年回去以后，既要回归投入，投入中显示出来的反差，以及处理这个反差才使我们有机会。

我最早认识很多回归乡村的青年，如果你只是回归乡村干一些本地的活，和大家一起种地，那肯定有问题。我去过上海支持新疆的一个村庄，叫作巴楚，在巴楚种瓜历来有自己的种法，那里土地太宽阔了，一个乡的面积与蕾蒂县差不多，所以他们种瓜一直是只种不收，撒一堆瓜子，长一堆瓜藤，开一片瓜花，长出来的都是小瓜，偶尔有个大瓜。但是先进的种植方式变得行有行距，株有株距。种的时候要规规矩矩的种，开了大部分的花，只留下少部分的花，把少数的花长成很大的瓜，这样就违反了本地原来种瓜的模式。

事实上第一批能够响应外面来的扶贫支持干部的是返乡的青年，那些在外面学习，或者在外面有一点见识经验的人说，我父母种 10 亩瓜，一亩瓜只能赚 1000 元，要是种 50 亩瓜，一亩瓜赚 6000 元，6000 元 50 亩地，一年 30 万元的收入，这就是完全不一样的农村生活的场景。这种链接假定仅仅有原来的知识就不可能操作，如果是外乡的人去看了说我们就用你这个方法，外乡人的不落地，如果没有本地的响应也不能响应。所以链接就是外面的知识和本土接受的力量两者结合。

今天在现场的返乡青年的代表，包括在黑苹果中，从 20 年前到现在，我们所联络的返乡青年有几千人，诗泽他们在海南做返乡青年的大会，现场就有几千人，联络的可能达到了十万人，他们扮演了非常重要的角色，把外来知识和本地资源链接的方式，当然这个链接就一定会带来普遍的改变吗？我认为重要的是我们今天的返乡青年他们代表着一种新型的模式，这个模式如果仅仅是他们在做，不能够有更多人接受，不能有更多的人推广，依然不是改变农村面貌的真正强大的力量。所以无论是在今天我们的会，还是我们这些返乡青年以不同的方式向社会，向年轻人，向外地有资源方愿意关心介入乡村发展的外面的社会资源，向他们展示的方式都是可取的。梁丽娜是全国人大代表，也是十九大的党代表，那时候我经常和她讨论她的提案，如果我们通过提案就能更好地展示新村发展的模式。沂蒙有一个在村庄里做村庄旅游的，他们借助人社部的大学生创业平台，在全国到处演讲推广，这无论是对年轻人的动员，还是对外地资源更多的幻想，重新构建了一个具有广泛介入资源的网络，我把它的模式称为超级链接，只有中国有更多的超级链接我们才不会成为一个点上的闪光点，而能够成为星星之火可以燎原的力量。

尽管今天的返乡青年已经比原来多了很多，但是比较今天乡村振兴的需要还是很少。很多人想我只是一个普通的年轻人能改变多少呢，很多人说如果党和政府重视这个问题就改变了。从 1978 年起，党中央国务院每年的 1 号文件都是关于农村、农民和农业，即“三农”。42 年以来中国的农村已经发生了很大的变化，但是 1 号文件假定我们把它看作“天气”，我们需要的“地气”很大程度上和今天返乡青年带来的“新地气”有关，既要接“天气”，也要接“地气”，大家所创造的不同的模式，不同的做法，不同的超级链接，就有可能使这些文件、这些政策的精神以新的方式在农村的大地上发挥作用，同时把农村的大地和城市的资源，及外面的资源更多的建立链接，使农村不只是农村地区。农村应该成为新兴产业链、新兴价值链、新兴社会发展链的自然组成部分，只有加入“价值链”，农村的面貌才会发生本质的改变。所以，我认为，在不远的将来中国的“城乡一体化”是指中央发的文件不再把“三农”当个事儿，是把农村和城市，农民和城里人，农业和其他业作为一个整体。它是新兴价值链的自然组成部分，而不再用“三农”标签标识出来。在这中间我们认为基于新链接和超级链接的返乡青年将是非常重要的中坚群体。借今天的机会，我首先对这些小伙伴表示敬意和向大家学习之意，也是借今天这样的机会和渠道让更多的人有学习、互动和资源合作的机会。

第二节　乡顾：数据解读

深耕黄土地　共探振兴路

西安市蓝田县草莓产业联村党委书记　宋　博

我要分享的创业经历总结为四个持续，请大家多提宝贵经验。

一是创业需要持续的动力与必胜的信念。我的动力就是如何让我们村的人过上富裕的生活。我从小到大的家乡在陕西省西安市长安区郭杜镇，而我一会儿提到的村是指2011年担任大学生村干部以及创业到现在的陕西省西安市蓝天县汤峪镇巨一村，这是我工作的地方，不是我本来的家乡。2011年，我通过陕西省大学生村干部招考来到蓝田县汤峪镇巨一村，当时我们村没有产业，很穷。我先后为我们村的残疾人募捐了5辆轮椅和电暖气，给我们村的小学募集了价值8000元的图书，给我们村募集了价值20多万元覆盖全村的23套监控安防系统，解决了我们村民的一些实际困难。

我分享一下监控的事情，2013年5月16—18日，连续三天我们村都被盗了。第一天晚上我们村的小卖部被偷了6000元的烟酒，第二天晚上我们村的两个车被偷了，第三天晚上一个大叔家被偷了羊。连着三天晚上被偷，我早上心情很难过，说明我们那个地方治安不好，所以我给当年蓝田县的县委书记发了个信息，我说，书记，搞群众路线搞到现在我们的村民没有安全感，能不能请你们给公安局打个招呼让早点破案。我发了短信之后到中午，我们县委书记就带着政法委书记、组织部部长、公安局局长、法院院长、监察院院长到我们村开了一个现场会，四天以后案子破了，偷羊贼被抓了，这个惯犯在我们村也被进行公审公判大会。这个事件暴露了一个问题，就是我们村的治安不好，怎么解决呢？我那个时候是村党支部书记，我们村两委开会商议，因为我一直组织社会上的公益力量对我们村进行捐赠，所以给全村安一套监控安防设备的责任就落到了我的头上，我到西安找我的公益朋友募集了20多万元，给全村安装了监控安防系统。

捐赠、救济只能救急，解决不了我们的根本问题。只有发展产业，才能使我们村富起来。没有产业，我们就自己创业，创业的路上我屡战屡败，屡败屡战：我们养过鸡、养过猪、放过羊都失败了。我心灰意冷，感觉自己这个历史专业的师范生可能不适合农村，不适合创业。2013年夏天，我给我们村里搞了一次暑假支教活动，结果发生了交通事故，来支教的大学生受了伤，需要治疗费，我就四处筹钱，我们村的村民自发捐款2.6万多元帮我渡过难关。我很感动、也很感激。我发誓一定要给我们村找到一条致富之路。我们村的村民对我的支持就是我创业的动力之源。

二是创业需要持续的专注与热情。以前我们村是不产草莓的，农业结构非常单一，主要是小麦和玉米。大棚草莓是引进来的产业，2014年我们开始种植大棚草莓，创建了大学生村干部草莓园。

要创业首先需要启动资金，我们需要180万元，我申请了大学生创业贷款40万元，又找我的10位大学老师众筹了30万元，还是不够，村民想入股，可是没有钱。我给当时的县长王浩写了一封信，讲了我们的困难，请他帮我们联系农村信用社的银行贷款。王县长很支持我们，按照相关程序，第一批符合贷款条件的村民成为我们的股东。我们的“一份土地·三份收益”的致富模式就成型了，就是从一份土地中农民得到三份收益，即土地租金、股分红利、劳动收入。蓝田县汤峪镇洪寨村的村民洪志彪把家里的5亩土地出租，每年得到9000元的租金，每月草莓园打工有3000元工资，每年有股东分红1万元。2019年，草莓园给他带来的收入达5.5万元。2014年至今，累计给群众带来 894 万元的现金收益。

2018 年，我们成立旨在为青年人创业提供帮助的平台——草莓青创农场，受我影响，青年创业者徐康，2017 年来到草莓青创农场从事草莓技术指导和农资服务工作。2018 年，徐康注册成立农资公司，除了专门供应草莓青创农场的农资外，业务已经拓展到其他涉农产业。西部计划志愿者赵倩，2019 年加入草莓青创农场，利用电子商务专业优势，正在筹备电子商务公司。目前，草莓青创农场已成为培养青年创业者的孵化器，创业的企业由最初的 1 家农民专业合作社增加到 6 个有独立法人资质的公司，创业主力是大学生村干部、西部计划志愿者、返乡创业青年。草莓青创农场还会继续加大力度，吸引知识青年来这里创业，计划达到 20 人。

三是创业需要持续的创新与活力。2016 年 6 月我被破格提拔为蓝田县前卫镇的党委委员、副镇长，也成为西安市 10 年来在职大学生村干部中唯一被破格提拔为副镇长的人。2018 年 7 月，我辞去副镇长的职务，全身心投入扶贫事业，担任草莓产业联村党委书记。我们把大学生村干部草莓园升级成草莓青创农场。经过这些年的发展，我们的草莓青创农场由原来的 51 亩发展到现在的 500 亩，由 1 个村发展到在的 4 个村，由 1 个园区发展到 6 个园区。入股村民由原来的 22 户增加到现在的 92 户，其中 42 户是贫困户，在我们的努力下都已经脱贫。聚庆村二组贫困户王峰夫妇，从 2014 年开始在草莓园打工，夫妇二人的工资和股东分红加起来一年收入五六万元。2018 年，掌握草莓种植技术的王峰夫妇自己承包了 10 亩大棚，独立经营一年赚了 11. 8 万元，实现了从就业到创业、从脱贫到致富的转变。

四是创业需要持续的温情。我们创业的目的就是帮助更多的人脱贫致富，形成充满正能量的温情磁场。我们草莓青创农场有 16 名创业的大学生，经过商议以后，我们举办了禾苗学堂，免费给村里的小朋友进行课后辅导。在新冠肺炎疫情期间，我们给在抗疫第一线的医护工作者、社区党员干部、农村党员干部送去了 500 多箱草莓，并且积极参与我们辖区的抗疫工作。2020年2月10日，陕西省委常委、西安市委书记王浩来草莓青创农场调研，对我们扶贫、青创工作给予了高度评价，使我们更加坚定了在农村创业、带领村民脱贫致富的信心。

目前我们正在建设一个占地13万平方米的新园区，计划建设8万平方米的扶贫大棚，这个扶贫大棚包括4.2万平方米的金融扶贫大棚，3.8万平方米的青年扶贫大棚，建成后每年会有80万元的租金用于扶贫助学、慈善公益，以及5万平方米的青创大棚，用于帮助青年人创业。

在这里我要感谢张艳华女士，她是我们的公益合伙人，支持了我们的青年扶贫大棚的建设。在团省委和团市委的帮助下，我们又招募了人民日报、新华社、省市电视台的媒体朋友成为我们的公益合伙人。当然如果今天，在座的各位领导、朋友们有兴趣成为我们的乡村振兴——公益合伙人，可以联系我。

我们带领村民致富的故事曾经被《人民日报》报道过四次，第一次是2015年10月13日在第一版以《当草莓来敲门》为题进行了报道；第二次是2016年4月8日在第六版以《愣娃不愣，村干部富村》为题进行了2897个字的报道；第三次是2019年4月30日在第十九版以《追逐青春理想　为祖国建设添砖加瓦》为题进行了报道；第四次是2020年8月31日以《愣娃》富乡为题进行了4200字的报道，新华网、省市电视台等多家媒体也进行了报道。在各级党委政府的支持下，2014年被团市委授予“西安青年五四奖章”荣誉称号，2015年被省委组织部授予“陕西省大学生村干部创业明星”荣誉称号，2016年被省委授予“全省优秀共产党员”荣誉称号，2017年被团中央和农业部联合授予“全国农村青年致富带头人”，2019年被团省委授予“陕西青年五四奖章”荣誉称号。

乡村振兴，创业先行。我会继续努力，把我的家乡建设得更美好。最后，真诚邀请在座的各位领导，青年才俊，各位朋友，能够莅临我们草莓青创农场，为我们青年人创业指点迷津，为我们青年人干事呐喊助威，谢谢大家！

第三节　圆桌论坛：返乡青年面面观

圆桌论坛：返乡青年助力乡村振兴

圆桌主持人：

《中国村干部》作者、杭州青年人才大使　张艳华

圆桌嘉宾：

零点有数董事长、上海零点青年公益创业发展中心理事长　袁　岳

广西壮族自治区玉林市陆川县乌石镇陆河村党支部书记　梁丽娜

浙江金蛋科技有限公司董事长　李柳萌

广西师范大学创新创业学院院长　蒙志明

浙江联众集团副总裁　孙　凡

“爱传递·再生电脑教室”“爱飞翔·乡村教师培训”公益人　张斌峰

张艳华：我想问一下丽娜，你怎样看待女性在基层的执政能力？也请袁老师回答一个问题，女性在基层的创业空间到底是怎样的，有什么样的创业机会？请分享一下。

梁丽娜：我是我们村里建村历史上第一位女支书，也是我们村历史上最年轻的一位支书。这八九年的时间我在村里有非常深的体会，群众对女干部是有不同的看法，但我们是做自己的事，没必要太计较别人的想法，自己认定的事情，自己下决心去做。

作为女干部，在做工作的时候也有一个好处，因为女同事善解人意，所以在村里开展工作会比较细致，和村民打交道很方便，村民喜欢和我们讲家长里短，我们就更容易融入群众里。结合了村里的特点，大部分留守的妇女、儿童、老人，这些人更需要女同志去做好服务工

作，所以女同志在做工作的时候也有我们的优势。女同志参政执政是民主的体现，也是社会进步的体现。

张艳华：据我了解，你不仅是你们村第一个最年轻的女支书，也是你们村第一个硕士女支书，而且你应该是广西第一个女性硕士村支书。

梁丽娜：据我们广西组织部统计，我是广西第一位女硕士村支书。

袁岳：女大学生返乡创业和做事有两大优势。

第一，善于沟通。我去丽娜她们村时，发现她的民事调解能力突出并有自己独特的方法。因为村里总有很多小矛盾，我们认为大部分人没耐心解决，但是如果有耐心解决就能发挥很棒的作用。丽娜在镇里负责综合治理工作，综合治理是以人民内部矛盾为主，怎么解决呢?就是要从新的角度讲道理。我认为她的沟通是非常重要的。

第二，要有耐受性。村庄里很多的事情不是号召一下大家就改变了，很多事需要一直盯着，直到出结果。比如有一段时间猪不值钱，但是饲料值钱，成本很贵，就要琢磨怎么发挥它的价值，让村民养的猪好卖，日子好过。农村不是一个投机的地方，无论是养殖还是种植都不是能一下子来钱的。

张艳华：关于返乡青年的问题我想问一下李柳萌和孙凡，您两位都是做企业的，都是青年企业家，柳萌是做农副产品，比如说今天的双黄蛋，他还成立了航空航天研究院和浙江省巴顿焊接技术研究院，他还是个发明家，他很喜欢玩科技。我很奇怪你是做农业的，可你现在又搞这么高科技的东西。所以我想问的是，你从第一次返乡做了第一次农产品的创业，也带领绍兴鸭实现了飞跃，但是你又在城市做了高科技的东西。请问你有没有打算第二次返乡把你现在做的事业和农村的事业做一个超级链接呢?

李柳萌：大家前段时间看到的巴基斯坦灭蝗的鸭子就是我们提供的，目前在中国只有我们的产品可以出口，可以有“护照”去国外，所以品种很重要，我们的知识产权掌握在我们手上，别人夺不去。

现在我们在做什么呢？我现在做的很多事情是做投资和孵化，我们做的是海外的一些项目到中国来孵化和产业化，帮助国内的一些行业、企业、地方发展经济。我这边比较具有典型性的就是巴顿焊接技术研究院，这个研究院是做焊接的。我们国家焊接做得最好的就是哈工大，哈工大是在1956年由巴顿焊接研究院建的，现在我们国家的大国重器，航母、高铁、潜艇、大型桥梁，里面60%以上的焊接技术都来自巴顿焊接技术研究院。

我们这个研究院现在在乌克兰主要做民用市场，我们做的几个领域有钢结构，包括链接的焊接球的自动化、电梯以及钢结构里牛腿的自动化。我们现在在做的领域和千家万户都是有关联的，因为平时用的很多的交通工具、桥梁、房子都有这个技术，这个技术应用到了很多的企业里，这些企业通过技术的升级、技术的改进需要大量吸纳年轻的大学生们回去就业。同时也发挥他们的聪明才智。我们现在创办了一个国际焊接工程师的培训中心，每年可以培训2000名国际焊接工程师。

张艳华：他们都是农民吗？

李柳萌：农民需要工作3年以上，只要符合条件，掌握了一定技能以后就允许来考试。我们会培训一年多的时间，考到证以后就可以评中级和高级职称，评上高级职称后薪资待遇肯定不一样，而且掌握了专业的技能，对以后的发展来说非常有利。我们通过引入海外的技术，并开展培训和技术服务，也帮助了各个地方，因为我们直接服务于更多的企业，最终由企业间接性地帮助农村地方发展。

张艳华：非常感谢。孙总，我有两个想问题想请教您，最近乡村旅游特别多，您是做民宿的，也是乡村旅游这个行业。说实话我看到破产的挺多的，“半吊子”工程特别多，您怎么看待乡村旅游的发展前景，还有您的项目做得成功的制胜法宝是什么？

孙凡：这是个比较大但又比较小的问题，我讲讲我的经历。我之前是做金融投资的，做了很多年，到2007年的时候认识了我们公司的创始人于总，在我做投资的时候我投的大多数是房地产项目，在2011年我当时已经开始关注中国的老龄化问题了，在2010年第六次人口普查的时候，我们国家人口总和生育率数字是调整过的，当时是1.8%，但事实上有很多的人口专家在争论真实的数字大概只有1.08%。1.08%是什么概念呢？就是上一代两个人，下一代一个人。如果一个国家的总和生育率是2.1%，因为有人口夭折的问题，所以上一代人和下一代人总和大致是差不多的，也就意味着下一代人能够赡养上一代人。但是到2010年的时候，包括整个东亚都处于低生育率。加上我们国家老龄化率的数字，2019年民政部的网站最新的数字是2.55亿60岁以上的老年人口。我们国家到今天已超过14亿人口，这也是个非常恐怖的数字，这意味着到了2049年新中国成立100周年的时候达到国家复兴这件事情，我们有足够的红利能够实现，这是个严峻的问题。所以在这样的基础下，我在逐步逐步想，当然技术突破是一个破解的点。那究竟怎样才能让我们的父母这一代人和我们这一代人能够在经济平稳发展的时候，到了老年能有一个比较体面的老龄化的时代。所以那个时候我就开始做研究，我觉得乡村会是一个方向，因为天然有级差地租，天然可以通过调整他们居住的场地获得第二养老金支柱的来源。这些老年人到哪里去，我是1978年出生，汤老师、袁老师和我是两代人，事实上要解决两代人的问题，恰恰是迫在眉睫要解决的问题，但是并没有人好好解决，很多人搞了很多很好的养老院但是空置在那边，究竟要怎样解决这个问题并没有谈。

张艳华：是不是可以理解为我们青年企业家或者返乡青年在下乡创业的过程中首先要分析国家的一些政策和社会发展的普遍规律，要做一些前期调研，不要贸然冒进。

孙凡：对，当然也得益于我们在长三角地区做过项目。

张艳华：是不是可以理解为做过试点？

孙凡：自然而然就发生了，因为毕竟有中国最合适的群体存在，就有大量的基于这样实际需求的产品，我们提供给城市的中老年人在乡村度假康养的场所，慢慢也会有大量亲子家庭的需求，是因为有这样的需求和社会条件的存在我们就做下去了，至于有大量企业破产这件事情，是因为一些非理性的投资，投资总是有波动的，比如说当年有很多做民宿的是艺术家或者设计师，天生就是要搞腔调，所以要投资很多，经过这几轮之后大家就比较理性了。

袁岳：我补充一下，在他们的项目中我是比较早期的天使投资人。今天联众这个项目我认为现在的模式比较成形了，它也不是一蹴而就的，是比较长期的项目了，探索过很多不同的做法，在某些阶段也遇到过困难，再次印证了农村不是一个一蹴而就的可投机性做事的地方，今天之所以他们做的项目已经能够进入稳健发展阶段了，是因为联众是带着流量的。我认为大部分在农村做的是欠流量的，特别是很多老家在农村的人，请了设计师，带着情结改造，建了一个特别漂亮的民宿，但是没人流量。

张艳华：他们的流量怎么解决的？

袁岳：早期的时候他们就开始做会员制，最早是几千人到几万人，已经具备了很强的能力，能把很多地方乡村旅游的资源，特别是硬件资源用起来。从这一点上来说，这个模式不是能简单拷贝的，它的资源是累积起来的。

张艳华：第三个问题我想问一下蒙教授，我们国家或者我们高校，在返乡青年或者大学生返乡这件事上有哪些政策支持？是什么样的青年在返乡？

蒙志明：从国家层面上来说，2015 年国务院出台过支持农民工返乡创业就业的文件。在 2016 年又出台了返乡人员的创业支持，包括一、二、三产业。在 2015 年更多是针对农民工，2016 年的群体扩大至农民工、中高等学校的毕业生、退伍士兵、科技人员到农村返乡进行创业就业。其实国务院的文件出台之后，各个省配套对应的文件都在出台，广西 2020 年也出台了支持返乡人员到农村进行创业就业的各种各样的支持文件。

在“双创”的战略背景下，高校也应势而动，有了很多的做法。比如我了解到的江西返乡创业的学籍是弹性制的，以前20世纪90年代读书的时候毕业大概需要4年固定学制，现在可能3~6年，他们到第7年时，还可以休学创业，而且高校还拿出1000万元支持1000个重点大学生返乡创业。在各个省都有很多相应的政策，包括返乡创业的补贴和很多项目的计划，如大学生村干部和研究生支教团，大学毕业之后去支教一年，回来之后就可以读研究生，这样的项目在高校教育的过程中受到了很多的支持。

学校除了对接国家和各个省区对于青年大学生返乡或者到基层就业的政策支持之外，其实还有一些比较实惠的就业补贴，比如说我们学校，刚刚讲到的这几个项目从500~5000元都会有就业补贴。像我们创业学院在2020年出了创业带动就业的补贴，一个学生的创业项目如果能带动自己的同学或毕业生就业的话，一般给到2000元的补贴支持。接下来我们会做一个调整，如果你的创业项目能落地到你自己的乡村，另外能带动你的同学就业的话，那么我们就会把补贴提高。

张艳华：到底是什么样的年轻人会下乡呢？据我了解柳萌的家就在绍兴，也在乡村，丽娜也是在她的老家。孙总是因为在乡村发现了社会性的问题和商机然后到了乡村。除了他们这几类人之外，还有什么样的人会到乡村发展创业？或者做一些公益支持。

蒙志明：目前来说会回到自己家乡的青年会多一点，因为会对他所处的环境，不管是生长的环境还是人脉的环境资源会更加地了解，对于他们回去创业就业会有更多的熟知程度，毕竟是个熟悉的社会，在自己的乡村里做起事情来会更加得心应手。

当然也会有一些在大学参与公益项目的学生，比如说黑苹果的。我自己的学生里就有过读书的时候到西藏做游学活动，毕业的时候就到新疆去了，而且没有参与任何的计划，自愿去的。

还有一些是退伍军人，会有一部分回到乡村去。我是2001年上大学，毕业当年有近 20 个同学到了各个部队，海陆空都有，这部分人回来选择在县一级城市以上发展，真正回到自己乡村里去的还是不多。但现在国家各种的政策、各省的政策出台支持，从资金上和资源上以及整个营商环境的打造上更多地创造条件给青年回去创业，这样的人群我相信会越来越多，而且会越来越多样化。

张艳华：第四个问题想问一下张斌峰，您是从事公益的资深人士，和袁岳老师一样。据我了解在乡村做公益项目的非常多，您怎么会想以乡村教师为切入口或者再生电脑为切入口，有什么经验分享给大家吗？

张斌峰：我小时候在乡村长大，对乡村有天然的情感。2007 年我参加《人民日报》的活动，走了很多乡村的学校，当时有两点特别深的感受。第一，觉得很亲切，我是 20 世纪 80 年代读书的，过了 20 多年去西部的乡村学校教书的时候，感觉和自己小时候的环境很像。第二，觉得很寒心，过去 20 多年了，外面天翻地覆，而这里却没有变化。我觉得能让乡村的老师和孩子即使在当下身体还走不出乡村，但是他的眼睛和心灵能走出去，这就是自己的原动力。

十多年来我做的不是一个纯粹在乡村的事情，也不是一个纯粹在城市的事情，而是把城市里优质的教育资源、先天的教育理念通过这样一个平台让乡村得到更好的分享，实现共同的成长。像电脑教室，是希望让孩子不管身处哪里都能平等地接受教育，平等地看外面的大千世界。

做项目的时候不是我们团队自己去做，我们经常会带着都市里的白领去做。在这过程中，他们对当地有了更深的认知，他们会用自己的各种力量去为当地形成一个链接，形成一个服务。比如有的团队是在都市里做咖啡方面的，去了云南麻栗坡那边也有咖啡，他们马上把咖啡引过来去支持。

我们现在提的是返乡青年去实践的概念，我建议把这个可以稍微扩展一下，叫驻乡。我们不是来自乡村的要返回乡村，而是整个社会大众，所有的青年都有权利和义务去帮扶乡村，一方面可以帮助乡村，是帮助的"助";另一方面是驻扎的"驻",他可以在一段时间内把自己的经验、经历、渠道贡献给乡村,这个我觉得是我们共同可以去做的一件事情。

张艳华:顺着您的话我想问在座的六位嘉宾一个问题。据我了解确实有很多的城市青年,不仅是农村的青年,还有在乡村做资源服务、创业、体验生活或者加入村务工作者的管理队伍,他们经常会问我,张老师,我应该到哪个村去?这么多的乡村确实需要青年人才的加入,而都市里的年轻人也确实想去,但中间出现了信息不匹配的问题,有没有哪位嘉宾有这方面好的经验,告诉我们如何做好信息、资源的匹配。

袁岳:我前面讲到超级链接是什么意思呢,2019 年参加慈展会的时候我提到圆柱的电子地图计划,全中国一共有 58000 个活跃的乡村项目,分成 1200 个类别,可能就比较容易找了。全中国什么地方的农产品最好,对城市老百姓来说可能是不知道的,因为没有一个电子地图概念,所以我认为这本身就是个创业领域,但目前做得还不够。

超级链接是双向的。在公益项目里有一些平台型的,比如"爱飞翔","爱飞翔"里有很多老师,有一部分老师因为他们是做作业长大,后来成了老师,他们认为培训就是让孩子们好好做作业。其实"爱飞翔"现在讲课都不讲做作业,我特别讲究快乐学习。教育如果不产生快乐,那教育就产生了罪恶。我们将这样的观念传递给老师们的时候,不是所有人都接受,但也有一部分老师接受你的观念,他们就能传播得更广。乡村的孩子本来是有自然的快乐,老师可以和乡村的孩子一道寻找自然的乐趣,认识自然界的乐趣。

张艳华:您刚刚讲的都是乡村教师培育的内容?

袁岳:对,我们不是帮助乡村老师,是我们有机会和乡村老师交换,有的城里人不是为了去帮助农村,而是为了去农村寻找田园乐趣,他和你是交换者。乡村的老师也好,乡村的孩子也好,他们最大的能力不是接受帮助,是可以帮助他人。如果在这种乡村教育中让老师和让孩子们意识到这一点是特别重要的。

2020 年，我带了一个大一的同学跟着我们帮助其他人。这个同学是我以前在安徽金寨认识的 5 年级的小学生，他在那个时候种下的种子，他认为他有一天有机会也要这样去帮助人。他是一个穷孩子，但是他埋下的种子是要帮助人。我以前有一些公益导师他们就说过，对于最困难的孩子来说，最坚强的能力是他还愿意帮助人。

张艳华：非常好，请在座的六位嘉宾用简单的一句话给返乡青年的工作，或者乡村振兴一句寄语。

袁岳：希望大家愿意加入乡村返乡服务，而且要为返乡青年未来建立超级链接做出更大的贡献。

孙凡：祝愿大家都能够充分理解乡村振兴和“绿色中国”的真实含义，找到适合自己创业的方向，从创业中既找到乐趣，又能赚到钱。

蒙志明：乡村是个很大的舞台，愿更多的大学生青年能够到乡村展示自己的青春风貌。

张斌峰：脱贫攻坚人人都有份，返乡实践青年皆可为。

李柳萌：今天在台上坐的各位做公益的嘉宾，我觉得我们要做一件事情，我们要负责帮助这些返乡青年播撒阳光雨露，让他们茁壮地成长，才能决战脱贫攻坚，才能为我们的国家创造美好的生活。

梁丽娜：乡村振兴很关键的一点要人才振兴，所以希望一些有志青年加入人才振兴的队伍中，来支持乡村的建设，农村也有很多乐趣，农村是个大舞台，可以让我们大展身手，希望大家积极加入我们乡村建设的队伍。

张艳华：非常感谢，也希望在未来的日子里有更多像丽娜这样的女同胞们能够走入基层，在基层执政能力上凸显出女性的优势。希望有更多的像柳萌这样的青年返乡开创自己的事业。希望有更多像孙总这样的企业家朋友下乡投资，带领当地的农民朋友就业。希望有更多的像蒙老师这样的导师多多研究国家在青年返乡或者扶贫政策上的一些更加深入的研究。也希望有更多的公益人士，像张斌峰老师一样走到我们的基层，与农民朋友们互动，做更多有意义的事情。

下篇
慈善创新与可持续发展

新时代社会组织的使命

步入新时代，社会组织面临着更多机遇、也有更多挑战。慈善行业健康生态的构建仍面临挑战，如《慈善法》配套法律法规的补充完善、各地在具体执行过程中的不同理解，将引发新的不平衡；资源进一步向头部倾斜的趋势需引起重视；行业对新技术的应用效率有待提高；对于财富向善的引流，还缺乏有效的工具和针对性的产品设计等。

“坚持中国共产党全面领导的同时，要保持社会组织的独立性、灵活性，要抓住社会组织自身的特色与业务相结合。”“每个组织都有其自身的优势所在，积极应对时代变革需要我们打开自己、拥抱行业，拥抱市场，拥抱政府，实现真正的联合。”……面向未来，面向新时代的需要，社会组织仍有许多问题需要思考；立足当下，聚焦社会组织价值，发挥自身价值参与社会治理，践行社会组织的使命。

第一节　行业发展：完善公益行业生态

培养行业人才，构建公益生态圈

内蒙古老牛慈善基金会秘书长　安亚强

2017 年初，中慈联邀请了一些行业大咖对《慈善法》颁布一年做一些总结。那时牛根生先生提出“五化”，叫作“主体大众化、范围全球化、工具互联化、内容跨界化、机制生态化”，从 2017 年到现在 2020 年，基本上成为现实。但是有的还需要我们行业不断地探索、努力去做。比如说生态化，当时可能牛先生希望我们的行业有自己成熟的生态圈，其实大家都知道，从一个生态圈的角度来讲，内部有能量流动、物质循环，是一个稳定动态的平衡。对于我们行业来讲，可能这一点相对弱一些，还不能称之为一个相对成熟的生态圈。加之新冠肺炎疫情的影响，包括经济下滑的压力，这种对行业压力的传导可能还会持续一段时间。

其实从整体行业来讲面临一些挑战，我自己考虑的有四个方面。

一是法律法规的问题。我们发布了慈善的一些制度的汇编，但是这里面涉及一些法律法规的问题，《慈善法》配套的一些法律法规还亟待完善、补充。即使有现行的法律法规，实际上我感觉可能在全国各地，就像我们深圳这样的比较沿海的发达地区以及中西部地区或者一些其他的地方，监管机构和管理机关对这个法律法规的具体的一些理解可能还不太一样，做起事来导致的结果也不太一样，对当地的生态影响也不太一样。所以，这也出现了分化，可能越是这种组织健全、经济发达、社会组织比较活跃的地方，生态可能越向一个积极正向的方向发展，反之可能差距越来越大。

二是资源的问题。资源更向头部集中，这次大家看到数据了，如果这个趋势继续保持下去，我不认为这对行业是一个促进。

三是“科技下乡”的问题。明显可以感觉到，对于新技术的应用，其实商业力量先天就比我们公益组织更有敏感度和优势，给我们行业带来了一些活力的同时，也引发了一些可能对于慈善规则的争论和思考。在这方面朱健刚老师曾经提到过一句话，他说：“社会的进步也是公益的困境，需要我们公益行业大家来思考。”

四是财富引流的问题。我们行业做得还不足。2019 年的数据，实际上捐赠的增量主要来源于大陆的一些企业家，但是从行业来讲，对于这些高净值人群或者说企业家，捐赠的方法或服务还需要我们去研究，去设计产品，让它更好地用于公益慈善。其实从这两年我们的基尼系数来看，2018 年、2019 年好像没有公布，但我看到网上有一些数据，是 0.49 或 0.50 上下。我们做好这个引流，也是对和谐社会做一些贡献。

我们老牛学院的职责以及当时发起老牛学院的初心就是培养行业人才，完善行业的生态。面对复杂性和不确定性，我们老牛学院也要与时俱进做一些思考。我个人有一些建议，第一，是要加强人才的培训，在加强的同时，我们可以把范围扩大，要破圈。牛先生讲内容跨界化，商业或者是其他领域的力量进入慈善领域，只要有利于推动慈善事业的培训工作和人才培养，我们就可以去做，要有破圈的思路。第二，要更好地发挥我们平台交流、沟通、推动和孵化等作用，而且要形成机制化。第三，是否可以考虑在设计上有一个进阶鼓励的计划。就是说对于老牛学院的一些可能具有独角兽气质的项目也好，思路也好，有针对性地做一些培训。当然这还需要专业团队评估，看看是否可行。

中国社会组织发展的问题与趋势

中山大学传播与设计学院副教授　周如南

从中观层面的技术角度看中国社会组织行业发展，如果回到一个事实上行业的具体问题，主要体现在：

第一，社会组织要不要去行政化？这个问题在“9·9公益日”之前我就在问，“9·9公益日”之后我就认为这个问题更加的重要。我最近看了一篇文章，是自媒体公益资本论的观点，他说2020年“9·9公益日”，头部的前4名，他们拿到了资金的一半。剩下的1000家、1万家分享50%，这个在我看来一点都不意外。中慈联2019年中国慈善捐助报告，显示整体的捐助规模已经超过了1500亿元。根据往年情况来讲，这1500亿元当中其实有70%来自大型的国企，头部的民企。那这个资金又流向头部的基金会，政府背景的基金会。两个70%，70%来自国企、央企以及我们叫作头部的民企，70%又流向了官方背景的头部的基金会。美国每年慈善筹款4500亿美元左右，它也有一个70%。它的70%是来自公众捐款、小额捐款、个体家庭社区的筹款，一元钱、十元钱、八元钱的捐给你，它不像我们的这种叫作激情式捐款。

社会组织要不要去行政化呢？这是一个大的争论，有人认为社会组织、公益慈善是民间的，当然要去行政化。另一种观点认为，慈善领域同样也要坚持党委领导、政府主导、社会协同。社会组织不一定要讲去行政化，但是要讲社会化和专业化，比如社会化的招聘。除了慈善会的会长是有级别的，我们慈善会的秘书长是否可以社会化招聘？我们的工资绩效是否可以和他的筹款、业绩相挂钩？这里有一个非常重要的例子，比如说中国扶贫基金会，它就进行了一个叫作“双脱钩”即人事编制的脱钩，包括等级的、财政的脱钩，从而实现了一个社会化的转型。这是一个悬而未决的问题，久久在我们的脑海之中，我想我们每一个人心中都有自己的答案。

第二，社会服务要不要走市场化？一讲到市场化，有人说欢呼、拥抱，像徐永光老师讲到的，商业要向左，公益要向右，社会企业是光明大道，真正是这样吗？有些人认为公益最重要的就是非营利。比如成都，他们现在已经由工商局来进行社会企业的认定，并且给很多这样的优惠。但西南财经大学的谢晓霞教授就坚决反对，她认为这会有很多的人打着社会组织的幌子，来浑水摸鱼，捞政府的优惠政策。所以这里面有大量的争论，社会组织要走向市场化，由市场来检验我们，从而走向社会化。还有人认为，NGO 本质就是非营利性，不是所有的社会服务都可以市场化的，可以市场化我们早就做了，我们就是要做那些市场不愿意做的事情，这才是我们的初心，我们的价值。两种观点，我认为都很对。

第三，究竟怎么办？它已经是一种趋势，吸引了很多资源，当然也带来了单一化的风险，我们必须要找到一个平衡。

第四，这更是一个终极命题，我是谁？社会组织，我们刚才诠释的很多概念其实无论是公益社会，还是参与式赋权，抑或是第三部门，那它都会把第三部门这种西方的理论来解释和建构中国慈善组织的合法性和主体性。但是，现在又兴起一股新的潮流，认为中国的慈善要去寻找和追寻，中国人民大学的汤晓光教授，他一直都是新儒家的代表，他们认为，慈善价值何处寻，一定要往传统追寻，要找到儒家，找到老子，找到庄子，找到诸子百家从中吸取营养。因为中国慈善一定是中国特色的社会主义时代的慈善。我们要找到自己的文化的根源，不要老讲西方那一套。这也是一个很大的问题，我们社会组织用什么理论去诠释它，坦率地说，是今天的学界最大的困境，我们还有很多的学者只是在把西方的东西搬过来，来夸我们中国的东方的经验，也有很多的东方学者拒绝对于西方理论的接受，从而进入一个故步自封的状态当中。

所以究竟什么是我们的理论滋养的土壤？要思考，当然我们继续往微观去看，现在的社会组织何去何从。第一，去行政化的问题，去行政化的过程当中，如何求得生存和发展的问题。第二，去垄断化的问题，社会组织领域同样地出现了刚才所讲的前4家慈善组织在“9·9公益日”当中筹得善款的50%，这个叫什么？叫垄断，叫头部通吃。那我们那些腰部的、脚部的、尾部的怎么办？这个行业如果我们的底线是公平正义，以及帮助弱势，但是这个行业同样地出现了边缘弱势和弱肉强食、丛林法则的时候，我们又如何能够自我纠偏呢？第三，我们已经看到了，现代社会组织双重管理制度，党的十八大报告已经讲到了，社会组织逐步开放。第四，政府购买服务的资金如何更好地支持到社会组织发展的问题。第五，我们社会组织税收优惠政策的问题，当然这是一个大的问题，也是一个老的问题，我们也知道这是一个很难的问题，因为它涉及国家税务总局在全国人大立法的高度，我们也无力推动以及解决。第六，我们社会组织公共权益释放的问题。第七，社会组织外部环境相对应的是内部治理结构完善的问题，很多社会组织不要只是抱怨外部的环境不良好，我们要思考我们的内部治理结构。第八，我们的理事会、监事会、秘书处有没有发挥相应的权责利？包括枢纽型组织的建设，比如我们中慈联。第九，涉外的问题。第十，社会组织监管的问题，监管究竟是过严了还是过宽了？然后这种多头管理如何能够实现有效的统一规范管理，这也是一个行业发展当中的重大问题。

好，我们讲完了十大问题，作为结尾，我分享一下未来的趋势。我认为中国社会组织发展未来的第一个趋势是社会组织终将走向社会化，你能够筹款多少，你口碑的良好，往往不一定取决于你的资源，而是应该基于你的专业性，基于你对社会问题解决的这种有效性，基于你整个产品和服务的社会有效度。第二个趋势是我们组织终将走向专业化，专业是必由之路。行业的标准正在逐步地建立和完善过程当中。第三个趋势是基金会的崛起，今天在座的很多人都来自基金会，基金会的重要性在于符合行业的生态化，生态当中一定要有基金会，基金会一定要有大量的资助型功能，才能够滋养到我们行业的中游和下游，这才是真正意义上的一个生态。第四个趋势是下沉，刚才讲到我们的社区，无论是做社区基金会，还是所谓的三十联动、五十联动，小额的社区资金资助都将会成为未来社区服务的一个非常重要的模式。另外，技术带来变革，互联网将会起到非常重要的作用。

最后提一些建议。第一，我们一定要去反思我们的定位，我们是谁？比如我们在这场新冠肺炎疫情当中只是一个筹款筹物的渠道，还是我们真正的可以解决社会问题，真正的可以实现党委领导、政府主导下的社会协同，发挥协同的功能。这是一个定位之本。第二，联合，无论是区域的平台性网络，垂直的行业专业性网络，还是一个行业的生态网络，每一个组织的能力都有其边界，而我们也有其自身的优势所在，真正的联合才是我们行业应该去思考的一件事情，打开自己，拥抱行业。第三，协同，这个协同意味着我们整个社会组织和公益慈善的行业应该去拥抱政府、拥抱市场，而不应该是故步自封的，从而更好地实现三大部门各自的优势，形成这样一种团结的力量。第四，最后还是回到技术，就像中山大学传播学院是一个文理兼容的学院，有大数据传播实验室、人工智能实验室、虚拟现实实验室、区块链实验室和模拟仿真实验室等 7 个实验室。未来的技术很可能会成为真正改变行业，甚至改变世界的一个非常重要的力量。

基金会党建与机构的融合发展的问题

华民慈善基金会秘书长　李朝辉

2017 年，在民政部推动两个全覆盖的过程当中，我们和中脉公益基金会成立了联合党支部。如何做好基金会的党建，关键就在于加强和坚持中国共产党全面领导的同时，要保持基金会和社会组织的独立性、灵活性和创新性。因为社会组织与国家机关、事业单位不同，如何把社会组织的党建做好，肯定要抓住社会组织自身的特色，去做这样的一个工作。作为一个社会组织，作为一个党支部，做好自己的“三会一课”，要做好文件的学习，那么我们给大家购买很多学习书籍，来上好社会主义专题党课。党课要与我们的业务工作相结合，与我们基金会的管理和治理相结合，而不能去简单地念文件，去宣读文件精神。所以第一步就是要去学习党的政策文件和社会组织相关的内容，要利用好国家的政策和党的政策。

第二步，要去做一些主题党日活动，这是我们主题党日活动，在 7 月 1 日的时候，组织了一场重温入党誓词的活动，利用不忘初心、牢记使命主题教育的一个契机，去做了很多和国家发展大局相关的这样一个活动，主要是服务于脱贫攻坚。我们主题党日活动也是围绕这样一个主题，就是感党恩，听党话，跟党走。同时，要做活我们自己的本职工作，做好四个服务。

同时我们 2019 年也是作为全国社会组织的这样一个代表，去跟民政部党组汇报了我们的主题教育情况，我们把关于主题教育方面的一些经验分享也做成了微课，在民政部的网站上和大家一起做这样一个交流。

关键的问题是把党建工作与业务工作相融合，我们 2019 年的主题教育是更好地做好扶贫工作，中脉基金会捐赠了一辆健康大巴，这也是我们2019年去做全国社会组织培训的时候做的一个扶贫点。我们还把基金会的其他项目，包括华民基金会书法进课堂的项目也带进了江西的遂川和莲花，还带到了四川凉山。这样我们就把党建工作和业务工作做了一个很好的融合，这就是第三步的内容。

我们把党建与扶贫及抗疫相结合，做了很多的基本工作，现在和大家汇报一下。

第一个项目是我们做的扶贫的项目，扶贫这一个板块主要做了这样几件事：第一件事是礼赞乡村教师，我们做了河南乡村教师的奖励计划，与河南的20多个贫困县合作做了这样的一个工作，大概投入资金500万元。第二件事是做了乡村教师的支持计划，同时我们还是慈展会的支持单位，每年都会有100万元资金来支持慈展会，尤其是这两年的主题也是精准扶贫这样一个项目展示。第二个项目是资助留学交流，助力国际扶贫，我们在大理大学做了一个共享奖，来去支持共享之星，支持来自“一带一路”国家的一些留学生，这样一个项目大概也是一年100万元额度。

第三个项目是和广西有一个合作，做了一些支持和合办的项目，这个也是针对当时的一些贫困学生，我们做了一些包括支持他们的一部分生活费的补助，这个项目也是有50万元的额度。后面还做了一个劳动力培训计划，对于广西贫困劳动人口进行劳工技能培训，来支持他们找到好的工作。因为授人以鱼，不如授人以渔。

另外，我们还做了环保扶贫的工作，在新疆的和田，也是民政部认领的一个项目。这个项目主要是去支持新疆和田地区做的路灯和垃圾筒，做太阳能的路灯和垃圾筒的一个项目。现在这个项目也已经执行完毕，也是50万元资金额度的支持。

下面的这个项目得益于老牛学院的平台，“三区三州”产业扶贫是我们支持新疆喀什做的一个馕房的项目。第一个是做的馕房的升级改造，这个项目是与陈华老师合作的。她原来是新疆妇女儿童基金会秘书长，她这个项目 2019 年是上了“9·9 公益日”的。这是我们 2019 年的一个扶贫的基本情况，大概约每年 1000 万元的扶贫额度。

2020 年我们也是继续去做“三区三州”的扶贫，首先与民政部慈善司一起做了阿尔山的儿童福利院和救助站的这样一个设备维修和购买的项目。在四川凉山，我们与中慈联合作做了一个视觉扶贫的项目，主要是用来支持四川凉山昭觉县一个村去购买电视和洗衣机，大约 30 万元的额度。

我们主要是集中在扶贫的领域，因为 2020 年是脱贫攻坚的决胜之年，而我们觉得基金会党建更多的是要把业务工作和国家大局相互结合，来做这样的安排。下面向大家介绍一下我们在抗疫工作中所做的事情。先是做了一个社区值守的项目，我们从党员到员工大概是 300 多人次，一直去参加社区、包括基金会所在驻地的街道社区值守。每一个员工都去参与社区值班当中，这是我们做的工作，也是由党员引领的一个方向。同时我们还做了一个党员捐赠的项目，与民政部相配合做了这样一个工作，这是社区扶贫。

我们华民慈善基金会是一个非常注重研究的基金会，有自己的研究团队，尤其是理事长在资本精神，21 世纪慈善和共享文明方面一直有自己的独到见解。所以在疫情期间，我们也是把实践和理论的研究相结合，因为我们一直在讲知行果合一。所以我们在资本精神的引领下，在关注疫情发展的同时，也关注人类未来的发展走向。在疫情期间，我们的理事长卢德之博士与日本的福武总一郎先生合作写了一本书叫《公益资本论》，来探讨新时代、新资本观，新现代化观和新文明观，来去关注人类文明的发展，这是我们在研究和倡导方面的基本情况。同时，理事长还提出了很多新的观点和思想。

我们做了一些捐赠协调，主要是从德国，我们和日本的福武先生合作，还有美国的东西方慈善论坛、清华大学教育基金会一起合作，因为说实话，我们基金会是没有清关资质的，而且我们也不是做医疗的基金会。但是从中慈联这边的消息了解到湖北的殡葬部门没有相关的防护物资，所以理事长就决定做这种全球联动的事情。联合和他一起写书的福武总一郎先生，联合东西方慈善论坛，从德国采购了一大批防护物资捐给了湖北，湖北民政厅也是给了我们很大的一个支持。我们民政部的领导也说我们的这个举动是救命的举动。因为我们本身是没有这种医疗物资的，而且旗下的企业也不做医疗物资。为了支持抗疫事业，我们下面的爱心企业就专门收购了一些口罩厂，同时控股了一些医疗设备的企业，去做了很多的捐赠，他们把这些卖口罩赚的钱，又换了口罩去做了捐赠。在疫情期间我们大概一共捐赠了 3000 万元的防护物资，与全球慈善圈合作，与洛克菲勒基金会合作，捐到了美国纽约市政府，美国拉克罗斯大学、墨西哥、菲律宾、巴西、埃塞俄比亚，一共大概是捐赠了 3000 万元的防护物资。同时，我们还帮助一些企业和机构协调了大概数十亿元的防护物资，用基金会的信用给大家做这样一个担保。这是我们做的第三块的事情，就是捐赠协调，贡献慈善力量。

我们研究院的唐院长写了一首歌叫《勇士出征》，另外我们还做了一首 MV 叫作《白衣战神》，以歌寄情，以墨抒怀，为抗疫贡献我们的一份力量！这也是我们做的填词谱曲，唱响英雄荣光。

在就业平台方面，因为华民慈善基金原来一直是做大学生就业的，我们积累了有几百个人力资源专业志愿者，来给学生进行一对一的就业指导。我们也招募了 200 多名专业志愿者为 2020 年毕业的学生进行一对一的就业服务，为 200 多名学生提供了工作。

在行业推动方面，从线下交流到云端分享，从中国到全球，从社会保障学会到国际儒联，从中国慈展会启动到全球慈善家圈国际研讨，从疫情防控到慈善发展，我们的理事长卢德之博士，作为中慈联的副会长、深圳无障碍城市联合会联席会长、深圳市中国慈展会发展中心理事长、基金会中心网理事长，就把我们的抗疫经验和大家一起做这样的分享，这是我们关于抗疫的一些工作。

关于基金会党建，关于机构发展。我们觉得最重要的一点是坚持党的领导，感党恩，听党话，跟党走，要在社会组织这个政治方向上把握住航向，要确保我们坚持党的全面领导，这是我们首先要做到的。其次是要确保基金会和党建在坚持党的全面领导的同时，要保证基金会的独立性，还有灵活性和创新性。如果说没有这些独立性、灵活性和创新性，社会组织与一个国家机关和事业单位就没有什么区别，所以我们还是要和我们的业务相结合。

社会组织如何巩固扶贫攻坚与乡村振兴的有效衔接

北京水滴汇聚公益基金会　罗　璇

我做了很多公益扶贫工作，是否可以和未来乡村建设有效地衔接起来？在做扶贫项目的过程中，我没有想到如何和乡村振兴去结合，但是有一个群体他们想到了，就是我们的驻村扶贫干部，他们真的是为未来的几年甚至是几十年，做他们今天现在所做的工作。

我们基金会是一家非公募基金会，我们的业务范围就是扶贫济困、助学助孤、助老助残。我们的愿景是公益温暖生活，因为我们觉得现在生活太紧张了，如果参加公益没准可以让我们的生活更加温暖。这个是我们整个基金会的大事记，就不在这儿一一地叙述了。我们精准扶贫的项目，是和我们今天的话题息息相关的．要知道我们主要做了哪些扶贫项目，才能知道我们是如何与乡村振兴有效衔接的。这是防止孩子因病返贫，这是医院里做的一些图书角，还有在学校的一些图书室，这些都是比较传统的。这是我们在 2018 年的时候获得了中国慈善项目大赛金奖的一个项目，是水滴医务室。

进行项目回访时，我和项目学校的校长说，这个医务室你们到底有没有用？学校的校长说有用。我在进门的第一个柜子边上，发现了他们有使用痕迹的消毒水，有很浓郁的消毒水的味道，我一看就知道医务室不是摆在那里接灰的，是他们每天日常在使用的。我和校长交流，说你们日常中哪些地方觉得医务室有用？疫情的时候，因为我们医务室有口罩，有消毒的消毒剂，还有捐赠的那些紫外线的消毒灯，也都用上了。校长说，其实孩子们，尤其是男孩，特别容易受意外轻伤或者擦伤，我说为什么呢？他说，举个例子，如果没有校园医务室，一个孩子不小心磕破了头皮，会很夸张，为什么？因为人的头皮上毛细血管特别特别的密集，哪怕磕一个特别小的口，可能就会出现血流满面的惨状。你想，如果这样的一个孩子回到家里，家长会是什么心态？肯定直接暴怒去找学校，说你们怎么监管的，我们的孩子怎么这样了？但是其实这只是一个很小的伤口，如果这个时候有医务室可以及时处理，孩子可能就只有一个方块的“小沙包”，在回家的时候家长也不会有这样很强烈的反应。

我们在做调查的时候发现，二线城市的医务室合格率是21%，县级乡村的医务室几乎没有，所以我们就成立了这样一些医务室。但是因为我们成立的时间还短，所以现在只是做了15所。我们会和孩子讲日常的应急处理方式。我举个例子，止鼻血。我们从小到大听说过几种止鼻血的方法？左鼻孔流血举右手，把鼻血咽下去的是非常危险的，举手也是完全无效的，纯粹是土方。止鼻血最正确的方式，压住鼻子软骨的部分，低头大概1分钟，鼻血就止住了。

我们给学校组织了消防培训，那天学校里只有老师知道我们会放烟，学生完全不知道，第一次疏散的时候，那一栋四层楼，学生花了10分钟才从满走廊全是烟的地方跑了出来。但是当我们经过培训以后，孩子们其实只用了十几秒钟的时间就从四楼全下来了。

再说到扶贫，2018年凉山下了一场罕见的大雪，我们捐了一些过冬的物资。我们和驻村干部联系，他们说你们能不能帮我们把学校变个样子，我们就把整个学校的体育器材建好。这是一个双手烧伤萎缩的孩子，我们在帮助她治疗，现在5根手指都可以全部张开了，再通过2次手术就可以恢复正常了。我们的水滴基金扶贫，今天主要说这一块。新疆墨玉县是我们北京市扶贫定点单位，所以我们在那里捐了10万元建了一座水磨坊，然后这个是在遂川建了一个安全通道，这个是在莲花县建的一个养老服务中心。

扶贫攻坚与乡村振兴的有效衔接。这是我们非常典型的特点，我们未来主要是在几个方面，医务室是一个方面，基础建设是一个方面，还有其他。其他指的是我们临时性的需求。然后基础建设可能就是和驻村干部合作，可能就是建桥啊、修厕所、修路灯这些事情。那如何有效链接，我觉得其实也不外乎这三个方面。源头开始，因为我们所有的需求、有效的动作等行为，源头在哪里？源头在于我们村里需要，我们一定要非常清楚地了解到哪些是我们的村子真正需要的，然后你再去那个村里考察、走访，才可以因地制宜。

最后我觉得最重要的是一个多方合作，不能只是我们一方自己的力量。比如说医务室，其实我是想和壹基金合作的，我把我那个医务室变成当地的一个应急救灾的储备中心，因为壹基金储备的可能是灾难的一些救灾物资，我这里是有一些医疗的应急物资的，如果我们双方结合在一起，一旦当地发生了重大灾害，学校是作为避难所的第一选择，因为它有宽阔的操场，另外我们医务室的医疗物资可以顶上，再加上壹基金的常备的救灾物资再顶上，就可以非常好地解决这个，至少我觉得在当地自救的时候是没有问题的，而且非常的直接和快速。

我特别感谢驻村干部给我拍回的照片，其实这张照片是我们为日哈乡列托村捐赠的路灯。当时我看到这个照片的时候，其实我是很坚强的人，但我是眼泪往下流的，因为有了这盏灯，才可以真正点亮我们彝族兄弟们的心，才可以让他们和我们一起去脱贫，才可以改变他们未来的生活。

易地搬迁，让彝族兄弟们从大山里搬出来，搬到这个家里。这个环境非常好，每一家都是两室一厅，一厨一卫一个院，那个院里还配了羊、鸡、猪可以让他们养。但是我们当时第一次去这个村的时候，真的是伸手不见五指，完全看不到路，只可以靠月光。

我们把村里所有的路灯安装以后，驻村干部在山上给我们拍了照片。整个日哈乡只有这一片是亮的。我为什么会举这个例子来呼应这个主题，原因其实是源于这张照片，当时我接到这个话题的时候，我的脑袋里第一时间就想到了在日哈乡的驻村干部，当时他提了很多的需求，比如给他们修桥、修厕所，给他们买些猪，等等，好多。当时我就说为什么要修路灯呢？路灯这个东西其实不是必需品，也不算是一个日常生活中每天都要用到的东西，你为什么要和我们基金会申请这个。他说了一句话我印象特别深，他说，你想一想，当你在城市的时候，你每天几点回家？我想了一下，抛除加班以外，我应该都是十点以后才回来，另外我还可以出去逛一逛、玩一玩，因为我所处的城市是很亮的，我不需要考虑到看不见的地方。但是凉山的同胞们，他们真的是在日落而息，太阳下山以后他们就完全没有所谓的“夜生活”。2019 年 11 月，当时习近平总书记和李克强总理还没有提出“夜经济”这个词，但是当我们聊这个话题的时候就在想，他和我说申请这个路灯最重要的是希望彝族同胞们在晚上的时候也可以出来坐在外面聊天，做一些娱乐活动。

我就在想，如果他们真的有一天可以夜里出来活动，当地的经济就可以促进了。因为有灯了，我可以看到路了，我可以晚点回家。那晚点回家，至少我们彝族兄弟得买一瓶酒吧，多喝一瓶酒，对当地的经济收入是不是就有了，而且彝族兄弟们还是很爱喝啤酒的。

我们试亮还没有验收的时候，彝族兄弟们在他们的小广场聚集聊天，他们真的出来了，不是他们不愿意出来，而是没有这个环境。当有了这个环境，有时候我的村干部还说，我们未来是不是还可以放点小电影啊，是不是也可以有彝族版的广场舞啊，因为有灯才可以做更多的事情。乡村振兴，振兴的是什么？是经济，只有持续的经济，乡村才可以振兴起来，才可以变得更好。

乡村振兴是振兴什么？我们要给他们事做，为什么要做基建，做基建最大的优势是我们可以用当地人。路灯他们不懂，但是挖坑、埋沙，扶电线杆他们可以做。我们请这些彝族同胞，每一个人大概平均 7 天，每天 150 元，7 天时间可以让他们每个人增加 1000 多元的收入，对于彝族兄弟们来说，7 天时间让他们赚 1000 多元，可能是他们半个月的收入。现在我们的二期工程已经做了 1 个月，还没有做完，是因为当地一直在下雨，这个时间可能会更长，做的工作也会更多，我相信带给他们的经济价值也会更大。

乡村建设，美丽乡村，有了经济基础，才可以让乡村更美丽。

慈善之城建设路径与评价标准

南通市慈善总会副会长 叶沈良

慈善之城路径的探索，我首先是引用浙江人老祖宗的话，鲁迅先生在他的小说《故乡》中提过一句话：希望本是无所谓有，无所谓无的。这正如地上的路；其实地上本没有路，走的人多了，也便成了路。为什么说慈善之城这条道还在往前走，我和中慈联的领导也多次做过汇报，也谈过一些想法。

这条路有很多的方面，它是一条希望之路。从三个方面谈我的感受，比如说，为什么说它是希望之路呢？希望之路是把很多的事情融合到一起来考虑这个事情，我认为在城市发展中，城市发展标志性强、精神赋能融合度高的就是慈善之城的建设。比如说我们喜欢讲“快乐之城、教育之城”，还有很多是根据各地特色来讲的。但是，慈善之城的融合度从国内国际来说，含金量更大、引领性更强、吸引力更大、美誉度更好、影响力更实。为什么说受百姓欢迎呢？因为慈善之城在建设的过程中，我们可以感受到发展经济它可以增强吸引力，旅游休闲可以增强号召力，安居乐业可以增强向心力。

实际上慈善之城，在各地有各地的路径，比如说北京是“首善之都”，广州是“善城之州”，广州慈善事业是全国的样板，做得相当的好。它最近出了一个文件，这个文件很多都是可落实到实地来引领市场建设的。上海是“公益之城”，深圳是“慈善之城”，成都、青岛、南京、苏州、湖州、南通等，都以“慈善之城”相类似命名来引导我们往前走。

关于慈善之城这个提法，如何建设，如何评价，如何推进？第一，如何建设。我曾经写过一篇文章和材料，我认为用 10 个方面可以来表达：有史可鉴、有碑可仰、有景可观、有神可聚、有事可赞、有书可品、有愿可行、有人可助、有慈可温、有善可暖。

有史可鉴，我认为，从慈善角度来说，慈善之城的建设都是希望用当地的历史来表述。我曾经写过材料，中国近代慈善第一人，南通有一个张謇，张謇在南通办教育、做慈善，是中国近代慈善第一人。从历史痕迹、思想理念方面，张謇的很多内容是其他人无法企及的，所以我们南通以他作为历史人物的标杆来引领后人在慈善事业上做出更大的努力。

有碑可仰，一个单位、一个地方要树立慈善人物的话首先要树立典型。比如说我们在中华慈善博物馆中间也有很多的典型故事，在今天的展会上，我们南通慈善总会有一个展位，中华慈善博物馆也有一个大的展位在那边。中华慈善博物馆记载了全国各地的慈善事件、先进典型，我们南通有一面精神文明的旗帜"莫文隋"，现在这个图片中看到的都是背影，莫文隋真正的亮相是在2008年火炬传递的时候他出了一次场，莫文隋的原型是我们南通工学院的老师，他资助贫困生不希望自己的名字被社会知道。所以我们南通在很多场合，志愿者帮助贫困人，都以"莫文隋"来命名。包括我们很多南通支援外地的也以"莫文隋"来作为自己的精神标杆。

有景可观，我想各地在建设城市景观上有各地的特点和特色。我们南通有两个点是很重要的，一个是南通的博物院，南通博物院并不大，比很多的博物院都小，是中国第一家博物院的建设，是张謇建的。在这个博物院中间有张謇的事迹和慈善内容在里面。其实，南通有一个中华慈善博物馆，所以很多人到南通一看，为什么中华慈善博物馆建在南通，因为南通有张謇，所以中华慈善博物馆建在南通。

有神可聚，一个城市的精神也是这个城市的精神坐标。我们的城市南通城包容汇通，从某种意义上来说，我们南通人崇文厚德的精神也很重。最近我在研究南通人文精神，比如说"张謇精神""江海精神""铁军精神""通商""冠军""绣女""农耕""治学""文博"

“仁爱”，它就以一个特殊行业的核心内容来表述，那么这些核心内容是在我们慈善界不多见的，能够给大家去创造和引领的。

有事可赞，就是把我们这个城市中间慈善的内容表述出来。最近南通的历史剧院排了一个很有名的话剧，一个是《张謇》，从南通演到北京去，我在北京看现场直播，在南通也看了。北京现场有很多人不知道南通的历史，但是最后在《张謇》的舞台话剧背景下，LED 屏幕下显示“南通张謇”的整个历史痕迹的时候，北京很多的人很惊叹，认为张謇太了不起了。那这个人物，我认为我们南通人是这样看的，我们南通有一个人叫陈实功，他为老百姓治病不要求回报，给人家治好病以后，人家穷人或者富人要给钱的话，他说那就捐资修路建桥吧，这个桥很短，南通人叫它“长桥”，其实长桥不长。

有书可品，2020 年慈展会，我们王会长跟我们商量要一起推进慈善文化进校园的活动。现在南通在跟教育界联合，把慈善文化变得更符合小学、中学、高中，我们准备分 3 个阶梯，本来我们想分 4 个阶梯。把慈善文化引进校园要理论联合实际，不要只是局限于教材，我们发给图书馆，放进学校去。

有愿可行，我们南通很多的人物，举两个例子，一个是被中央电视台评为感动中国人物的吴锦泉。他用磨剪刀一分一分的钱积累起来帮助贫困生。还有一个我们南通的国医大师朱良春，现在他已经离开了，他的中医技术在全国很有名，是仅有的几位国医大师之一。他过世以后他的子女遵照他的遗嘱，把他生前的积蓄拿出来，捐给慈善总会，成立慈善基金，来帮助更多需要帮助的人。

有人可助，建立慈善志愿者平台。

有慈可温，我们认为在整个城市中间，古代 24 孝，实际上有封建作用的成分在里面，但是它传播的内容和思想值得我们去仿效、去了解。

有善可暖，在城市中间推广和宣传一种仁爱的精神。我们希望各行各业的人加入我们慈善的行列。这是我想说的第一个方面，就是如何建设慈善之城。

第二，如何评价。我们认为慈善之城建设需要建立评价体系来推进，但是现在中慈联有一个公益慈善指数发布，实际上它在发布的时候，有一个方面就是慈善城市。所以这个如何去评价？我写的材料关于慈善之城的评价体系在《公益时报》《江苏慈善》《善城广州》上也发表过，我认为慈善之城的评价可以从这样八个内容之间来进行界定。一级指标体系为 8 个，赋值 1000 分。比如慈善捐赠 200 分，慈善救助 200 分等，这些分值是什么概念？就意味着分值越高的，评价门槛和重视比例就要更高一点。比如说慈善捐赠、慈善救助、慈善宣传，我认为应该是分量最重的三个部分。然后组织、志愿、保障、设施、平台，延伸开来就是二级、三级指标体系。

慈善捐赠。事实上慈善捐赠是慈善之城建设的一个重要指标，也是我们中慈联发布的重要内容，更是考虑一个城市在慈善捐助方面的能力，所以二级指标体系可以从捐赠对象和捐赠方法两方面来设置。比如说对象可分为：企业、机关、学校、社会、个人等。“释”，什么概念呢？我想到在我的工作实践中碰到的一些实际情况，比如说现在的慈善资源，这些社会组织，我深深地理解他们在行进中的困难，相对我来说我所在的慈善会，我们的工作方位肯定要比社会组织容易一点。那么在这方面如果说争夺社会资源、慈善资源，如果社会组织有资源就会去抢了，那么可能现在还有很多政府部门还在想着我也弄一个基金，没有这么多资源，大家都不要抢了，热心要有个度。在慈善的理财和投资方面，其实国家给了一些政策和条例，但有更多的限制。如果慈善基金有一个基本的积累的话，我们做好理财的话，那么对慈善提供的救助会更强。现在很多方面，限制也更多，还有一些小的东西，包括一些审计材料、审计报告，感到束手束脚。还有就是企业捐赠，在这次抗疫过程中，国有企业起到了重大作用，那民营企业也是在这个慈善中有重要的作用，那现在我们有些政府的领导会好心地说，现在这个疫情期间，民营企业不要让它谈慈善问题，免得他们在慈善上面受一些限制。所以我想不是我们要说这个话，应该说民营企业也要适度引导的问题。

慈善救助。我想慈善救助也是慈善的本来意义，如果慈善没有救助，只是捐赠有什么意思呢？所以慈善之城的建设也要把慈善救助当作本来意义来看待。慈善救助根据《慈善法》提出的8个内容，助医、助老、助困、助孤、助残、助学、助文、助创，这8个方面就是我们要重点讨论的内容。关于慈善救助方面，我们在实际中看到的，比如说现在有一些项目功利色彩偏重，还有善意流道偏窄，往多方面来走，特别是我们老百姓有一些慈善的意念，能不能是更宽的路？还有一个，目前来说病贫路人偏多，这个是我们慈善项目接下来要考虑的一个重点内容。

慈善宣传。我们认为在宣传方面，是宣传传统慈善理念，弘扬慈善文化，推动慈善实践。这几年时间我参加慈善会工作，也到全国各地的慈善工作做得好的地方去看，我就发现浙江、福建的慈善氛围特别重，比长江以北的重。靠海边的包括浙江、福建、广州的一些地方的慈善的概念和意识比较浓烈。现在我就在想这方面可能是我们做的时候要考虑的，比如说我在福建考察的时候，福建的一些人就想这样的一个问题，他们就认为好人有好报，他们愿意捐赠，愿意奉献，从这一点来说这就具备了慈善的信仰，可能在我们的内心中要把它夯得更实一点。另外我们慈善教化的时效也不是太强，慈善传播的路径也需要拓宽。

关于慈善组织，应该要上一个层面。我们认为，一个是纵向的，就是各级基层组织的延伸，一个是横向的，是各级慈善分会的发展，另一个是多项的是社会组织的培育和发展。其实社会组织发展的问题，在我知道的层面，一方面，发展社会组织框框太多，很多东西这个不行，那个不行，能不能建负面清单呢？另一方面，如果不行，我们就可以马上去掉，所以方面的框框太多。最后一个方面是培育于慈善组织的条条太少，正面激励的培育不够。

慈善志愿，实际上也是一个与慈善相关的重要议题，队伍、内容、平台都需要我们去做。现在慈善方面的专业队伍很少，这方面比如说我们组织一些志愿者平时给老人剪剪指甲，给老人捶捶背这只是一方面，这时专业性还不够，杂务多于专业。另外就是人员，僵尸多于活体，就像我们志愿网上有很多的人报了名，但是不活跃，所以清理僵尸也是一个重要的任务，这不是像微信这样的清理僵尸粉。但是慈善领域如果僵尸多了以后，对我们统计数字来说可能不成比例。领域就是突击多于常态，应该把常态化志愿服务更加强化起来。

慈善保障。我们认为需要从政府力度、政策力度、社会力度三个方面做好工作，从这个概念上来说，它代表二级指标体系，我想了这样一个问题。当然了，正因为我站在这个角度，所以从某种意义上来说可能和大家不同，我写了两句话：一“公”一“私”踩油门、“公”“私”缺油；一“老”一“少”探前路，“老”“少”未保。实际上，所谓公，就是代表政府性质的组织，所谓私，就是社会组织。说句实话我是从公务员队伍下来的，如果说我们这些人一开始就想一心扑到社会组织上去，可能不一定是我原来的意图，组织上说你可以为公益慈善做些贡献，那我们就去了。我们很多讲去行政化，现在很多的政府官员并不是自己很想，而是组织上让他去做的，也会很认真地投入。另外，我们政府也给了很多的限制，像我们一些老同志，反过来全部贡献给慈善了，就是自己凭借着原来的一些工资，不计报酬。从这些意义上来说，国家政策的限定，有些东西如何鼓励怎么好，我到各地去跟慈善组织探讨的时候，他们都提到过这个问题。比如说年轻人他踏上这个公益舞台想多做点事的时候，我们还给了很多的限制，你的平均工资不能超过社会平均工资的两倍等。又比如说像我经常说的，我们慈善组织就我们几个人，他们的工作时间、工作效率多于政府的强度。

慈善设施。其实我们要给一个起码的慈善阵地，这个方面存在两个问题。一个是柔性基地更柔性，另一个是硬性基地更硬性，比如说我碰到了江苏省就有几个大的地方，还有上海、广州和一些其他地方，建立了慈善公园。慈善公园如果把慈善宣传做好就还好，如果把慈善的本意丢掉了就不好了。

慈善平台的问题，我认为在国家平台上，因为比如说志愿者，可以在全国志愿者网上申请自己的志愿者号码，那国家的平台要更多的储存慈善信誉再与个人地方平台对接，地方平台对接志愿服务，可能这个平台要建得更强一点才更有效。

第三，如何推进。我认为，应该从6个方面来推进慈善之城建设：建立主管部门、建设专家队伍、建树指标体系、健全部门职责、建美公益组织、建强激励机制。我曾经写过这样一段话：公益人士具有勇于奉献的精神、善于创新的精神、敢于担当的精神、富于朝气的精神、能于灵动的精神、心于扶弱的精神，很多方面是值得我们去学习的。所以我从他们的背影、延伸、肩膀、步伐、笑容、心灵中感到我们很多公益人士为社会的慈善事业做了很大奉献，这是很多政府组织取代不了的，也是我们需要去扶持和帮助他们的。

南通在慈善之城的建设上做了一些事情，南通有狼山历史的美丽，有濠河自然的美丽，有张謇人文的美丽，如果你们没到南通去过的话，为看中华慈善博物馆也值得你们去看看。所以我们南通的慈善文化叫温暖他人、快乐自己，也希望我们在温暖他人的同时能快乐自己。

第二节　公益项目：在实践中思考探索

关于项目设计的思考

内蒙古老牛慈善基金会项目经理　杨雨春

分享一下在项目设计过程中的思考和感悟。我们项目叫光明未来公益行动。我们老牛基金会有一个项目叫“光明行”，这个项目是为贫困白内障患者免费做手术的，另一个板块是开展儿童青少年眼健康行动。“光明行”在2018年获得第十届中华慈善奖。2019年，定位给草原的白内障患者做手术的项目“陪你一起看草原”参赛并最终获得了第8届中国公益慈善项目大赛的金奖，同时也获得了10万元资助金。

按照资助金的规则，资助金只可以用于本项目和相关业务领域。当时项目团队在设计的时候，就说这10万元我们就用在“光明行”上。但是为了不融在大池子里，就想尽可能地重新设计，找到做手术的医疗单位，直接和他们对接，用于我们的儿童青少年近视防控的项目。我们项目团队反复的锤炼、调研了解到近视防控已经上升到国家战略，国家现在综合实施这个儿童青少年近视防控的方案里面，提出两个阶段的目标，第一个阶段是到2023年的时候，要在2018年的基础上每年降低0.5%；第二个阶段就是到2030年的时候要降低10.0%。我们在研究的过程中，团队就围绕项目有没有找准，方案是否可行，目标是否可实现，展开了激烈的讨论，最后得出可以通过近视防控来降低近视率，但是如果想彻底解决这个问题，可能是一个大难题，所以我们就没有做这个近视防控的事。

我们后来发现儿童视力健康问题当中除了近视，另一个主要问题就是弱视。我们在做大量信息调研的时候发现，它的发病率不高，可能只有3%，全国有1000万人以上的弱视儿童。但是它的危害反而比近视更严重，这不是像近视配一个眼镜就可以解决的问题，如果你在一个关键时间内不干预、不矫正，错过了关键时期没有解决，就可能导致终身不治，造成终身的视力残障，还有失明的风险。

所以我们就围绕这个问题提出了方案，首先如果把这个弱视当作一个疾病，我们应该要找到药方子，我们提出了三个目标。第一个目标是找到药方子，拿出一套方案。因为我们在研究这个弱视的时候，发现弱视是一个发育型的问题，因为医学界普遍认为，我们每一个人的视觉发育有一个关键期，0~12岁的时候，是每个人视觉发育的关键期，也是视觉发育的敏感期。在这个阶段要是发现这个问题，并且通过科学诊断与康复训练是完全可以恢复正常视力的。这个问题，现在最好的方案是什么？我们要梳理一份研究报告，即针对弱视救治的最好的一个办法。有了这份研究报告，这算是理论层面的研究，我们第二个目标就是做试点，因为我们钱不多，只有10万元，就想在呼和浩特周边开展一些小范围救治来做实践，我们在想研究的办法，想邀请政府机构、社会组织、科研单位，想邀请最顶级的专家、最权威的团队，理论结合实际，做这样的一个研究报告，研究报告反过来支撑我们的项目实践。如果这套方案可行，再下一步覆盖全区，乃至全面推广。这是我们团队在设计这个项目的时候的假设和猜想。

串联所有的东西我们形成了一套完整的体系项目，项目文本、项目方案，但是这里面最大的问题是什么？大家可能会想，围绕这个核心，我们觉得这个项目可能从问题到方案、到目标，其实是可以实现的，逻辑也清晰，方案也可行，但是我们没有资金的支持，于是我们退一步，逐步聚焦，可是这个环节最重要的是什么？其实就是研究报告，就是那个药方子，如果我们可以把这个拿出来，邀请权威的团队、顶级的专家，经过政府的认证，这个东西一定可以在全国范围内推广。

我们邀请专家的费用仍然不够。如果不够做这份报告，那我们先把项目启动可以吧，但是这是一份完整的报告，我们后来在梳理的时候，刚才说到0~12岁是关键期，我们在研究的时候发现这个时间也太宽，一定在这个时间内还有一个年龄段是救治这个弱视的黄金期，于是我们找到了，这个阶段就是3~5岁，这个阶段救治率可以达到85%，越往后救治率越低。

最后一整套的方案定出来，我们拿着这个方案准备做一个启动，如果方案设计的好，可能后期会有更多的资金投资进来。围绕这个目标，设计出了这份权威的、得到广泛社会认可的报告。我们去找专家、找政府机构、找合作伙伴的时候，他们很乐于参加，他们认为这套设计是完整的，他们也想尝试。由政府来做我们的指导单位，政府机构、社会组织、医疗单位联合起来搭建平台做这个活动。聚焦儿童弱视救治行动，为儿童弱视提供救治方案。

其实“光明未来”这个项目完全是我们老牛基金会自主开发的项目，我们的团队全程参与进来。因为我们团队有一个思考，那就是：明白做什么和怎么做，要比着急做事更重要。这里我引用爱因斯坦说过的话做一个结尾，爱因斯坦说过，提出一个问题往往比解决一个问题更重要，如果问题选不准，即使花费很大的精力也很难做出成绩。这是我们基于项目的一些思考和感悟。

让每一个孩子都在被关注的环境中成长

中华浩德国际基金会（美国）北京代表处总干事 刘树青

我们机构是境外的关于儿童慈善的代表处，总部在美国西部，浩德老夫妇就是我们的创始人，他们在1956年创办了机构。当时“二战”刚刚结束，他们在电台上看到韩国有很多战争后的孤儿流离失所，他们自己家里6个孩子已经长大成人，老先生是一个农场主，那个时候有百万美元的家产，太太是一位有学位的护士，两个人就跑到韩国收养了8个孤儿，6个成年的孩子加上他们两个人一个人抱一个，一共8个孩子。这件事情当时在美国很轰动，他们就说这些孩子算是美国人呢，还是韩国人呢？他们是包着专机回来的，也有很多的人想要效仿他们做一些对没有家的孩子们的有意义的事情，就纷纷来咨询说怎么办。

老先生收养8个孩子以后，就卖了家产到韩国建了福利院，就是韩国浩德福利院，专门养育弃婴和孤儿，现在这个福利院在韩国的民政部隔壁。在国内，老太太就负责回信打电话给别人回答如何帮助这些孩子的问题。有很多的人通过他们的帮助收养了小孩，但是更多的人不具备收养孩子的条件，于是就捐钱给浩德，让他们代替自己来帮助更多的海外的孩子。

目前，浩德在十几个国家有项目，在中国的项目是1992年开始的，浩德刚开始到中国的时候，那时候我们中国也没有相应的法律，说境外的机构怎么做。我们从最开始和民政部合作，签署合作备忘录，一边帮助一些弃婴孤儿找寻国外的领养家庭，一边还帮助一些困难地区的福利院养育孩子，这是浩德最开始进入中国。在2009年，民政部给我们进行了登记注册，在2017年的时候，国家颁布了境外非政府组织境内活动的管理法，我们很荣幸作为第一批在国家法律颁布之后注册的机构，现在我们的业务主管单位还是民政部，登记注册的机关是北京市公安局，活动范围是在全国。我们针对有需要的儿童，比如说养育、收养、医疗健康、营养方面、社工服务、教育支持等和儿童相关的这些服务。我们目前到中国已经28年了，投入资金3亿元，关注孩子20万人以上，浩德的这些福利项目是长期的，我们的工作人员在全国有35人，全职兼职都算上，还有2000多名志愿者。

介绍一下我们困境儿童的增能项目。这个项目是长期帮助困境儿童更好地在原生家庭中生活，支持他们接受教育，更好地发挥他们的潜能，健康快乐地成长。浩德机构的宗旨就是让每一个孩子在安全、有爱的家庭中成长。孩子，来到世界，父母给予了生命，那么他最好的状态就是应该有一个家。同时我们通过资金支持为载体，更多地给孩子赋能，我们也是通过专业的项目开展方式能够让父母或者是非父母的监护人更好地履行监护职责，让孩子始终可以在温暖的家庭环境中成长。

这个项目是2005年开始的，受益的规模是每年4000多人。2005年至今，有5万余人的孩子受益。我们给孩子发放资金支持的时候，会和孩子讲这是助学奖学金，助，是家庭有资金方面的需要，奖学，不是单纯地说孩子们成绩好才可以拿到我们这个支持，我们是希望孩子们可以不断地进步，也是以这个为杠杆来撬动孩子们不断地发展。让孩子的监护人和学校的老师共同关注他们，因为我们觉得忽视其实是对孩子的一个很严重的伤害，不是肢体上的或是受到暴力才是伤害，所以说让每一个孩子都在被关注的环境去成长。

我们项目里的孩子，都是困难家庭的，但是好几个考取大学的孩子的高考分数都是650分以上，考的大学都是像华中科技这种好大学。孩子们拿到通知书的时候，会第一时间联系我们当地的项目负责人，可想而知我们的这种支持和关注，对他们一生的改变是可以起到很大的作用的。

目前项目除了资金的支持，还有一些个性化的需要，如果我们的孩子有医疗方面的需求，或者当他已经年满18岁不再是儿童的时候，我们也会提供相应的医疗资助金，或者是我们设定高等教育的项目，就是对于上了大学还有需求的孩子会继续给予帮助。但是我们项目里的孩子升入大学以后，几乎只有30%的孩子会跟我们继续申领大学助学金，大部分孩子会选择报考师范类学校、军校，或者和我们说不用再支持我了，到了大学我就可以有时间去勤工俭学，让这个项目更多地去支持上小学、上初中的小弟弟小妹妹们吧。这也是我们做项目见到的金钱以外的价值。

目前我们的项目在广西的南宁、山西的运城、河北的张家口、吉林、福建、江西等地，上次还新开了一个项目，在山东省德州市。项目当中有很多都是国家级贫困县，都摘帽了。但是怎样继续支持他们，保证他们不复贫，我们也是和国家扶贫攻坚的政策同步而行的。

我们的资金不是很多，在增能项目上，2017年是880多万元，2018年是900多万元，2019年是1000多万元。浩德代表处在中国所有的项目都是在国外民间筹集，就是每一个人可能一个月就捐几十美元，或者比较高的就是上百美元而已，但是我们有很多的赞助人，他们从19世纪50年代起，就一直跟着浩德到现在。这个也是和我们的管理方法有关系，浩德不大出去募款，都是人家看到我们的项目，收到我们一些反馈，向我们主动捐款。

2019年，直接受益人是11000多人，前两年分别是接近5000人。助学奖学金是如何操作的呢？我们会先调查需求，我们一直是和政府合作，去当地的民政局、教育局，或者是当地的慈善总会签署合作协议，合作单位筛选出来的受助名单，我们还要进行复核，同时培养当地的民政干部，或者是孩子所在的学校老师做我们的志愿者。筛选出来入选的，就会持续稳定的给他们发放助学奖学金，我们项目的管理人员是要定期去走访的，并且形成报告反馈给赞助人。我们还会适当的组织一些活动，因为我们赞助的都是民间的，包括我们目前在国内有一个本国的基金会注册在广西，我们会把赞助人带去和孩子们见面，让他们感受到榜样的力量，我们更多是交谈访谈型的活动，让赞助人去分享他们的故事，尤其是我们现在的国内的赞助人，我们好多人的成长过程都是很励志的故事。去鼓励孩子，在资助他们的同时，通过各种活动和管理的方法，让他们可以变得自强、自信、感恩社会，最终可以成长为建设社会的一代人或者几代人。

如果孩子们脱贫了，或者他超过 18 岁，就要退项了，赞助不是永久的。我们的工作人员会让孩子们感受到被关注、被关爱，虽然他的家庭支离破碎，或者是可能有一些孩子是留守儿童，甚至是孤儿。但是要让他知道有很多人是爱他的，让他在爱中成长。这个朝鲜族的女孩是孤儿，我们同事在家访的时候发现这个孩子，因为是困境孩子，就借着家访的机会教她写字。

我们每个月给孩子资助款，我们是逐月资助，不是一次性给 1 年的钱。小学是 140~150 元/月，中学 160~170 元/月，这些钱有的地方是补孩子的午餐，不让他们因为生活费而辍学，其实确实存在这种情况。还有的呢，可能孩子们开学的时候就拿个钱买一套校服，这样就不会让他们因为没有校服而在其他同学面前这么自卑。在每个月 140~160 元的资助款之外呢，我们还会在六一儿童节、春节、开学的时候给孩子一些额外的礼物。比如还有上保险，在过节的时候给他们买一些教辅材料、学习用具，让他们尽可能获得更多的外部支持。这个是冬天的时候我们给他们买的冬衣，让他们过年的时候穿上新衣服，也可以多一分温暖。我们在开学的时候给孩子们买了开学的礼包，里面是学习的用具，还给他们每个人做了一个帆布袋子，孩子们都纷纷跟我们说这个袋子非常好用，可以装很多东西，这是我们当时没有想到的。

第三节　圆桌论坛：社会组织参与社会治理

圆桌主持人：

黑龙江省大众社会工作服务中心理事长　傅海涛

圆桌嘉宾：

北京世纪慈善基金会秘书长　王　璐

四川省红十字基金会秘书长　荣道清

北京蓝蝶基金会常务理事长　任志庆

广西卡丝爱心扶助慈善基金会秘书长　刘　桢

傅海涛：围绕在疫情防控常态化的情况下，社会组织如何发挥自身价值参与社会治理这个主题，其实我有一个问题要请教各位我的同行，您所认为的社会组织自身价值在哪里？

抛砖引玉说说我的想法，我是2010年开始做社会组织，前后也做过协会，2014年参加老牛学院的时候，是做黑龙江创业就业基金会的秘书长，现在我做大众社会工作服务中心的负责人。我理解的社会组织自身的价值大概是这样的，社会组织应该是政府完善社会治理的一个很重要的抓手，是企业履行社会责任的有效渠道，也是爱心人士践行公益理想的宽阔舞台，还可能是百姓实现社会公平的有益的补充。

荣道清：社会组织在我们一个区域一个城市，社会组织建设这一方面是大有可为，这是我觉得的社会组织的价值。

任志庆：我个人认为，除了政府主导，市场化以外，我们社会组织还可以填补一些空白，变成一个独特的桥梁的作用。

刘桢：因为我们基金会本身是一个中小型企业基金会，其实从我的角度来讲，我们的价值在于构建一个政、社、企与公众沟通的桥梁，达到一个四赢的局面，这是我们尤其在疫情以来发挥的价值。

王璐：我个人认为，社会组织的价值在于我们本来是第三部门，我们是起着政府和大众连接的一个纽带，其实是一个平台，通过我们社会组织来把贫富差距缩短，把党和国家的政策和一些温暖通过我们社会组织传递到受惠方，所以它是一个非常重要和不可缺少的，价值所在就是这个。

傅海涛：看到我们的伙伴依然很乐观地看待我们社会组织，对我们整个社会的环境之中社会组织能做的事情还是充满信心的。我也觉得社会组织经过了大半年的考验，我们人都还在，激情都还在，大家都还在做事，还有很多的人和我站在一起，我也更加地坚定我回去之后会继续做社会组织的信心。接下来，我们有请王璐姐为我们分享一下疫情防控常态化的情况下，社会组织如何发挥自身价值参与社会治理。

王璐：从疫情发生到整个疫情防控过程中，其实更突出地体现我们社会组织的价值就在于我们第一时间从党的系统接到关于如何抗击疫情，如何组织大家来开展捐赠，如何采取各种行动来参与服务。从民政系统来说，就是如何组织我们下边所属的基金会联合，第一时间响应、组织下面的各个慈善组织来一起开展活动。在这个过程中，很多的社会组织、基金会，其实他们是需要这种引领的，也是需要我们提供各种资源，这种资源不是物质的，更多的是信息、渠道以及如何规范的进行募集、捐赠以及捐赠后续的手续的完善。我们基金会基本上是 24 小时接听电话，不同的捐赠组织有捐赠的愿望和需求，就会给你打电话，我们如何捐赠？包括我们有信息也会互相传递和连接。首先，体现了我们有组织、有系统地开展一个引领。其次，在整个的过程中，我们还规避了很多的风险，因为有的捐赠，包括物资的合理分配，以及物资是否真正到了受惠人的手里，是否充分地发挥了作用。所以我们也是把相关的信息分享给大家，让大家在做的过程中如何准确地资助到有需要的群体。最后，后续的资助，后续的过程当中，很多的社会组织通过这次疫情的捐赠，其实得到了成长。周如南老师讲了很多的弊病和暴露出了很多的问题，这些是必然的，但是社会组织在这样的突发事件过程的成长，是非常重要的。因为以前没有经历过，通过这次的经历他们知道如何去做，知道如何和国家，和我们上级主管部门，以及和整个地区联合一起，而不是自己单打独斗的我想资助哪里就资助哪里的。所以，从这一块来讲，社会组织的价值是非常重要的，特别是这种枢纽型的组织更是尤为重要。

傅海涛：确实是这样，突如其来的疫情，大家都措手不及，好在有党的领导，政府的有效工作，我们都还在。在整个过程中，我们也都是亲历者，也都有了自己的成长和变化。

荣道清：我们是全程参与了疫情防控，我是在红会系统最低谷的时候加入了这个行业，以前是成都慈善总会的秘书长，也是在成都慈善总会比较鼎盛的时期退出来了。当时加入红十字基金会，平台可以，但是这个基础很差，负债270万元的平台，每年捐款也就100多万元，两个专职，一个兼职，一不小心我跳到这个坑里，但好在跳出来了。第一年做了2000万元，2019年做了4000万元，到2020年差不多6000万元，团队也是从两个专职、一个兼职到现在发展成了30多人的团队。我是一个乐观派，在慈善总会的几年时间，我也是非常乐观地做一些工作，在红基会最低谷的时候，我觉得它是非常有价值的一个平台，就像我们会长所说的一句话，我到这个红会系统不仅仅是把基金会做起来了，更重要的是对我们四川红会系统的理念提升和改变起了很大的作用。所以疫情期间，我们还是比较把握住方向在做，因为基金会的基础很差，才运作2年多时间，尽管是做到了几千万元，但是我们自身的优势并不是非常的突出，所以我们也非常低调地在做。就这样的话，我们也是做了1700多万元，基金会主要就是筹款。

后疫情时代我们也做了一些探索，尤其是我们最近和一些咨询机构，比如说他们原来做一个城市的经济发展规划，我们在多次碰撞之后就发现在后疫情时代，更多的是机遇。比如从一个城市、一个区域、一个县来看，我们分析一下，财政只可以保两个基本，一个是必要的开支，就是公务人员和事业单位的必要开支；还有就是保托底部分，残疾人、老人等。这一块实际上现在是在大幅地减少财政资金。另外一块，国企，县域经济的发展。我们看国企，它最多是把优质的资源怎么去剔出来，然后装进国企去促进区域经济的发展，民营经济还是比较困难的。县域经济现在也是在走下坡路，但是我们看一看，我们的社会发展这一块是否需要更多的资源来投入。财政投不了的情况下，我们的国企投了赚不到钱，它也不会投。

国家发改委发布了一个文件，强弱项、补短板的文件，在县里和市里做试点，我们和咨询公司就在研究，这实际上就对社会组织带来了一个巨大的发展空间。我们看到社会事业发展和经济事业发展同步推进，经济的发展是政府去引领，社会事业的发展光靠财政是不可能的，国企又投入不了，那短板谁去补齐？我经常和县里面的领导讲，如果县里面有一个慈善联合会，把红会、慈善会和其他一些社会组织拉到一个平台里面，再带动一些企业、带动一些资源，把本地资源撬动起来，把外部资源带进来，一个区，一个县里面，像我们有些县，为什么他可以做腾讯“9·9公益日”，他能够做到2000万元、3000万元，当一个区域里面，如果公益慈善资源能够做到几千万元甚至上亿元，财政投不了的这一个短板，这一个弱项我们是不是可以通过社会事业发展去弥补。所以我们公益慈善这一块儿，社会组织就占3类，更多的是要做好服务。我们的社团也要将各种平台资源联动起来，基金会就是要募款。如果一个区域可以将枢纽型的平台机构发展起来、带动起来，通过一个省级或者国家的平台资源，又可以赋权和赋能。这样来说的话，一个区域里面，社会事业和经济事业同步发展，那我们就有了好的项目，就不愁没有资源，不愁筹不到款。所以我对这一块应该是比较乐观，所以我就可以把四川的红会系统撬动起来很快也是2~3年的时间做起来了。

任志庆：疫情期间，我们在一线送物资，说实话那时候就是抢东西，在国内国外白天黑夜找物资，给几十家医院做一些力所能及的事。另外一块就是助学，我自己带队到一线，我们主要对接的是玉树。从2010年玉树地震开始，从做了第1所板房开始现在已经10年了。在这个过程中，我们去到了我们支持的玉树，这个我们除了助学以外，我们在一线调研，发现很大的空间，我们今天又立了一个新项目叫作"零废弃村庄"，藏民在海拔4000多米的高原上面，我们想象中的是环境很好，很美，水很纯净，但真实情况是牧民每年会因为他们的牛羊吃废旧塑料导致每户家里就有4～5头被毒死。我们去的时候很震惊，那个村庄600多户，他们有几十户已经自发的去巡山捡这种废旧的塑料，其实藏区生活贫困，但是每一个家庭用在喝饮料上的支出却很多。所以我们发现这件事情很有意思，他们过去包括挤奶，都是用塑料的一次性的东西。他们现在愿意重新用回归藏民文化的环保生态的用具。因为一个村庄涉及的勘测点有300多个，我们发现当地的这种环境保护协会，是藏民的协会，他们非常专业，我们就发现和他们在一起有很好的合作契机，我们就建立了第一个零废弃的环保村，先给100多户家庭更换他们家里的环保器具。我们先成立了一个社会循环基金，第一期是给10万元，这100多户之间只要承诺加入环保，自己家里环保，帮助到河流里打捞废旧塑料，巡山的时候防止偷猎，加入这些行动的话，就可以加入环保基金的救助，有困难的时候和创新型项目我们就免费提供支持。这种情况下就吸引村民加入环保，如果只是谈环保，他是没有动力的。有一部分人有这种意识，但是大多数人还是在表面。

另外，我们建立了一个环保基地，这个是推广环保理念，你们自己用纯手工的牛毛、羊毛做的带子，相当于建立一个产业。另外一个就是传统马帮，生态旅游行业，帮助他们建立这样的基地。我们发现社会组织自身是在一线调研、真正去做的时候，特别是疫情期间还是有很多的事情可以做。

刘桢：我们本身也是一家成立了4年的中小微基金会，这次对于我们来说，作为小微企业，决策是非常快的，只要我们提出意见，老板同意就可以开始做了。我们最早是从封城开始就关注疫情的问题了，尤其是市场的急救物资的问题。后面就开始和老板商议之后，在海外动员，包括就是国内的一些渠道，等到正月初四的时候已经直接上一线了，很快国外物资就进来了，不需要有太多的各种各样的审批手续，这对于我们来讲可能是一个灵活性的东西。另外一点，对于基金会来讲，在中间发挥的价值，一个是推动了企业去做这个事情，因为企业老板最开始没有想搞这么大，可能企业老板想着最多就是捐10万元、50万元、100万元差不多吧，到后面越滚越大，也就做开了。另一个是，我们直接往一线走，整个事情的效率也提高，透明度和企业的力量也是放大的，也得到了政府的认可，我们很快就得到了广西政府给我们指定的唯一一家民间基金会，一下子就把我们自身能够接受的范围扩大了。同时也可以动员周围的社会组织和其他企业来加入我们，在中间就无形的搭起来一座桥。这样的一个过程中，算是比较好地发挥了基金会的价值。在整个疫情中，其实大家都是灯塔、信号塔的状态，每天都有无数的电话、信息，从我这儿进去，从我这儿出去。其实社会组织更像是这样的一群信号塔的结合，是1+1如何发挥大于2、大于3、大于4的功能，也是我们未来最大限度地发挥社会组织参与社会治理需要考虑的一个问题。

傅海涛：谢谢。从中我们发挥了中小企业基金会的一些优势，先做倡导，做资源的聚合，然后我们再做信息的交流和传递，并且能够整合更多的爱心人士参与到整个社会治理过程中。接下来我们在疫情防控常态化还有哪些方向值得我们关注？又有哪些事情是我们作为社会组织大有可为的，作为我们社会组织从业者还可以在其中发挥作用的？

王璐：对上一个话题再做一个补充，其实在这次疫情发生以后，社会组织的价值和责任就凸显出来了。我们作为联合党委的单位，疫情发生以后，我也分不清我是专职的党务工作者还是基金会的秘书长，当时所有的信息都过来，所有的需求都过来的时候，我当时的一个信念就是给大家做好服务和支持，它的价值不是有多少的高大上，一定是植根于最底层的最原始的初心，给大家提供服务和支持，其实它的价值就在于此，这是我们刚才对上一个问题的补充。其实，未来，基金会的发展和社会组织的发展一定要资源共享、资源整合。把所有的资源汇聚，取他人之长，补自己之短，大家抱团向前走，才会有更大的舞台，有更好的出路。如果自己一个人单打独斗，也很艰难的。其实这个时候小社会组织就要想到和其他的慈善组织联合起来，借他人的平台，发挥自己独特的优势，去开展慈善项目，就不会消失或者掉队。因为公益慈善一定是社会、大众、国家的，大家抱团向前走，我想这个路会越来越宽广，也希望好的基金会要带着大家一起走，给大家提供更多的资源，这是我们的责任和使命。

荣道清：后疫情时代也好，疫情进入常态化也好，实际上我们看到的是经济下滑，我们的公益慈善需求、社会事业建设的需求是在上升，只要我们社会组织精准地找到需求，把它变成项目，再找到捐赠人，找到合作伙伴，把公益生态建起来，把这个平台搭建起来，把本地的资源撬动起来，把外地的资源带过来，我想我们是可以大有作为的。

任志庆：我们希望共同地把慈善的公益的培养骨干的力量持续下去，要去玉树做扶贫和环保的，我们可以一起合作。

刘桢：看到一段话很有意思，腾讯希望公益组织给腾讯拿流量，腾讯发现如果它自己不动，就没有流量。而社会组织想从腾讯这儿拿钱，当然社会组织发现如果自己不动，就拿不到钱。这个当时是在“9·9公益日”看到的一句话，也让我思考到一些问题，比如让公益组织出圈的问题。其实如果大家打开抖音，去刷正能量的公益的视频，会发现大量都是商业团队在做，几乎没有公益组织可以真正地做好这个抖音号，为什么？这就是我们需要思考的问题。如何才能让公益真正地出圈，真正地走进大众，让大众喜爱，真正地拥抱人群，这是需要我们现在去面对的一个问题，当然疫情之下，是危也是机，这可能就是我们未来发展的机会。

傅海涛：三人行必有我师，回到老牛学院的平台里，我会发现依然会从很多同学身上散发一些鼓舞的力量。作为社会组织的从业者多年，实际上我是 2014 年参加一期培训的时候在这里面找到了方向，找到了一群可以一起走很远的人，每次当我需要力量的时候，或者是有需要别人给我鼓舞力量的时候，我就发现原来你们都还在，都在我左右，虽然不常见面，还有人在全国各地为了我们共同的理想和信念在披荆斩棘，给了我们非常多的鼓舞。

应急救援中的社会力量

应对疫情是对我国社会治理与慈善组织的一次大考。在疫情大考中，慈善组织积极动员社会力量，展现应对疫情的社会担当，在募捐救助与志愿服务方面做出重大贡献，在国家建设和应对重大灾难中有不可替代的作用。

后疫情时代，大考之后的复盘与反思，成为公益慈善领域必须面对的课题。“作为慈善行业的从业者和新时代社会建设的实践者，如何增强机遇意识和风险意识，应对外部环境挑战，推动慈善事业更好地服务于社会治理和社会保障体系建设？”“完善应急预案，强化能力储备，提升慈善组织应对突发事件的专业能力”……

深入全面探讨面对重大疫情慈善组织的应有作为与实践机制，研讨慈善募捐方法，探索慈善救助路径，为使慈善组织更为科学有效地应对重大突发事件、提升慈善组织社会治理能力，以更好地践行慈善组织使命责任。

第一节　社会担当：重大灾难与慈善组织

凝心聚力，共谋发展

深圳市人大常委会副主任　贺海涛

2020 年是深圳经济特区成立 40 周年，是全面打赢脱贫攻坚战的收官之年，也是深入贯彻落实党中央国务院先后出台的《粤港澳大湾区发展规划纲要》《中共中央国务院关于支持深圳建设中国特色社会主义先行示范区的意见》，实现“双区驱动”重大战略的起步年和关键年。

特区成立 40 年来，深圳不仅创造了世界经济发展的奇迹，发展成为一座充满魅力、活力的创新型国际化城市，同时在中华慈善总会的关怀指导下，在社会各界的关心支持下，深圳公益慈善事业也蓬勃发展，在社会救助、互联网公益等多个领域取得了全国率先的突破，并且涌现出大量的爱心人士、爱心企业、公益机构，尤其是在疫情期间，全市慈善组织迅速行动，汇聚社会力量，为疫情防控形势持续向好，生产生活秩序恢复做出积极贡献。

作为我国第一个全国性综合慈善组织，中华慈善总会不仅是中华民族传统慈善精神在改革开放中重新焕发的重要标志，为全国范围探索现代慈善发展路径树立样板，也是中国现代慈善组织发展的缩影。为进一步明确新时代慈善事业发展的方向，研讨重大突发公共卫生事件下慈善组织的使命，中华慈善总会举办“重大疫情与慈善组织”的主题论坛，全面深入探讨面对重大疫情慈善组织的应有作为与实践机制，有效地促进慈善组织凝聚共识，加强合作，助推慈善事业迈向新台阶。

感恩时代，回报社会。全国各地慈善总会的同人们相聚于此，凝心聚力，共谋发展，相信在中华慈善总会的带领下，全国慈善事业定将打开新的局面。

立足职责使命彰显责任担当　在突发事件应对中提升慈善组织社会治理能力

全国人大社会建设委员会副主任委员、中华慈善总会会长　宫蒲光

新冠肺炎疫情是二战以来最严重的全球公共卫生突发事件，对人类生命安全构成了空前的威胁，对世界格局和国际秩序造成了巨大的冲击，对各国治理能力带来了严峻的考验。在以习近平同志为核心的党中央坚强领导下，经过全国上下艰苦卓绝的努力和牺牲，我国在统筹疫情防控和经济社会发展中已经取得重大战略成果。面对国内外疫情继续蔓延，一些国家保护主义和单边主义盛行，中央审时度势，明确提出加快形成以国内大循环为主体、国内国际双循环相互促进的新发展格局，建立疫情防控和经济社会发展工作长期协调机制，这是中央积极应对世界百年未有之大变局，基于国内发展形势，把握国际发展大势做出的重大科学判断和重要战略选择。在这样的时代背景下，作为慈善行业的从业者和新时代社会建设的实践者，如何增强机遇意识和风险意识，应对外部环境挑战，推动慈善事业更好地服务于社会治理和社会保障体系建设？这是需要我们不断思考和探索的重大课题。为此，我们将这次论坛的主题确定为“重大灾难与慈善组织”，通过此次抗击新冠肺炎疫情的反思，探索慈善力量如何更好地参与突发事件应对和社会治理创新，推动我国慈善事业高质量发展。

下面，我将谈三点看法。

一、慈善组织在疫情防控中彰显了应有的社会担当

习近平总书记在全国抗击新冠肺炎疫情表彰大会上对慈善组织和志愿者给予了充分的肯定，在抗疫斗争中慈善组织作为疫情防控的重

要社会力量，为整合社会资源，助力打赢疫情防控阻击战发挥了重要作用，慈善事业在国家治理中的地位和作用进一步凸显。疫情发生后，习近平总书记和中央政治局常委同志带头捐款，约8000万名党员自愿捐款83.60亿元，全国慈善行业同心同德、共度国难、共克时艰，尽心尽力开展抗疫募捐和款物拨付，形成抗疫斗争强大正能量。据民政部发布数据，截至2020年4月下旬，全国各级慈善组织、红十字会共接收社会捐赠捐款419.94亿元，抗疫急需物资10.94亿件，相当于各级财政抗疫资金总投入的近1/3。

疫情期间各地配合疫情防控工作，开展各类志愿服务项目超过35.9万个，参与人员达到691万人，志愿服务时间达2.3亿小时。此外，全国还有20万名社会工作者投身抗疫工作，在网上义务开通服务热线近4000条，累计服务200余万人次。在抗疫斗争中，全国慈善组织认真贯彻、严格遵守《慈善法》相关规定，依法依规开展募捐备案、信息公开、财务管理，通过互联网平台协调款物捐赠、防疫物资运送，一线通勤保障，对接志愿者资源，提高了工作效率，树立了良好形象。各级慈善组织不仅积极响应，全力配合政府对疫情防控的统一部署、资源的统一调配，还积极动员社会各界力量，整合各方面的要素资源，为形成全民动员、共同抗疫的社会治理创新机制、推动社会治理重心下移发挥了重要作用。

二、直面疫情防控中慈善组织发展面临的突出问题

在这场疫情大考中，慈善行业涉及面之广，公众关注度之高，政治敏锐性之强前所未有，既为我们理解和审视慈善力量，参与突发事件应对提供了难得的契机，也暴露了慈善组织发展中存在的一些突出问题。

（一）慈善组织参与突发事件应对的体制机制有待完善

目前，我国慈善组织在重大公共事件应对中的法律地位并不明确，

现行的《突发事件应对法》中没有社会组织的概念，未明确慈善组织参与突发事件应对的相关机制，对慈善组织和志愿者参与救援、救助缺乏保障激励措施。在疫情初期，由于地方政府统一指挥机构统筹协调不到位，许多慈善组织在募集款物、物资转运、拨付分配、捐赠进口等环节遇到不少困难和问题，蕴藏在社会中的慈善力量没有得到充分发挥。

（二）社会各界依法治善、行善能力有待加强

在疫情防控中，无论地方政府、社会公众还是慈善组织依法行善、依法促善、依法治善都暴露出薄弱之处，比如疫情防控中地方政府和部门指定善款善物接收机构，个别慈善组织将 27 亿元善款上交财政个别地方，以暂时征用名义扣留过境运输途中的捐赠物资等，明显有违法治精神和《慈善法》的规定，受到社会公众和学界的普遍质疑。

（三）慈善事业发展的内在动力有待进一步激发

无论是疫情期间还是常态下，慈善组织、慈善捐赠者和志愿者得到的精神鼓励和物质激励不足，内在动力没有充分激发出来。目前国家对慈善界的最高奖项是民政部颁发的中华慈善奖，缺少国家层面慈善志愿服务奖。疫情防控当中，有关部门出台许多支持慈善事业的优惠政策，但大多是特殊时期的特殊政策，有相对的时限性。《慈善法》已明确一些政策优惠事项，但还有待于相关部门出台具体的政策规定。

（四）慈善组织参与社会治理的能力有待进一步提升

疫情初期一些慈善组织与政府沟通不顺畅，出现了捐赠款物拨付不精准、发放不及时、处置不得力、分配不透明等问题，一定程度上损害了慈善组织的整体形象和公信力，许多慈善组织面对社会关切和舆论质疑缺少主动、有力、及时、准确地回应，使原本依法依规的工作变得被动，加深了公众的误解与不信任。无论是此次疫情中还是常态下，慈善组织在执行信息公开制度方面都有明显的差距。2019 年，全国慈善组织信息公开透明指数均值为51.34%，特别是项目及财务信息指数只有40.00%左右，这需要引起我们的高度重视。

（五）慈善文化环境及舆论氛围有待进一步改善

与当前蓬勃发展的慈善事业相比，我国在慈善理论的研究、慈善理念的树立、慈善文化的弘扬、慈善教育的普及、慈善舆论的引导等方面，无论是广度还是深度都相对滞后，在重大公共事件中，慈善组织和捐赠者都处在舆论的风口浪尖，一些网民对慈善事业缺乏宽容和理性，许多慈善组织和从业者感到巨大的舆论压力，影响了慈善事业的健康发展。

前不久，我也随全国副委员长带队的慈善法小组进行执法检查，许多在基层工作的慈善工作者也对此有深切感受，他们说不希望献了爱心又伤心。在座都是慈善工作者，都是慈善组织从业者，在此次疫情舆论的风口浪尖上，这个时刻的感受应该会更加深切。

三、着力提升各级慈善组织的治理能力和水平

此次抗疫斗争是新时代我国慈善事业发展的新起点，也是各级慈善组织进一步加强自身建设，更好地参与社会治理创新和社会保障体系建设的新的征程。

（一）以此次疫情为契机，强化应急管理体系，提升应急管理水平

党的十九届四中全会指出，要统筹完善社会救助、社会福利、慈善事业、优抚安置等制度，重视发挥第三次分配作用，发展慈善等社会公益事业，构建统一指挥、专长兼备、反应灵敏、上下联动的应急管理体制。这是党和国家对慈善事业在国家治理体系和治理能力现代化进程中的重要作用的精准定位，是赋予慈善事业的光荣使命和神圣职责，不仅为慈善事业发展指明了方向、规划了前景，也为慈善组织等社会力量参与国家应急管理体系提供了基本遵循。

下一步，应当加强顶层设计，明确慈善组织志愿服务、社会工作

等参与突发事件应对的法律地位、参与责任、参与机制、动员机制、保障激励等相关规定，特别是要强化对慈善组织、慈善捐赠者、志愿者参与突发事件应对的保障激励和财政支持措施，将慈善力量作为国家应急管理不可或缺的重要补充，纳入国家应急体系建设中，更好地服务社会、造福人类。

（二）立足行业发展，推动信息整合，培育更加具有影响力的枢纽型行业组织

一方面，要加快培育更多具备行业倡导、行业服务和行业治理能力的枢纽型慈善组织，充分发挥枢纽型慈善组织的行业引领作用，凝聚社会资源，整合行业力量，形成行业合力，建立慈善行业协作联动的机制，形成各慈善组织之间既互相竞争又互相合作的良性运行机制，构筑健康有序、多元合作的慈善行业生态和治理格局；另一方面，要积极推进覆盖整个慈善事业的信息化大数据管理系统和突发事件应急信息平台建设，引导慈善组织和社会爱心企业、爱心人士有序开展慈善募捐活动，推动慈善行业更加公开、透明、高效，更好地服务于日常的国家治理和突发事件中的应急体系建设。

（三）完善应急预案，强化能力储备，提升慈善组织应对突发事件的专业能力

一方面，要深刻总结抗疫斗争经验，按照组织章程和所从事的业务领域积极衔接和响应政府部门牵头制定的应急预案，通过制定慈善组织应急谱图预案、签署战略合作协议、加强外部力量协同等方式强化能力储备和预案储备，把平时的慈善专业能力建设与应急谱图能力建设统一起来；另一方面，要积极响应和参与各类政府政社协同机制，在政府部门牵头下定期组织开展应急谱图演练和人员培训，在演练中发现问题、磨合机制、锻炼队伍，在培训中破解难题、提高能力、增强本领，切实提升慈善组织自身的应急谱图专业能力。

（四）融入时代潮流，拓展慈善业态，以科技创新引领慈善长远发展

当前第四次工业革命风起云涌，当今世界已进入以互联网、人工智能、大数据、云计算、5G为代表的信息化技术促进产业变革的智能化时代，人类的生产生活方式和行为模式正在发生深刻变化。

一是高度重视区块链等新技术在慈善领域的应用。区块链具有去中心化、不可篡改、公开透明、信息可追溯等特点，能解决人与人之间的共识和信任问题，与慈善事业具有内在的统一价值取向和目标追求。2019年10月，习近平总书记在中央政治局第十八次集体学习时强调，把区块链作为核心技术自主创新的重要突破口，加快推动区块链技术和产业创新发展，将区块链技术引入慈善领域，能够弥补传统慈善工作信息不对称、监管不透明、管理效率低等问题，在信息披露、善款跟踪、过程监管等方面必将为慈善事业带来根本性变革。

二是重视“互联网+慈善”的特点和规律，由于互联网受众广、传播快、低成本、高便捷等特点，通过互联网开展慈善活动已成为慈善发展的明显趋势。据报道，全国基金会网络募捐已占捐赠总收入的80%以上，但作为新生事物，“互联网+慈善”还存在一些政策和实践中的具体问题，慈善组织应当认真研究“互联网+慈善”的特点和规律，积极探索相关方式方法，通过打造新平台，建立新模式，寻找新伙伴，积极推动互联网时代慈善工作的新发展。

三是积极推进慈善信托等慈善工作的新业态。慈善信托是慈善行业和慈善信托行业相结合产生的新结合，在国际上已经得到广泛的发展，但是我国仍处于起步阶段。虽然《慈善法》专门就慈善信托列了专章，并明确政策原则，但有关部门未做出具体规定。慈善原则在我国发展目前还不是很快，截至2020年4月，全国备案的慈善信托产品仅有377件，财产规模达34.7亿元，明显不适应我国慈善事业蓬勃发展的现实需要，我们要充分认识发展慈善信托对于建立现代慈善制度，发展现代慈善事业的重要意义，把慈善信托作为新的业务增长点，积

极推动完善相关的政策制度，推动慈善事业向更深、更广、更宽的领域拓展。

同志们，朋友们！慈善事业是扶危济困的德政善举，是一项崇高伟大的事业，也是一项常做常新、永无止境的事业，让我们在全面建成小康社会新的历史起点上，为推进慈善事业又好又快地高质量发展不懈努力。

重大疫情带给我国慈善事业的重要启示

全国人大常委会委员、中国社会保障学会会长、
中华慈善总会专家委员会主任委员　郑功成

概括起来，我想讲两个基本认识、一个基本判断、四个基本关系、三个着力点。

第一个基本认识，中华民族有着深厚的乐善好施的优良传统，社会各界从来不乏爱心善意，从新冠肺炎疫情中大家看到，不光是捐献出来的款物，包括成千上万的志愿者及成千上万的人在网络中提供的服务，能表明我们这个民族，我们的人民是从来不乏爱心善意的。“9·9公益日”，武汉三天的时间有5700多万人在网上捐献，因为公益日不限制小额捐献，代表着我们的慈善事业走向了平民化、大众化。5700多万人在网上捐献，这是一个什么概念？回过头来，中华民族何曾少过爱心善意？即便是我们今天讲“文化大革命”，把慈善称为“封建思维”，那时候我们少过爱心善意吗？小学的时候充满爱心善意，邻里和亲友之间，包括雷锋精神，都是利他主义的角度，这是基本认识，我们不乏爱心善意，虽然不乏，但要特别真实，一旦伤了，会有影响。

2020年新冠肺炎疫情中，2月到4月捐献款物5亿元，为什么到4月底基本上没有了，前面是井喷式的，后面熄火了，这是造成了一些伤害的，爱心善意是容不得伤害的，就像宫部长讲的，不要献了爱心结果伤了心，我们不乏爱心善意，但不能伤害，否则会产生立竿见影的效果。

第二个基本认识，我国改革开放经过40多年高速发展，积累了日益丰厚的社会财富，如果能真正畅通人们行善的途径，慈善事业将会

是一支非常重要的社会力量。GDP 超过 1 万美元，恩格尔系数降低到 28.4%，居民存款 2019 年底达到 80 万亿元人民币，家庭投资理财达到 20 万亿元人民币，这都是几十万亿元的规模。私家小轿车 1.3 亿多辆，移动电话普及率每百人是 114.4 部，居民营收水平一亿六千元。为什么讲这组数据？这样一组数据表明我们的民生产生了质的飞跃，民间财富日益丰厚。我们从近几年募集到的捐款捐物 1000 多亿元，占 GDP 的 0.13%～0.14%的样子。人均捐赠从 2015 年的 81 元到 2018 年的 103 元，这是总捐献，个人捐献占其中的 25%，人均捐献 20 多元，主要是企业的捐献。我算了一下，2019 年居民人均捐赠不到 0.2%，这么巨大的社会财富和民间资源，为什么调动规模如此有限。20 世纪 90 年代，美国党政捐赠占 GDP 的 8%～9%，我们发现美国的个人捐献达到 2%～3%，我们可以算一下，美国个人捐献具有合理性。中国人的爱心难道只有美国人的 1/20、1/30 吗？肯定不会如此之低。那就要找原因，为什么如此有限？是政策问题，还是慈善行业本身的问题，还是社会氛围的问题？总是有原因的。人家是 3%，我们是 1%，中国慈善事业的规模能够为国家分忧，能够为社会服务，那是何等伟大的事业，所以我认为我们的慈善事业发展有着巨大资源潜力，要发掘这个潜力。

一个基本判断。尽管《慈善法》实施了四年，但我们慈善事业发展滞后的局面并没有从根本上改变，依然极为滞后，我们的社会团体 80 多万家，但资深的只有 8000 家，不到 1%，70 多家基金会认定为慈善组织的才 50 多家，我们应该全部认定为慈善组织，但现在基金会还有将近 1/3 没有认定为慈善组织，这表明什么？实际上没有吸引人，大家不愿意当慈善组织。这难道不值得我们反思吗？中国不说 200 万家，但是 50 万家、100 万家应该有，现在搞了四年才 8000 多家，原因在哪里？慈善事业如果没有数百万计作为载体，根本不可能成为慈善组织。一年 1000 多亿元，就是 GDP 的百分之零点零几。慈善事业的社会地位低，以及政府的重视度不足，导致中国慈善事业发展滞后的局面并没有根本改变，严重滞后于社会发展的需要。

重大灾难与慈善组织要处理好四个基本关系。

第一，慈善法治与自治的关系，这是发展慈善事业的根本所在。现代化必须建立在法治的基础之上，慈善事业当然也不例外，我们需要法治，这个毫无疑问，但我们现在的法治还有不够的地方，自治更有受限的地方。法治不够，就是慈善法的很多规制还没有具体的政策落地。《慈善法》在制定的时候认识不足，《慈善法》制定的过程中，网络还不像今天这么发达，像腾讯2015年搞的“9·9公益日”，只有2.5万人参加，2020年有5700万人参加，翻了2280倍。谁知道几年来恰恰是法律没有规定的他们如雨后春笋般涌现，广州也是，我们番禺基本上各个社区得有几百个慈善组织，所以对法律来讲其滞后于慈善事业的发展实践，法治不足，要完善。我们鼓励人人行善、终生行善，不受年龄限制，但有各种各样的问题，我发现这些东西应该是我们慈善组织内部治理的事务，这是自治权限，如果没有自治权限就没有活力了，还怎么发展？所以怎样处理好法治与自治的关系，让这两者之间找到一个平衡点，这是我国慈善事业的根本所在。

第二，妥善处理好政府与社会和慈善的关系，是促进慈善事业发展的关键。这也是从重大灾难中能看出来的，当时需要政府发挥作用，因为没有公权力，我们不可能个个都是雷锋。中国人有责任之心，我们还有妙传千古的一句话“人不为己，天诛地灭”，我后来查了一下，不是我们通俗理解的意思，这个“为”是指自己要修身，这本来是句好话，但是这句妙传千古的话有可能会变成现实，就是一颗老鼠屎坏了一锅粥。政府要明白自己的职责所在，包括法定职责和法务授权，政府应该重在服务，政府也应该给予财政支持。我们组织要强化动力，提升自治能力，只有政社合作才能做好。

第三，妥善处理好应急和平时的关系。我国自身应急能力薄弱，普遍缺乏重大突发事件应急预案，没有协调机制和共享信息平台，重大事件发生后社会捐献呈井喷式状态，难以有序进行。韩红的爱心基金会我一直在关注，因为他们慈善组织平时不具备能力，所以必须要有预案，即在非常态下怎么运行。怎么处理好常态和非常态的关系，整个慈善行业、慈善主管部门以及党委政府应对执法事件的协调机制和指挥机制都应该加以考虑，否则慈善资源的利用效率很难提高。我去调查过，1000多亿元的捐款，几百亿元用到地震灾区，那都是人们的爱心善意，但那些资源用的也不完全是地方，据我们了解有的捐款是好几个亿元，建起来后续就是资源浪费，如何把这份爱心善意得到有效、高效、合理地应用？这就是常态和非常态的关系，现在我觉得这个题目还没有破题。

第四，妥善处理好枢纽型慈善组织和一般慈善型组织的关系。我国必须有一批可以发挥引领作用、示范效应，起到协调资源的组织，这关系到整个慈善行业的生态。但是罗马不是一天建成的，枢纽型慈善组织也不是一个红头文件发了就具备这个能力和影响力的，是要在平时不断积累的。2020年1月31日的武汉事件我也提到过，平时不是枢纽型组织，从来没有扮演过枢纽型慈善组织的角色，当大量的几百亿元、几十亿元来的时候去调动，怎么可能呢？现在要重视枢纽型组织的必要，这个跟发展一般慈善组织应该是并重的关系。

我觉得中华慈善总会和湖北慈善总会，事实上扮演了枢纽型慈善组织的角色，那一天我花了两三个小时盯着，我们处理得很及时很高效，我们表现得很出色。为什么？就在于平时的技能和上下一体、左右联动的格局。

我们要发展慈善组织，也要培养枢纽型慈善组织，枢纽型慈善组织不仅是慈善的行业协会，也要有像中华慈善组织这样的行业协会，培养担当枢纽型慈善组织的角色，这个很重要，只有这样，才能在重大灾难发生时，我们不会辜负每一份爱心善意。

当务之急，我觉得有三项工作是值得我们加紧的。一是尽快构建有利于慈善事业发展的完整政策体系，全国人大执法检查基本结束，目前在撰写执法检查报告，我们希望通过这次执法检查推动政策的完善落实。二是尽快激发慈善组织内生动力，一个人要好，没有内生动力不可能发展得好，内生动力在哪？如果没有不可替代的特色，就像高等教育一样千校一面，怎么可能造就世界一流？要研究内生动力在哪，并把它激发出来。三是优化慈善事业的发展方向结构，以募捐为重，转向募捐与服务并重，这关系社会保障制度的建成，以后主要的任务不是募捐，而是服务。我们深圳一墙之隔的香港，我做过很多次调查，人家机构80%的钱都是政府财政的钱，在替政府干事情，香港只有一家自己做的，一年几百亿港币。我们有很多低保金和社会救治，款物资源也有增加，但更要重视自身机构为社会提供公共服务，这是不可替代的，政府可以发放现金、养老金、低保金，但不可能满足不同层次的人的个性化发展需要。现在我觉得这是事实，需要调整优化方向。

中华慈善的现代发展前途

北京师范大学中国公益研究院院长
中华慈善总会专家委员会委员　王振耀

中华慈善到现在，其实有两大最新国情：第一，2019 年中国人均 GDP 正式突破一万美元。第二，中国大陆 2020 年年初到现在为止，其实我们刚刚经历了一场全球的新冠肺炎疫情，并取得了决定性胜利。

这两大最新国情意味着人均 GDP 达到七万多元，中华民族历史上没有这么高的发展水平。再一个，产业结构，第三产业增加值比重超过 50%，也就是说超过了第一产业、第二产业，社会服务机构包括慈善正在对整个经济和社会产生广泛影响，因为产业结构变了。过去我们的思想都是以农业为基础，以工业为主导，第三产业不算。现在不一样了，这是中华民族历史上的突变。

新冠肺炎疫情，每天都在公布数据，较早的时候我就列了一个表，看看我们的数据，看看全世界的数据，什么也不用说了，我们过去谁能想到，我们超过了所有的发达国家，这是在我们和发达国家面临同样条件下的比赛，我想对我们中华民族需要重新认识。

所以我认为，人类文明到现在为止开始了大的升华，2019 年中国人均 GDP 到 1 万美元，2010 年世界 GDP 到 1 万美元，大概进入了善经济时代，这时候中华文明开始对全世界产生巨大的交互。过去我们都得找发达国家，找人家学，现在我们也不是自满，也不是封闭，但是一定要有自信心，全球公共治理的方式在转型，人类生活方式在发生深刻的转型，人类文明正在进行着重大的洗礼。这个时候我觉得，我们要反思我们自己，可能原来我们的想法，甚至百年以来，习近平总书记说百年剧变，百年以来不仅仅是社会剧变，我们的想法遇到了非常大的挑战，过去我们总认为中国的什么都不行，现在要反思一下，就“善”而言，我们应该反思一下中华文明的慈善理念。

其实我们在认知方面，通过这次的疫情发现，我们的基本认知，包括中华文明的认知方式，中国的太极阴阳，西方的正义与邪恶，东西方认知善恶理念的不同，中华文明有更强更大的胸怀而不是刻板否定，中华文明为什么可以提出很多大的理念、包容的胸怀？这是我们几千年历史上有的认知善恶理念。

首先是正确的政府观。坦率来说，我们跟西方相当大程度上是对立的，要认识咱们自己。我们文化对政府的认识，政府是必要之善，有功德、有能力的人才能胜任，平民当官需要严格的科举考试，我们的平等观是“王侯将相，宁有种乎”，是“四海之内皆兄弟”。西方文化对政府的认识，政府乃必要的恶，官位应当通过选票得之。

其次是经济观，我们是民生为本、民生主义，信奉生命至上、人民至上。西方的理念是自由主义，个人自由至上，个人主义，大家知道在西方现在戴口罩都是重大政治问题。

当然，更重要的是我们的价值区别点。其实大家看，“80后”也好，“90后”也好，甚至是“00后”（都知道）．我们的价值观就是天下为公、公而忘私、家国情怀，跟个人主义、私人财产神圣不可侵犯这样的理念不一样。

我们的常识是百善孝为先，泛爱众。而发达国家理念是上帝面前人人平等，救陌生人为大善。我发现中国人有一部分捐款没算，是给父母的回报，这个在西方是没有的，包括朋友们之间的互助。

再思考一下多样化的现代格局。我认为，到今天，大陆的慈善总体格局到现在已经确立，“两法一条例”都有了，有86万家社会组织，以中华慈善总会为代表的慈善会系统，这是第一大系统，第二个是红十字会系统，以及中国志愿服务联合会、中国光彩事业促进会等机构代表，其实慈善组织的格局已经形成。像台湾的慈济，也在推进各种各样的中华文明的发展，包括香港和澳门的专业化慈善格局，

“两岸四地”现在也开始交汇，包括各种各样的大善大爱的交流。

到底下一步的前途是什么？我认为现在的慈善到了一个转折点，就是引领善经济，亿万人开始参与以人为本的社会服务业。人类社会进入新的突变期，这时确实是需要中国之善来解决中国社会的主要矛盾，特别是养老、儿童、残疾人等，这个社会服务体系没有善不行。但是又面临了两个挑战，第一，2016 年的《慈善法》和 1998 年的《民办非企业单位登记管理暂行条例》并行。第二，人们不认为慈善是一个行业，全世界都没有限制慈善行业的工资水平不得超过税务登记所在地的地级市以上地区的同行业同类型水平。

应对挑战，我们需要做到以下三点：一是需要转变理念，将慈善和经济发展结合起来，要容纳大量的就业；二是要抓住这个爆发期的机遇，我认为国家推动得很靠前；三是开发文明优势，我们要做很多跨界。

结论：新时代是一场巨大而广泛的善经济革命，中华慈善具有特别的使命，需要创造社会价值，需要开发社会资本，推动中国慈善事业迈出更大的步伐。

防灾救灾网络协调分享

北京益行者公益基金会秘书长　陈嘉俊

北京益行者基金会是由北大光华管理学院以企业家社群为主的企业家基金会，我们过去做了很多跟环境保护相关的工作。之前我们总是谈论要怎么应对气候变化，实际上已经不是应对气候变化的问题了，而是从一个量变到质变的问题，该如何应对气候灾害的问题。我们发现，过去说要节能减排，限制汽车尾气，使用太阳能等，都是为了应对气候变化所做的工作，但是现在极端灾害已经来了，比如 2019 年澳大利亚的火灾和南美极冰川融化。我们需要有一些全新的方法应对极端灾害，甚至包括一些局部的战争、冲突以及社会不稳定情况，这都涉及灾害应对，而且还不是传统意义上的农村灾害，那么城市该如何备灾呢？

本次活动就是希望企业家基金会和整个救灾网络来探讨，如何利用好这次联动方式，让整个救灾行业做一些创新，这也是今天会议主要想探讨的话题。

我先抛砖引玉，首先需要超越传统公益，传统公益就是基金会付款、捐钱给到救援队，救援队实施项目或者给到一线防灾队伍实施项目。

大家猜这个是什么东西？这是一个骆驼背着一个桶在走路，大家可能觉得是在埃博拉吗？不是的，这个桶是做什么的呢？有人说保存疫苗，埃博拉疫苗已经出来了，涉及的另一个问题就是关于疫苗的存储。

目前，非洲没有接网络的电网，绝大部分非洲的山村是依靠太阳能。冷链运输在非洲是很大的痛点，在这种情况之下，公益的痛点和需求并不是没有疫苗，也不是没有公益机构资助疫苗的接种，而是疫苗存储和运输的解决方案。

之后，盖茨基金会做了一个解决方案，该解决方案哪怕在高温环境，也可以保持箱内-60~80℃，保存时间长达120~144个小时，基本解决了疫苗长时间保存的问题。这正是澳柯玛做的，为什么他们会做这样的事情呢？他们总部在山东省青岛市，是一家青岛企业，他们用非常低的成本拿到专利，并应用在公益场景，把专利技术产品化，对于他们来讲是非常划算的。

盖茨基金会出钱找到这样的专利，然而基金会不一定知道怎么解决，只是发现了疫苗存储或疫苗接种的痛点问题，这是解决埃博拉疫情很重要的环节，但是都没有这方面的基础和经验，所以他们锁定了疫苗存储的过程，盖茨基金会和澳柯玛一起竞争，澳柯玛的这个价格远低于盖茨基金会的价格，所以就把这个东西做出来了。

这个技术同样可用在其他领域，可能在一些其他户外的冷链运输领域也会用到这个专利，如果没有把这个东西用同一种公共市场，或者以公共需求的方式做出来，就需要投入大量的人力、物力，所以是根据公共市场的需求，用极低价格做了一个公共产品，完成产品和市场的验证以及功能的验证。之后澳柯玛把这个技术用在家电领域，因此打开了非洲市场。

国内有一个手机品牌，也是针对非洲的品牌，所谓农村、穷人的市场也是一个非常巨大的市场。

这是我亲身经历的案例，上半年美的基金会提出该如何应对疫情，当时美的集团援建方仓，它的家族基金会提出美的企业帮助武汉抗疫了，那顺德家族基金会应该做什么事情呢？因为疫情导致企业停摆，我们意识到了这样的需求，不仅仅是气候变化的影响，也看到气候变化导致气候灾害的影响，也看到了疫情对每个人的影响。

那么次生灾害是什么呢？我们洞察到次生灾害可能对大量中小企业，特别是做餐饮、零售的企业影响特别大，因此就会损失两到三个月的现金流，对于个体户及每一个家庭来说都是最致命的，顺德区创新创业公益基金会推出了针对顺德区小微企业 2 亿元的扶持资金。

企业要拿钱出来资助公益机构，我们认为不是支持公益机构，而是解决社会问题，在那个场景之下，什么社会问题是我们关注的？首先锁定就业问题，如果大量的小微企业没有现金流、抗风险能力差，那么银行不会贷款，银行一般也会给到中、大型企业，对于个体户来讲可能只适用贷款，但是在那个场景下，到底餐饮业或者零售业什么时候能够恢复，对于他们来讲就是在“十字路口”，如果过多几个月还不能开业的话就等同于是雪上加霜，所以我们就以粗暴的方式给他们一到两个月的现金流直接补贴。

我们需要全新的慈善方式，即慈善资本怎么去催化产品的创新？或者说帮助商业能够保持繁荣从而保持社会稳定，用产业投资逻辑理解影响力资本。

我认识很多创新者并了解很多创新的想法，包括今天来到现场将要路演的小伙伴，他们也有创新的想法，比如说传统的方式就是一轮一轮融资，用企业股权未来的想象空间换钱，大家有没有想过，有另外一种发展路径，如果我们针对公共市场的话，大家围绕公共需求共同创业，这是一个全新的组织关系。

专门研究技术的，就不断地提供技术，专门研究产品化的，就不断研究产品。比如在我们顺德，大量的制造业专门把技术产品化，上市公司就专门去寻找和并购采购这些已经产品化的技术，另外就是可复制的样品市场，并且有基金会用过的，还觉得好的产品，通过它再进行整合。

一会儿有一个路演的人员，讲的是粮食安全问题，粮食安全解决问题从创意到产品再到全国各地救灾都要用的话太难了，把这个产品做出来之后，如果给到中粮集团，他们全国各地有大量的生产厂家和物流渠道，知道成本是多少，受用的反馈是多少。

我不知道在座的做公益的小伙伴们怎么看待公益的成本，坦白讲我觉得做公益的成本挺高的，没有大规模采购的时候我们只能谈情怀，我觉得这是一个怪圈。

从影响力资本角度看防灾减灾，从投资角度来说，投资防灾减灾是我们过去没有关注到的“蓝海”，像拼多多下沉市场一样，一个特点就是市场容量巨大，这个市场容量关注的人太少了。

我们看到，虽然我们现在有很多专业做得非常棒的基金会在做相关服务，但是仍然有非常大的缺口。例如，疫情期间有大量的志愿者在捐卫生巾，在这样的场景下，救灾也许会发现问题。比如糖尿病人日常的营养摄入，甚至无障碍人士的问题，救灾场景下残障人士生命安全保障怎么办，他们面对疫情的时候怎么办，在做救援的时候怎么办？所以市场容量其实非常非常大。

需求刚性，看看我们淘宝上面买的东西，其实很多都是看上去有需求，但是不一定要买的东西，但是就救灾场景的话，只要跟生命安全相关的都是刚性的，需求刚性意味着有强烈的付费能力，不要想着救援或者是灾后的工作都是无偿的，他可能是有付费能力的。比如说在安置点环境不好受不了，想要有更好环境的安置点，这就是有付费能力的。

在当下场景里面，资本天然就能够发挥出强大的社会属性，我们国家有应急管理部门，他们商业机构的角色是怎样的？在座的各位可能做得比较多的是公益行业，商业机构已经在开始嵌入这个领域了，我所知道做大数据的、做系统的已经在做更多的系统开发了，我们过去在用微信群、文档协调救援物资的时候，有些行业已经在入系统了，如果我们不去做创新的话，未来三年或者五年之后还有没有在座各位的事情了？所以我相信我们还有很多创新的机会。

在防灾救灾领域需要上下游协同，数字化和信息化在行业的应用，对于细分人群和城市防灾减灾的应用，在防灾领域无障碍问题，对于细分人群的痛点和服务都需要协同，最后就是慈善资本和产业资本如何做协同。

看得见的防灾减灾

平安星减防灾教育中心发起人、秘书长　刘国强

请大家首先把双手举起来，十指交叉，大家告诉我，右手大拇指在上面的请举手，左手大拇指在上的举个手，有人可以告诉我这是为什么吗？有人说左右脑，也有人说习惯，我们小时候习惯就习惯了，那我们现在错一下，你换位置感受一下，我们大家可以放松一下，思维打开一点。

我本人推崇风险规划，就是说我们通过风险管理把灾害降到最低，把事情做到前面，不要事情发生了再去做补救。有一句话说得很好，“治病不如防病，治灾不如防灾”，但是在实际生活当中我们遇到了很多挑战。很多人可能都认为我们这个城市，这个地区不会有地震，也有很多人会认为发生危险和灾害在我个人身上的概率非常小，我怎么会这么倒霉呢？这么倒霉的事不会发生在我身上，我们个人发生这种灾害的概率确实很小。

但是放眼我们社会，放眼这么多人群，只要有风险，就会有概率，大家都知道墨菲定律吧，有发生不好的事情的可能就一定会发生，概率是百分之百，而不是很小的概率。

这些年我很幸运，几乎见证了咱们国家防灾减灾的发展。我刚开始去注册公司的时候，他们问我想注册什么样的机构，我们就说叫减防灾教育中心吧，他就看着我，问这是什么东西？我们交流完了之后他可能才了解一点，把“平安星”三个字加上，他可能在怀疑我们这些人到底是干什么的？因为他没有注册过这样相应的机构。

那时候整个的环境就是这样的，我记得平安星减防灾教育中心刚注册的时候，全国可能不超过 5 家这样的公司，手指头都数得出来，

非常的少。企业在这方面的投入很少，因为大家更喜欢去赈灾，也许是有社会关注点，也许认为在这方面的钱花起来特别的值。

这些年有很大的变化，很多机构都已经在做这些事了，基金会包括一些社工组织他们都是在做相关的工作。有些企业以前专注于救灾，只要有灾难他们都会捐钱。现在在我们的推动下他们也有了一些创新方式，比如捐 1000 万元，将这 1000 万元的 10%也就是 100 万元用于防灾减灾，其余 900 万元还是在救灾。对于我们来说已经是很大的创新了，他们已经转变思维，把救灾的钱一部分用在防灾上面了。

政府也做了很多的努力，2020 年持续的疫情是一个非常好的案例，我很想给政府点赞。我们以前做防灾减灾有的时候不太容易做出成绩，有一个很重要的原因，那就是我们不太好测量，不太好评估。比如做免费午餐、营养午餐或者助学的项目，我们可以测量孩子们的体脂是否提升了。但是防灾减灾问题，如何测量孩子们的防灾意识提升了呢？我们做了很多的硬件设施就能说明孩子少伤亡了吗？这很难测量。

这次疫情纵向的很难测量我们国家所做出的努力，如果把人民的生命放在第一位，再去横向比较，对比其他国家，我想这个就能比较出来了，所以我觉得真的要为国家点赞。我想美国人可能不太了解，不太懂这个道理，他们可能认为做和不做差距不太大，当然还有其他的原因。

积极地说完了，我再说一下我的困惑。雅安地震结束以后我们在雅安做了 100 个学校，其中有一个学校我记得很清楚，因为那是一个旅游的地方，我们带着几十个志愿者去学校做防灾演练活动。结束之后校长跟我说在你们来之前有一个机构也来过，但是他培训的内容跟你的区别很大，地震的时候是否要钻桌子、出了门是往左跑还是往右跑都不一样。我不说谁讲的对或错，我只是想说这个行业的确缺乏一个相对统一的标准，导致讲防灾减灾、安全教育的门槛特别低，好像谁都可以讲，在网上弄个 PPT 就可以给孩子们讲安全知识了，在我看来是非常不负责任的。

我们国家地域非常的广阔，气候也不同，还有很多民族的问题，有些地方地震多发一些，有些地方是台风多一些，有的地方山多，有的地方河域比较多，包括以前学校做过哪些努力，现在学生掌握哪些知识，如果这些不去了解，不去看学校周边的环境，你再去给学校的孩子们讲，肯定是有问题的。

地震钻桌子与否其实非常的简单，如果现在门口就是操场，那我们干吗要钻桌子呢？赶紧跑啊，如果在六楼，短时间内跑不下去的话为什么要现在跑呢？为什么不钻桌子底下呢？这些没有准确的答案。

到学校后我们会进行风险评估，隐患排查，做完以后再制定一个培训方案。我们去河北的学校，在没有提示的情况下他们都是抱着头跑，他们觉得因为地震，砖会掉下来，所以就抱着头，但是我们的目标是要逃出去，如果抱着头跑时间会很长，我测了一下，差不多相差一分钟，而且手是保护平衡用的，他们是孩子，而且是下坡，如果他们抱着头跑，那么摔倒了怎么办？如果摔倒了，在晃的过程中是不是容易造成踩踏，非常的不正确。

这些东西我们宣传的时候还是有一些人在做同样的错误，我一直在说，我们一定要把教育教“活”了，不要教“死”了。我写过一篇文章——知识无用论，做体验式的活动，让孩子们自己体验，钻桌子还是不钻桌子？一年级在一楼，六年级在六楼，你自己判断要跑还是钻桌子，通过活动启发同学们，所以我们培养孩子们的是那个时候他们所做的应急反应能力，我们把安全知识要放轻一点。

有一次，我们教孩子们做包扎，有个小孩问我包扎我已经学会了，但是纱布在哪里找啊？我一想确实没有教如何找纱布，小孩子问我可不可以用衣服，我说如果干净的衣服的话是可以的。现在也有很多地方普及了急救设备，但是我们要考虑适合孩子们用的应急用品，我们的项目也加入了这些。

我们现在的项目培训完之后，每个班级墙壁上都会挂一个应急箱，会给老师、学生进行培训。不仅是我们的项目里面，基金会或者政府、企业都需要，我们也开始像普通商业公司一样去投标，政府需要培训和服务，我们也可以提供。我们不只是筹钱做服务，也可以主动的像闯市场一样提供服务，这样的尝试我们也做了一些，看到了一些相同的企业，他们没有说自己是公益机构，也在做这样的尝试，是我很好的学习目标。

我希望有一天我们到处都能看到应急设备，就像看到灭火器一样，我们看得到我们就可能会去主动学习，我们看得见就可能在危险的时候及时用到它，我也希望未来有更多企业、更多人士加入防灾减灾。

第二节　政社协同：构建新型慈善领域的政社关系

疫中反思：构建新型慈善领域的政社关系

北京师范大学民生保障研究中心主任、教授，
中华慈善总会专家委员会委员　谢　琼

关于政社关系这个话题，我今天的分享主要从四个方面来探讨。

第一，为什么要探讨政社关系，为什么要在这个阶段那么多人来探讨这个问题。第二，我们一般的政社关系有哪些类型，我们现在慈善领域的政社关系状况如何。第三，我们要构建新型的慈善领域的政社关系该考虑哪些问题。第四，新型政社关系应该包含哪几个因素。

首先这个问题是怎么提出来的？其实关于政社关系，一直以来都是大家关注的问题，但是在新冠肺炎疫情一开始，就引发了学界和业界的思考，主要是三个点。一是民政部指定五家机构接收善款，但情况不太好，大家想到了玉树地震和汶川地震善款的使用情况，一下子又勾起了大家的回想，在想经过这么多年，我们怎么还是会出现这种问题？二是慈善总会向政府上缴疫情慈善善款，这个点又引爆了大家对这个问题的思考。三是一些地方政府在疫情初期的时候，因为那时候不了解疫情到底是什么状况，都积极向社会发出一些募资公告，我们注意到许多地方政府留的账户是政府的财政专户。政府有没有资格募集和接收社会捐赠？2014—2015 年左右制定《慈善法》的时候，这个问题我们就讨论了很多次，政府在理论上不可以接收社会捐赠。政

府有没有收缴社会捐赠物资的权利，政府有没有使用慈善组织募集到的物资权利等，面向未来健康的慈善事业的发展，需要怎样的政府和慈善组织之间的关系？

在研究中我们认为，政府和慈善组织在内的社会组织有两种关系，一是从研究国家和社会关系的角度来看，包括慈善组织在内的社会组织，是对政府权威的一种挑战，在这个过程当中，政府和社会组织会形成比较复杂的关系。二是从新公共管理的角度来看，慈善组织在提供公共服务过程当中跟政府形成的是一种合作关系，在服务的提供上，慈善组织会在专业性这块占有优势，政府在资源统筹上占有优势，两者结合共同合作，可以把服务提供得更好。

通过主要的这两种关系我们可以总结出来，从全球的角度来看，政府跟慈善组织和社会组织的这种关系，其实是多样化的关系，在不同的阶段、不同的地域、不同的领域、不同的主体当中关系是不一样的，有些时候是对立的，有些时候是合作的，还有些时候是一体的。

在这个基础上，我们现在慈善领域的政社关系如何？2019 年我们在做儿童服务领域的一些调查，对困境儿童提供服务，我们做了很多访谈和调查之后发现，目前政府和慈善组织的合作，在这个领域主要有两种方式，一种方式是直接合作，也就是说慈善组织通过与儿童相关的福利机构、学校等，为有需要的儿童提供服务。另外一种方式是间接合作，这些慈善组织并不与政府发生直接的服务业务往来，而是在政府制定的政策框架下独立提供服务，在提供服务的过程当中接收到了政府的政策支持和监督管理。

在政社关系的梳理上，慈善领域的政社关系也有一个图谱，左边是政府，右边是社会，在从左到右的这条线上，有官方背景的慈善组织，会离政府更近一些，在社会这一头，就是我们所说的草根组织。整体上来看，有官方背景的慈善组织和政府的互动是频繁的，社会资源比较丰富，资源动员能力也非常强，在座大多数都是慈善会系统的同人。但是草根组织跟政府的关系比较一般，有些时候甚至是僵化的。

总的来看有一个规律，跟政府关系融洽的慈善组织发展得比较好，但关系紧张一些的会比较难。

总体上来看，目前我国慈善领域政社关系还是处在传统的政府对慈善组织的管制关系当中，也就是说是监管有余，支持和促进不足。就像宫部长提到的，我们是严管有余，厚爱不足。

还有一点，在资源统筹协调机制上不健全。未来慈善事业的健康发展需要构建一种什么样的新型政社关系，需要考虑什么问题？我认为要考虑三个问题。

第一个问题，要考虑民生有什么样的需求，在这个过程当中政府是不是能够全部满足，政府提供的社会保障水平到底有多高，在多大程度上需要社会资源、需要慈善组织提供服务，倡导政策的发展。如果说需要慈善组织和社会大力补充，那就应该给它一个很大的空间提供服务。

第二个问题，要考虑中国慈善事业的发展到底要走一条什么样的道路。我们在这些年的过程当中，一定程度上，很长时间内我们在用西方慈善理论和西方慈善发展的路径来指导中国的慈善事业发展，现在很多慈善组织就是奉行这些理论在继续往前发展。但实际上，不管是从文化、经济、政治、社会上，我们都跟西方的情况是不一样的。王振耀老师提到，在文化上我们有很多不同，我们倡导国就是家，国是大家，家是小国。另外，我们是差序格局，熟人社会，由内向远，由近向外，由亲向疏，但西方强调平等主义。我自己瞎琢磨，中国文化是一种“让文化”，即谦让文化，是一种“融文化”，要找集体和归属感。但西方是一种个人主义的个性文化，会造成很多不同。刚才提到的熟人社会、差序格局，前两天也有老师提到，现在的慈善事业当中有一个很亮丽的名片“网络慈善”，我们的网络慈善发展得很快。在网络慈善的发展当中，我们所说的指尖公益既借用了网络科技的优势，又发挥了中国熟人社会差序认同的优势文化，我们的“9·9公益日”5700多万名参与人，主要是通过朋友圈、各种群转发，集小红花来实现的。

从经济上来说也是不一样的，郑功成老师和王振耀老师从经济发展的高收入阶层进行了分析，我再提供几个需求方面的数据。虽然我们在2019年的时候人均GDP已经挺进了1万美元俱乐部的成员国，但我们有一个统计判断，中国还是一个发展中的大国，这个判断再过十年都不过时，当然这不是我自己的判断，是我们北师大中国收入分配研究院李实老师他们团队研究的判断。也就是说，在全球有数据的178个国家或经济体当中，中国仅仅排第66位，我们的人均GDP还没有达到世界平均水平，只是相当于世界平均水平的90%，离高收入国家还有一大段的差距，目前我们的月收入在2000元以下的，前段时间有一个文章说有9亿人，经过校正之后，至少还有7.1亿人，1000元以下的还有3.1亿人，还有1亿人月收入不足500元。虽然近些年在减少低收入群体，扩大中收入群体方面取得了很大进步，但总体来说，中国还是低收入人群占主体的社会，这个跟西方发达国家中产阶级占主体是不同的，决定了我们的慈善很长时间内是救助型慈善。这个跟政社有什么关系？

救助型慈善所做的事情，都是跟政府基本职责密切相关的，决定了我们的慈善组织在跟政府关系的确定上，就是一种合作伙伴的关系，这是跟西方国家经济整体比较发达基础的发展是不一样的。我们的一党执政、政治协商跟西方的多党执政是完全不一样的，西方多党执政的情况下，许多慈善组织有政治背景，有政党执政背景，任务有所不同。我们在一党领导的背景之下，唯一的选择就是协助政党和政府更好地为人民服务，把社会建设得更好。

所有的这些不同，包括经济、文化、政治上的，都决定了我们必须要走自己的路，事实也证明，生搬硬套西方理论在中国是行不通的，把慈善组织放在跟政府对立甚至对抗的那一面，在中国是不能有所作为的。目前，我们了解做得好的一些慈善组织，包括我们在座的各位在内，不管是有国际背景的，有宗教背景的，还是本土成长起来的，比如有国际背景的红十字会，有宗教背景的爱德基金会，以及我们去甘肃调研的基金会，我问他们执行过程当中的感受是什么，你们怎么可以跟村民结合得比较好，他们就谈了一点经验，他们说我们懂得跟政府配合，弥补政府所不能触及的那些地方。我想说，不管它背景如何，做得好，都是能找准定位，跟政府相处融洽的。

第三个问题，我们要考虑在互联网时代信息技术对慈善新业态有怎样的影响。互联网已经深刻影响到了人们的生产生活方式、行为方式、思维习惯，并且进一步影响了社会结构。在融入了中国文化和先进的信息技术，正在引领慈善新理念的网络新慈善成为主要发展途径的时候，互联网崇尚开放、透明、共享的环境里，如果我们还用相对保守、封闭，主要依靠行政手段的传统管制，在新的慈善业态下是行不通的。网络慈善对于地域、互联互通、治理方式的突破，都意味着慈善事业发展的新阶段出现了，必将要求新的政社关系去适应。在“9·9公益日”当中，慈善会系统的表现非常不俗，尤其是2020年，大获全胜。接下来关键的是要考虑，面对这样的一个慈善新业态，慈善会系统如何继续深化改革，积极拥抱这个新变化。

新型政社关系应该有三个要素。一是要确立共同的目标，这个目标就是以民生需求为出发点和落脚点，也只有在以民生需求的满足为目标的情况下，各级政府和慈善组织的目标和服务对象才具有统一性，才有合作的基础，才能搁置争端，搁置各自的利益，甚至达到无我的境界，通过促进慈善事业的发展改善民生。二是发展政府主导下的政社合作关系，这里头强调的是主导，不是现在我们所处的管制状态，政府在这里边要扮演政策引导的角色、支持促进的角色、监督管理的角色，一旦违反了规矩或者违法了，就要严格制裁你，不容许出圈。在政府主导的情形下，政府和慈善组织要各遵其道、各守其规，慈善组织要强调自律、行业精神、专业精神，建立两者的应急协调机制。三是政府和慈善组织的关系要在一种放活当中建立秩序，首先要放活，然后再慢慢规范、建立秩序。尤其是今天我们站在经济发展最前沿的特区，新型的政社关系我想也要向改革开放当中的政企改革学习，在秩序建立中求发展，这既要求政府要提高政府的治理能力，也要求慈善组织要提高自己的服务能力。

总之，大疫过后，面向未来，我们要建立的是一个以满足民生需求为目标，政府主导，尊重政府和社会发展基本规律，有活力、有秩序的新型政社关系。

重大疫情后的心理重建

天津市学生心理健康教育发展中心主任、天津师范大学
心理学部副部长、中华慈善总会专家委员会委员　吴　捷

我现在负责天津市学生心理健康大中小一体化中心，负责 1400 多所学校 160 多万名学生的工作，做了很多实操。大家知道疫情很重，不但扰动各方群体，像弱势群体，其实对正常群体的影响也很大，自杀的学生以及其他方面的也有很多。另外，我们还在甘肃山区做心理帮扶，在戒毒所、救助站等地都做了活动。我们组建了一支队伍，做了 400 名重症患者的心理康复。

疫情给我们带来了很大的身心变化。我们可以看到，人类发展的历史上我们经历了各种各样的灾难，有洪水、地震、战争、疫情，我们受的灾难不单单是因为身体受的创伤，疫情更多的是让我们的心理上受到重大影响，大家很恐慌。为什么恐慌？因为我们看不见它，这叫“不确定性”，它如果是真的蛇，我们可以逮住它，可以逃跑、攻击，但是因为看不见它，不确定它，带来了心理的焦虑恐慌。过去黑死病，产生大量的精神行为问题有很多，包括埃博拉病毒、非典，致死率都很高。目前疫情对全球影响非常大，中国这边独好，得益于国家的正确领导。

通过疫情后，心理问题是增多的，所以我们做了大量的工作，做检测，心理评估。韩国人带着疫情来到中国，看到这样的新闻，心理上的反应，首先是应激，我们马上会产生影响，会恐惧和惊恐，生理上也会产生恐慌，比如上厕所、食欲下降、睡眠障碍。实际上大多数人都可以正常活下来，不用经过心理咨询，不用吃药也能活，因为经过一段时间我们能适应了，但心理咨询能保证我们快速恢复健康。

疫情后常见的心理问题，比如创伤后的应激障碍，看见现场场景后，不断重复真实的极端恐惧的体验，在梦境或意识状态里都会出现。这种闪回状态对身体影响很大，肯定会有人群产生心理疾病，很多人有强迫思维，不断洗手，甚至一会儿躁狂，一会儿抑郁，我们要对这些人群做一些认识。疫情期间心理问题频发，是因为不确定性让我们产生了大量的恐慌，缺乏安全感，比如酗酒、毒瘾等，都会对身体造成比较大的伤害。

我们关注了几类特定人群，一是老年人，报道疫情对老年人伤害比较大，属于高危群体，认知老化，可以看到很多案例，没有人管他们，现在我们的组织在改变这个状况。还有一些特殊人群，比如精神障碍患者，复旦大学徐一峰教授团队的研究发现他们得病疾患率提升。包括自闭症儿童，最近很多城市自闭症家庭都出现了重大的恶性事件，这都是我们需要大量关注的。丧亲者，像这次武汉疫情，他们经历了很多创伤，有几类损失：第一类是发展性损失；第二类是预期性的，比如家里人得癌症，预测他可能的危险；第三类是疫情带来的这种突发性的创伤性事件，这是我们需要重点关注的。

在心理建设方面，习近平总书记也提到要把人民健康放在第一位，所以我们现在能有一个安全的环境，这也是我们做好心理服务的重要支撑。卫健委也提出要对 7 类人群做好重点服务。就像宫部长说大量热线要亲自服务，我自己做了 5 个武汉心理热线的总督导。

灾难后，大量工作是我们发起的，得到了社会认可。汶川地震的时候“防火、防盗、防心理咨询”，天津大爆炸的时候我作为队长带队去了，相对来说越来越规范。我们对官兵做了心理干预和疏导工作，我们在危机当中看到这么多能促进他们生长，找到他们力量的地方，避免他们二次创伤，并且尽快成长起来。我们的组织不单单给他们输送食粮、物品，更多的是让他们感受到关爱，我建议在这方面更多突出我们的人文关怀。积极关注，这是心理学常用的方法，更贴近他们，可能可以改变他们。要对他们尊重、接纳、包容，让他们增加安全感，让他们更多地认可我们的工作，我们对他们的小孩、老人可能要付出更大的耐心。

另外，宫部长（宫蒲光）说要注重科普宣传，我觉得应该有一个非常好的队伍，这是在信息不对称情况下可以证明的力量。很多人经常听谣言，谣言也是心理学研究的，谣言确实扰动人更多的正确理念。怎么避免恐慌情绪？正确发声，让信息对称。

我们做心理工作包括三方面：一是全部普及，地毯式的，每个人都要做。二是高风险的，发现精神障碍可以进医院去，人格有问题甚至是反社会的，可以通过我们的专业力量识别他、诊断他，防患于未然。我认为应该有协助我们做的云慈善，帮助他们做好心理服务，他打电话过来，跟你说，没有被拒绝，感到很温暖，马上就可以解决问题，所以必须要有统一的心理热线。现在的心理热线特别多，但水平参差不齐，出的问题也很多。要注重一线防控人员的在线培训模式，要关怀他们。既然做慈善，就要激发感恩意识，发挥传统文化的优势及感恩教育。三要培养素质慈善，最大的目的是帮助人，提高他的生命力。卫健委提出要乐观自信，要灌输更多希望给他们，这是未来慈善要走的一条路。

第三节　圆桌论坛：慈善会系统的使命与征程

圆桌主持人：

深圳市慈善会执行副会长　房　涛

圆桌嘉宾：

青海省政协原副主席、青海省慈善总会会长　李忠保

陕西省慈善协会副会长　赵浩义

河南省政协原秘书长、河南省慈善总会常务副会长　郭俊民

广州市民政局党组成员、副局长、广州市慈善会常务副会长　韦锦坚

广州社会组织研究院执行院长、博士　胡小军

房涛：中国慈善会系统是中国历史最为优秀，组织最为众多，资金量最为庞大，动员能力最为强大，系统性又最完整的慈善组织。中国慈善会系统的改革进程和发展，将对中国现代慈善的发展产生深刻而巨大的意义，我们将从新冠肺炎疫情的“战疫”、扶贫攻坚脱贫和社会治理创新三个层面来简单地聊一下实践层面慈善组织的探索。

李忠保：疫情发生之后，青海省委省政府高度重视，动员全省力量展开了抗疫斗争，作为青海省慈善系统，我们积极响应省委省政府的号召，迅速组织力量开展活动，特别是动员社会爱心力量开展捐赠，也按照省委省政府的统一部署，对款项、物资进行了捐赠和接收，我们也及时开通了平台，发挥了平台的积极作用，全省 600 多万名各族群众积极开展捐赠。在抗疫活动期间，因为青海省比较小，人口只有 603 万人，所以我们汇聚的钱款大体在三亿四千多万元。我们根据省委省政府抗疫指挥部的统一部署，及时拨付款项，对抗疫这场无硝烟

的战争进行工作，体现了600多万名青海各族群众重大义、布大局、讲大德、献爱心的精神风貌。这个活动开展以后，经过全省的努力，青海省抗击疫情的工作取得了积极成果，从3月到9月，省内既没有发生本省的疫情，也没有发生输入的疫情，已经有半年的时间了。在这个过程中，我们作为慈善人也感到很自豪。2020年是全面建成小康社会的收官之年，我们也将积极响应党中央、省委省政府的号召，继续发挥慈善组织平台的作用，把抗疫这场战役打到最后，取得漂亮的结果。

郭俊民：河南省慈善总会有四个方面值得总结。第一，政治上坚定。与党中央保持高度一致，习近平总书记第一次主持研究加强疫情防控工作的政治局会议之后，当天晚上我们邓主席就召开慈善总会的紧急会议，研究全省慈善系统如何突围这场战斗，可以说是闻令而动，积极作为。省委省政府对慈善总会的行动给予了充分的肯定，及时把我们慈善总会作为慈善社会公益组织的代表加入省政府指挥部一起工作。

第二，组织得力。河南省的体系组织比较完备，省市县乃至乡村、街道办公室都有指挥，我们纵向到底，横向搭起了捐赠和志愿的桥梁，形成纽带，迅速周密组织，快速行动。

第三，运转高效。截至5月，全省慈善系统接收的捐赠钱物是5.8亿元，其中总会接收了2.2亿元，我们算一算，这里边的接收支出的工作量有多大。我们慈善总会的人从大年初一召开紧急会议，一直到3月底，大概4月中旬，没有节假日，没有休息天，一部分同志住在指挥部，住在总会办公室，我们运转高效。

第四，管理严格。依法依规，我们所有接收的款物日清、日结、日报、日公示，达到这个程度，我们最后接收了国家省市两级款项，都零差错。

这四个方面是我们值得总结和继续发扬的。要说疫情给我们带来的思考，我个人认为，第一点，我们应该进一步认识中国社会不乏大爱资源，中国社会确实蕴含着蓬勃的慈善力量，通过深入研究、深化认识来坚定我们做好中国特色社会主义慈善事业的决心和信心。第二点，应该进一步深刻认识到慈善事业在社会治理过程当中的重要作用，从而明确慈善事业发展的方向。第三点，要进一步重视慈善事业，要崇尚慈善行为，发扬慈善精神，要尊重慈善组织以及慈善工作者的辛勤劳动。经历这场大考，我有这三点启示。

房涛：各位慈善会系统的从业人员，都经历了这场大考，像宫部长讲的召之即来、来之即战、战之能胜，不忘初心，不辱使命，不舍昼夜，不负重托，这是慈善会系统“战疫”中的坚强表现。这次“战疫”据中华慈善会统计，419.94亿元的捐赠，40.2%来源慈善会系统，26.3%来源红会系统，以及22.0%来源其他的基金会系统，再次看到我们的慈善会系统在中国整个慈善发展中的巨大深刻意义。接下来我想请赵会长谈一下扶贫济困、脱贫攻坚这块慈善会有什么样的作为。

赵浩义：2020年是脱贫攻坚的收官之年，绝对贫困消失，但相对贫困是永恒的。在后扶贫时代，慈善工作应该怎么开展，作为慈善实务工作者要谈一点感受。

在后扶贫时代，慈善应该在脱贫成果建立扶贫的长效机制上，在应用互联网打造慈善目的的新业态上，在探索慈善产业社会制定的路径上，在这三个方面要做好。一是在政府建档立卡制度下，我们救治谁、不救治谁非常明确，后扶贫时代我们要根据政府扶贫工作的大政方针及时调整我们的工作思路，应该在建立扶贫激励上，在开发慈善项目上下功夫。二是以互联网为驱动打造慈善新业态，2020年慈善会系统在“9·9公益日”，众筹了1.7亿元，腾讯配捐1000多万元，我们协会配捐近3000万元，我们以前1.7亿元公众众筹才能带来1000万元的配捐，主要是利用公益日动员社会大众参与慈善当中来，激发社会公众和慈善的活力。三是我们之前在湖北开了个会，新时代慈善组织参与社会探索了一条新路径。这个路径范围很广、领域很大，但我们如果把慈善的根扎到每一个社区，扎到每一个行政区，我们的慈善就会得到最底层的社会重视，这对乡村振兴、建设美丽乡村有很大的推动作用，也是我们慈善事业的一个爆发点，会产生巨大的能量。

韦锦坚：十九届四中全会明确提出要加强和创新社会治理，构建党委领导、政府负责、民主协商、社会协同共助参与、科技支撑、法治保障的社会治理格局，并且强调要重视发挥第三次分配的作用，发展“十三五”公益事业。宫部长在最近几篇文章里明确提出，十九届四中全会为中国特色慈善事业定位了明确使命和方向。作为慈善会组织，在社会治理中的角色定位我觉得可以从以下几个方面来考虑。

第一，慈善会组织要当好社会资源的连接者。慈善会无论是在体系的建设还是政社的关系以及社会的动员中能力都非常强，在疫情当中的表现可见一斑，所以应该发挥它的优势，更好地连接社会资源，助力民生一线保障。

第二，当好社会救助的补充者。慈善事业是社会救助体系的补充，是社会救助制度和兜底保障制度的重要补充。作为民政部门主管的慈善会系统，当然要贯彻落实好习近平总书记对慈善、民政提出的聚焦脱贫攻坚、聚焦特殊群体、聚焦群众关切，履行好基本社会服务、基层社会治理和民生保障的任务，作为慈善会系统，这一点是非常明显的，作为社会救助体系与政府救助体系的衔接。

第三，要当好慈善文化的推广者。总书记说过，慈善是社会文明进步的标志，慈善文化应该说是潜藏于我们内心的一种非常高尚的东西，习近平总书记也强调慈善是汇聚社会公众道德的，怎样推广慈善文化，作为社会治理的重要体现，我觉得这个可以考虑。

第四，《慈善法》的宣传者。2016 年，《慈善法》的出台标志着中国慈善进入了现代慈善时代，如何依法行善、依法治善，给我们慈善会系统带来了挑战。刚才不少专家说到怎样在政府的主导下，能够保持慈善组织的非政府性、非营利性、公益性和独立性，这是我们要考虑的问题。

第五，要做好慈善新业态的践行者。比如互联网慈善、区域慈善等，因为我们慈善会成立得相对比较早，大部分都是 20 世纪 90 年代和21世纪初成立的，属于比较传统的慈善组织，所以如何面对新时代，这个值得我们考虑。

第六，要做好公开透明的守护者。疫情当中，尤其是慈善会，政府也好，社会公众也好，对慈善会比一般慈善组织的要求更高，这一点如何做好是需要考虑的。

总而言之，我们慈善会系统在社会治理中应该要充当中国特色社会主义慈善事业的探索者、推进者和实践者，我就说这些。

房涛：作为深圳市慈善会代表，借这个机会跟大家分享一个点，关于慈善产品和模式的创新。深圳市慈善会1月23日开始全员投入“战疫”行动，截至5月，我们捐赠的款物超过4.06亿元，第一时间支持了湖北和深圳的37家医院及其他的福利机构，这是“战疫”方向。扶贫，我们连续10年做广东扶贫济困日，支持民政和深圳市扶贫办做这项工作，10年捐赠超过46.86亿元，2020年扶贫是15亿元的捐赠加5亿元的消费扶贫，再创10年新高。第八届慈展会有一个展馆专门讲消费扶贫，也是把扶贫工作走入寻常老百姓的食住行游购娱，我举两个小例子讲一下我们怎样做慈善产品的创新。

举个例子，我们在做慈善的时候，慈善组织经常会觉得我们怎么寻找到捐赠人和受益人，中间有一个很重要的感受，怎么跟主流的商业机构合作。我们从2012年开始跟建行深圳分行合作，在这之前我们做了银行对社会组织的免抵押免担保低息贷款，贷款利率不超过7个点，比中小企业贷款低很多，可能目前在全国其他地方难以想象。慈善组织或者社会组织，实际上的产权和所有权是公共的，连贷款证都没有，不是商业主体。我们做了建设银行从上到下从业人员的慈善咨询培训，银行从业人员有一个理财证，同时要领取慈善咨询的证，跟他的大客户做家族财富传承的时候可以两件事情一起做，不要靠慈善的从业人员跟大客户谈财富结构，他们一定谈不过私人银行的从业人员。我们跟建行做了慈善爱心理财，从2019年到2020年做了超过100亿元，每一期理财是6.9亿~7.3亿元的销售，这中间的购买者在

2400~2500 人。16 期理财有 3 万多人，是因为它有金融消费诉求，而实现了它的慈善捐赠诉求，并且理财的 0.3 个点我们回应捐赠人的慈善体验和捐赠感悟，让他们参与扶贫体验，让他们的子女也参与，做青少年的素质教育，这就形成了一个闭环。实际上是我帮他们的私人银行创建了稀缺的，人们需要的感受和体验的产品。

在践行公益金融的方向上一定要清楚，相比于商业主体我们整个慈善的板块，其实是很小的一部分，无论创造的产值还是 GDP 或是从业。所以如果能跟主流的商业机构合作，你可以因为一个慈善产品，不管你今天在不在这里开会，在不在这里扶贫，它都会不停运转，这是我分享的第一个案例。

第二个案例，关于影响力投资。我们过往总觉得残障人士或视障人士是问题，我们总觉得要解决这个社会问题的时候，就帮他修盲道，或者给他导盲犬。实际上我们深圳有一家企业是反向思维，理论上视障人士有 8600 万人，可以把他们融入主流渠道。也就是说，如果我现在做的是支付宝，或者腾讯，或者美团，或者是深圳市政府网站，或者是南方航空，或者是江苏银行。我跟他说，如果你们要让 8600 万人看见你的服务可提供，你就需要在你的主流系统上实现我这个改造，你这个主流系统也许是花 10 亿元或 20 亿元建构的，可我们只需要很小的改造就可以让他们融入正常生活。现在的点餐基本靠美团，出行靠携程，所以主渠道上都有我们这个项目的改造。我们切换一下思维，不要把问题当问题，而是要把问题当成主流机构需要的流量。换句话说，我们跟企业家做捐赠人教育，慈善一定不是你的成本，而是你的资本，慈善是你走向可持续发展，适应善经济的未来，慈善是你能够顾及更多人群来参与共同建构的资本。

最后想请胡小军先生，分析一下中国慈善会系统，怎样定义慈善会系统独特价值定位和未来发展的？

胡小军：就我的观察而言，在观察慈善会系统发展的时候，我们说无论是在抗击疫情、脱贫攻坚还是社会治理创新，我们慈善会系统发挥自身的作用，我想有一个非常重要的视角，我们所发挥的独特作用是基于我们独特优势基础上的。从刚才五位慈善会代表的发言中我初步感觉，呈现了很强的三个方面的优势或者说特征。

第一，在我看来这是一种品牌的优势。慈善会这个品牌的优势不是单独某个慈善会的品牌，在我看来它不像深圳的壹基金，好像是一个很大的品牌，慈善会的品牌在我看来是一个群像，是一个集体的品牌，正如刚才房会长所讲的，中国慈善会系统发展的历史是非常长的，而在很多地方，一听到慈善会，可能是一个社会认同度比较高，家门口首要的一个慈善机构，我认为这个优势在刚才各位的发言中体现得非常明确。

房涛：区域枢纽型组织。

胡小军：类似于深圳慈善会，就叫深圳捐赠主渠道，我感觉只有慈善会系统可以提出这个概念。

第二，慈善会系统的网络优势。这个网络优势不仅仅是指数量层面上有一定规模，我的观察是过去多年我们各地的慈善会，不管是省级还是市级，都非常注重基层慈善网络的建设，刚才也有慈善会的同人提到，这个又体现在两个方面。一是体现在市级或省级的慈善会系统注重把大量的资源、人力、模式向基层下沉，比如像深圳慈善会在我们深圳社区基金会推动的过程中，它其实在承担着培育者的角色。像广州慈善会，提出社工+慈善的战略，依托在广州实现的街道全覆盖社工服务站，把慈善捐赠站点、社区慈善基金融合进去，广州的探索也成为广东省慈善会大的战略方向。像河南慈善会领导提到的四级的，甚至延伸到了更基层的慈善网络，在开展这些工作的过程中我感觉到，无论是抗疫、脱贫攻坚还是社会治理，都发挥了非常好的纵向多级慈善网络联动作用，这一点在我看来是我们慈善会突出的优势。

第三，平台优势。主要体现在党的十八届三中全会提出的社会治理创新要推动社会组织改革，在这个大的背景下，从改革大方面来讲是两个层面。第一个层面，存量的改革，典型改革是慈善会系统以及过去我们讲的官办公募型慈善基金会，改革力度非常大，这种力度会对整个慈善产生深刻的影响。慈善会系统在改革的过程中有很多举措，在我看来最重要的一个举措是摆脱过去长期以来慈善会资源对体制的依赖，在这方面凸显两个表现，一是大力发展冠名基金，慈善会相当大的收入是企业、个人的冠名基金；二是推动互联网及其他的创新募捐方式，本质上是在打造一个平台。所以其实有很多品牌的优势、网络的优势，特别是基层网络的建设优势，以及横向多元平台的优势，是非常清晰的，这是我的第一个观察。

房涛：您刚刚讲到冠名基金，我们一再强调战略慈善，一百个企业，理论上就像一百个人看《红楼梦》，有一百个《红楼梦》，理论上有一百个不同的与它的核心优势最相关最匹配的慈善产品或项目，这个是企业的战略慈善。我们跟其他的民间组织和基金会有所不同，共性一定要不断深入挖掘，知道共性的优势，并且放大它，然后我们再取长补短。我考虑了三点。

第一，慈善会系统围绕党和政府的中心工作，这是必不可少的。火车头跟随党的政策飞驰，这种庞大的动员能力，对于效果和最大化的终极追求，这是慈善会系统正在做的，也是我们义不容辞必须要做的。

第二，对于社会需求的回应，是对每一个组织、人真正的深度需求和未来需求的回应，更加亲近这个社会，在方法论上更加接地气，回应各种组织的需求，培育孵化自己所在的区域，形成一个更好的生态，还要学会让渡。我有一些思考，就像经济的生态一样，慈善会的生态定位是什么？这个社会的慈善生态里，一定有机构是专门做执行的，有机构专门做研发、做品牌、做传播、做资助，所以慈善会的定位是什么？战略，有战斗的方向，同时要有略去的地方。

第三，不管是响应党和政府的号召，还是回应市场，终极来说是人心的需求，因为人心的向善向上，商业的向善向上已经成为一个必然，慈善会系统怎样让人们在这个过程中寻找到内心的安宁和幸福？其实人和人之间、机构和机构之间，如果褪去物质的东西，最重要的让你感动和召唤的是内在的精神。

第四节　社企案例：防灾减灾的创新与实践

社会组织参与灾害管理

壹基金灾害管理部主任　刘园月

我们曾经做过一个调研，关于老百姓怎么看社会组织参与救灾，大部分人的观点都觉得这是政府的事情，但是实际上社会组织和志愿者个人参与到救灾里面，最大的启发来源于 2008 年，在这里就不多讲了。

社会组织和社会力量参与救灾有没有依据呢？有的，从 1998 年最早的减灾规划开始这个事情通过法律框架也基本上确定了。2018 年对于救灾减灾防灾来讲最重要的就是应急管理的成立，虽然目前没有在此成立之后有什么固定的法规等出现，但是书记在绍兴开展社会力量救灾调研的时候他讲的这段话也是我们一直在强调的，我们为什么要参与救灾的事情，社会组织在参与救灾本身的特点是非常灵活，正是受灾群众所需要的，可以发挥很大的作用。

参与救灾的一线组织非常的多，在灾害发生之后，很多志愿者组织和社会组织都会参与到救援当中来，包括转移物资、提供服务等方面。从 2008 年开始到 2020 年很多地方发生了洪涝灾害以及疫情都有社会组织参与的身影。

无论哪个阶段都有社会组织参与的空间，比如社区、学校、家庭的宣传工作都有社会组织大有可为的空间。救援队和社会组织对于灾情的研究、应急方面的提升及演练等，这都是在防灾减灾阶段做出的重要贡献。

灾害发生 72 小时是生命救援的黄金时间，救援队也发挥了很多作用。房屋还没有重建的时候，救援队能够提供安置物、家庭生活物资、食品供应和心理援助，让受灾群众吃好住好，过渡安置阶段。

灾后重建阶段也有很多事情可以做，贯穿社会组织的优势就是在每一个阶段，对特殊人群的服务都是重中之重，我们前面讲的那个话题，谁应该救灾？大多数老百姓认为是国家在救灾或者政府在救灾，原因就是很多事情必须是政府来做，包括道路的抢修，恢复电力的供应这方面，这是社会组织做不了的。但是在受灾群众当中，老人、孩子、妇女这些人的需求就不是普通大面积的工作能够覆盖的，他们有一些很特别的需求，甚至是孕妇、很小的孩子都是需要关注的，对特殊人群的服务是贯穿所有阶段都要去重点关注的。

这两年我们在做一个叫“安全家园”的项目。我们在社区建了一支救援队，在疫情的时候就发挥了很大的作用，当时疫情发生之后，很多物资都缺，我们在全国有 9 个省 111 支救援队纷纷响应，在这个事情发生之前，因为他们有口罩等消杀装备，所以他们可以第一时间行动起来。如果是你所在社区里面有这样一支队伍，第一时间行动起来，我想对于每个人来说的话肯定会比较安心，会觉得这样的社区是安全的。

2020 年救灾期间也是一样，我们一共有 6 个省 92 支队伍，这次泥石流灾害非常严重，发生灾害以后整个茂县全部成孤岛，不仅是县城，而且县城里面别的通道，乡镇之间也都成为孤岛，外面的物资和人是进不去的。刚好我们在这个县有两支社区救援队，他们第一时间能够行动起来开展其余的工作，在外面的物资到之前这是他们能做的事情。如果有一支队伍经过训练，他们知道第一时间去找谁得到帮助，第一时间如何转移安置人，第一时间哪里最需要，那么这个社区就是安全的，这个社区就能减少损失。

专家对于汶川地震的研究发现，自救是最好的救援，救出来的人比例当中是怎么得救的呢？一个是自己救自己，另一个是周围的人救，再一个是外面的力量进入，这也是我们为什么一定要做救援队的原因。

有一个案例是跟招商局合作的一个“灾急送”项目，2013 年开始我们一共响应了 692 次灾害，卡车运输救灾物资一共 435 车次，招商局做的“灾急送”做得非常好，除了跟壹基金合作之外自己也是一个平台，也跟别的机构合作帮忙运救灾物资，他把自己最优势的一部分内容，仓储和物流参与到救灾减灾的工作当中来，也因此在疫情中做出突出贡献获得了先进集体的称号。

还有一个案例，是我们跟可口可乐中国公司进行的合作，确保在灾害发生 24 小时之后可以喝到干净的水。我们把应急用水的需求反馈到可口可乐中国公司，他们通过社会组织统一配发到受灾地，拿到参与救灾的东西是有物流和仓储的。瓶装水对于壹基金来讲，我们作为备灾物资储存起来是不划算的，一是会过期，二是占用仓库的位置。跟可口可乐合作以后就不需要占用我们这样的成本，大大缩短了我们运输物资的时间。

湖北恩施发生了泥石流后，造成了大量的泥沙进入水里面，把当地的自来水供应给破坏了，当时自来水不能很快地恢复供水，我们跟可口可乐公司合作除了饮用水之外，我们还一起研发了应急供水车，从仓库运输到当地，放到社区里面就可以了，有过滤的功能，出来之后就是干净的水，这发挥了很大的作用。

2018 年，一个叫新力地产的企业捐赠了 200 万元的资金，与我们壹基金合作建立了备灾基金。一共支持两个方面，一方面是支持社会组织人员的培训，救灾是需要人的，这是人力的提升。另一方面是用于在灾难发生之后快速的应对机制，可以支持更大的规模。有这样的机制后，能够快速的第一时间动用这笔钱。最难能可贵的是，这个钱是提前到我们的账上的，大大缩短了企业响应灾害的时间，而且我们可以第一时间回应上。

以上是我们合作以来的一些案例。

吾水计划

MyH2O 吾水信息平台项目经理　张　睿

很多朋友们在出门之前有一个习惯，会查一下空气质量，比如说看一下 PM2.5，但你们会不会在喝水之前拿出一个测量计放到你的水杯里测试呢，大家可以发现，相对于空气污染、大气污染，水污染更容易被看到，水和我们每个人都息息相关。

在乡村生活的伙伴们对机械式压水和蓄水池打水应该不感到陌生，尤其对于没有获得集中式供水的村庄，就是对于没有通自来水的村庄。这样的乡村在全国特别特别的多，他们没有获得特别安全的供水保障。饮用自来水真的安全吗？我们看一下这组数据，在很多乡村，尤其是某些重度污染的村庄，消化系统的癌症普遍偏高。基于中国现在乡村现状，我们当时在想，能够为这样的乡村居民做些什么，能够为这些存在隐患的居民做些什么？

我们在 2015 年成立了 MyH2O 吾水信息平台，我们借助特区力量以及青年组织，为乡村提供了精准调研教育服务，主要包括村民教育及儿童方面的教育，改善居民对饮用水方面的认识。2020 年我们因此获得了联合国的奖项。

接下来主要介绍一下 MyH2O 平台我们现在主要运营的三个项目，分别是吾水计划、吾水专项和吾水地图。吾水计划是我们发动的最大规模乡村青年返乡项目，我们动员全国高校青年、在读研究生以及博士，他们可以做返乡的调研，针对存在水质隐患的乡村进行精准式的乡村调研，并且产出调研报告。仅仅发现问题还不够，污水发生之后会进入污水专项进行集中解决，污水专项水样信息、水库以及相关调研人的相关信息都会体现在地图上。

这是一个青年人通过测水装置一步一步测出来的乡村的水质，他是我们2019年乡村代言人斯郎德吉，来自四川甘孜藏族自治州，是一位藏民，同时也是一位“90后”。2008年汶川地震当中当地供水不稳定，当地村民开始采用蓄水池获得地表水以及地下水。他们当地到现在为止还在使用蓄水池，白色框里面的扎满孔的塑料瓶是唯一的过滤装置。

其实，在2019年动员青年前往乡村调研之前我们会先对青年进行培训，我们合作的公司每年在乡村调研之前给我们英国的检测水质的设备，可以检测100多项指标，很多地方可能并不需要这么多指标的检测。除了检测设备以外，有些重金属指标在当地没有办法检测，我们会送到合作的实验室进行检测。如何和政府打交道，如何做水样信息收集以及最后做水样信息的数据，如何可视化呈现，以及如何做传播影响力我们都有进行培训。

问题不被解决的话始终还会是一个问题，如何解决问题呢？那就进入我们下一步，就是污水专项，侧重于解决方案的对接，针对一些乡村我们会和政府跟第三方资源、企业、基金会合作，或者在当地捐赠水站，帮当地居民解决问题。

大家应该对我们的吾水计划、吾水专项有了一定的了解，最开始是由乡村社区代言人或者是一些组织向我们发起一些反馈，我们收集到反馈之后会发动全国青年经过标准化培训之后进入乡村进行调研，如果诊断出当地的问题，确实涉及当地居民的饮用水健康，我们会开展暑期、寒假青年返乡的项目，这是我们正在搭建的中国品牌。2019年我们已经在全国建立了110支团队，走过了23个省份935个村庄，现在我们获取有效的机制3184套，现在已经建立了7个长期项目点，包括云南保山、河北宁晋、甘肃甘谷县。

我们的核心目标是希望动员更多的青年人参与到我们的协作网络中来，进行有效的问题评估和解决。过去4年，吾水计划在全国建立了比较长期的合作伙伴，有些青年人有公益热情，但是没有进行专业培训，我们只进行专业标准化的培训，仅仅这样是不够的，所以也希望在座的各位老师可以给青年人更多专业的指导。

一个一个乡村的背后是一个乡村之蓝的案例故事，我们期待更多青年社群加入我们的吾水计划中来，为我们中国的水源问题进行赋能，我们也希望动员更多乡村行动，更多行业影响，希望更多青年社群能够参与进来，提供更专业的力量。

核心目标也在沉淀乡村案例，我们希望能够看到一个个可以被解决的问题，可以让更多人看到乡村问题的解决性。我们也在沉淀案例，思考如何建立有效的水安全问题标准 SOP。这是我们平时会用的几个方案，进行水站落地，为当地建设这样一个设备。

我们也在进行净水房的设计，也在探索其他的可能性，截至目前 110 支团队以及 1000 个志愿者服务近 1000 个村庄，希望之后更多人参与进来，未来我们将持续招募有饮用水需求的组织、社区合作方案以及乡村代言人。

各位如果你们家乡的水喝起来不太好，可以向我来反馈，有资源也可以向我们来反馈，一起动员更多青年为乡村提供更精准的评估。同时可以向青年组织以及这样的代言人提供乡村水质的评估报告，包括链接净水方案，让村民喝上放心水。除了招募青年社区以外，我们也招募了一些调研伙伴，让更多的乡村问题被发现、被解决。我们可以提供科学评估体系、全面的调研和教育方法论、公益人才培养奖学金，这也是基金会启动培训的计划。

健康心理 AI 伴你

镜像科技商务总监　覃　云

相信大家对我们的主题都不陌生，疫情的时候，封闭在家感觉自己也封闭了，疫情之后也发现了很多心理健康的问题，比如说因为工作没有了，生活压力大去轻生的，或者学生复业上网课因为心理情绪问题造成的恶性事件。

我之前看到了一个新闻，一线的医护人员，因为家庭纠纷引起了情绪问题，抱着一个 6 岁大的孩子跳楼死了。我一个朋友是这样评论的，疫情这么大的难都过去了竟然被这样的问题给堵住了。其实重大灾难发生的时候，人或多或少会在心理停留不好的情绪或者一些创伤，在重大灾害之后，会有创伤应急障碍状况出现，还有就是因为灾难过后的各种经济压力和生活压力造成的抑郁症等。

心理健康问题中最常见的抑郁症已经是世界上第二大疾病，世界上有四亿人口得这样的疾病，这已经是致死率非常高的疾病了。让我更心痛的是一组数据，3 万名在岗心理咨询师，资源非常稀缺，价格非常昂贵，普惠性非常不高。

我们想通过 AI 机器学习强大能力以及多端接入的覆盖面和一些大数据的精准分析服务，能够更好地服务这个行业。像剑桥、北大的一些教授，结合 AI 技术团队做 AI 赋能与心理健康行业的事情。我们的创始人是剑桥心理系的硕士，回国之后从事了大数据和 AI 研发的工作，也是因为近几年看到了很多因为心理健康问题造成的社会恶性事件越来越多，促成了想把这两个专业作为一个联合服务更多的人的想法，现有的 AI 能力是自然语音处理，情感计算，视觉情感计算，以情感咨询机器人的方式服务广大的群众。

我们项目的整个逻辑是首先要知道你自己是什么问题，你才可以去解决它，前期我们会用一个 AI 筛查的方法来做一个心理健康问题的筛查，形成漏斗式的分一个等级，分为轻、中、重度的。心理健康轻度的抑郁症可以通过倾诉或者一些干预方法得到一个很好的解决。中度的我们搭建了一个非常专业的咨询师团队，可以提供线上的服务，如果实在是非常严重到要用药干预的时候，我们会转诊到一些专业的医院就诊，还有就是具有自杀倾向的人，我们会组建 AI 危机干预预警热线，它能够及时反应做出预警，通知相关部门对这个人进行实时定位。最后我们有电话回访的方式，心理问题不是像感冒发烧一样好了就不会再发生了，其实可能会通过某一个事件令它再触发，所以我们有电话回访的方式，用电话语音对身体状况进行检测，确保这段时间身体是健康的。

我们现在的部分是已经能够做到的，未来特别是像疫情发生之后，我们相应的产品也会陆续上线。AI 优势首先是节约了时间和成本，可以将传统的一到两个小时的抑郁症筛查时间缩短到 10~15 分钟，前期会用大量的问卷测试进行情绪筛查，筛查之后会有一个 AI 人物，查看你脸部的表情，会自动生成你的一个心理健康状态的分析及各项心理指标和症状的描述和建议，可以让你更清晰地了解到你自己内心的状态。

我们的小程序是 AI 抑郁干预的产品，是将现有的抑郁症治疗方法，叫接纳与承诺疗法 AI 化，做成一个像规划机器人的模式对轻微抑郁症状进行干预，为了让它更轻松地完成这件事情，我们会做成一个像游戏的方式。

我们想做的事情，就是可以用买一块蛋糕的钱接收到专业的心理健康服务，仅用一部手机就可以随时随地的获得心理健康资源，并且不受地域限制，能够得到一些专业的心理健康的服务等，这是我们认为对社会意义非常大的事情。

我们创始人说，所有公益项目都是要靠商业得到支撑，我们整个项目的定位是AI能力的提供商，AI能力可以植入很多的软件、硬件及各大场景，服务的群众主要就是普通的个人。有一些方式会跟机构、企业或者学校合作，由他们采买，最后服务这些单位的人群，最终还是回归到个人身上。

在2020年疫情期间，大年初三的时候，我们全体公司小伙伴开了一个紧急会议，教育部心理援助热线找到我们合作这个项目，我们听完之后觉得这是一件非常有意义的事情，所有员工都在家里加班加点给产品完善得更好，确保上线能够给更多的人服务。

产品上线之后服务了1万多人，也得到了一些专家组的认可。我们服务这一万多人得到了一些数据，我们做了对比和分析，AI检测跟线下的传统检测一致性达到了88%，我们企业也建立了自己的技术壁垒，申请了一些专利、软注的储备。

在上周五抑郁症筛查已经列入了体检范围当中，我觉得这是一个非常好的事情，让大家更关注到心理健康对于我们的重要性。由于政策或是各大场景接触到的机构单位，发现他们的需求非常大。我们在跟几所学校谈合作，为他们学校的学生进行一个心理健康状态的筛查，还有社群中心、党群中心这些机构，也会有一个心理健康筛查的标准和需求在。

我们现在只有一个AI的抑郁检测，之后我们会有一个PTSD检测，我们想做的事情就是覆盖所有的全科心理疾病，实现真正AI陪伴，实现心理健康成长，我希望能够通过我们的能力和大众对这件事情的认可，让大家更清楚地知道心理健康的重要性和严重性，让大家重视起来，更加地关注身边或者是自己的情况。

地震盒子与儿童安全教育宣传

一公斤盒子公益创新机构品牌传播与筹款经理　董雅楠

跟大家分享一个神奇的地震盒子，分享的主题是游戏化的设计怎样让安全教育更轻松。说起安全教育，大家都会觉得非常的熟悉，可能来自我们的家长，可能是来自我们的学校老师，甚至说还有我们生活的社区，现在我们的安全教育方式也有很多，比如说班会课、说话形式、影视资料还有一些中文比赛，以及家长的一些叮嘱。可是这样的安全教育真的有效吗？打一个问号。

几年前，我在云南省昆明市海子村的学校支教的时候当班主任，每周五班会课都会教孩子们安全教育，像森林防火、开学之后各类安全教育等，其中最重要的就是防震减灾的安全教育。大家知道云南是地震高发地带，那时我们是通过这样的一些方式去开展我们的防震减灾的课。当地震发生的时候，孩子们听到警报声抱着自己的脑袋躲在桌子底下，或者快速离开自己的教室，沿着这条学校已经告知的路，往右跑到操场上。我问过孩子们，地震来的时候为什么要沿着右边跑，为什么要去那个地方呢？孩子当时比较小，他不知道，很茫然的状态。

有些安全教育流于形式，效果并不明显。我们有一公斤盒子产品，有一些阅读产品，今天主要介绍的是地震盒子，有可视化教案，告诉老师这些课的流程是什么，要怎样去上，以及说会有很多课程辅具，教具和物料包。地震盒子里面有三个不同的挑战，第一个就是模拟地震小实验，第二个就是找出身边的安全与危险，第三个就是制作一个地震应急包。这三个环节发现、理解、实验就是整个盒子的框架。

模拟地震小实验是第一个环节，这个环节孩子们需要以小组为单位，他们需要在自己的桌子上或者是一张 A4 白纸上或者积木搭建的一个建筑物里，把模拟小人形象放在建筑物里面或者周围空旷的地方，他们会通过小组的合作去轻轻地摇晃桌子模拟地震发生的场景，这个时候大家都知道桌子上面的建筑物就会倒塌，同时孩子们会很直观地看到，当地震发生的时候小人是爬着的状态，可能会被建筑物砸在底下，有些可能安然无恙。孩子们需要在实验结束之后写一个卡片，他们会通过这样的实践找到地震发生的时候最危险的地方以及最安全的地方到底在哪里？

第二个环节需要让孩子们实际走出教室，来到校园里面，看到他们整个校园的场景，需勾画一个地图，结合第一个做的小实验找到我们校园里最安全以及最危险的地方，以及他们可能通过这个实验就明白了，为什么我们地震来的时候要走那条路，以及我们为什么要来到操场上。

第三个环节就是应急标的制作，卡片上有很多的东西，比如篮球、面包、水等，他们需要把整个我们所提供的物料选出来，选出七样贴在地震的应急包里，想一下哪些东西是地震发生的时候一定需要的东西，在这个过程中也是小组一起完成的。我们会看到小朋友选的七样东西，有水、绳索、手机等，在这个过程中就会看到孩子们在其他学科上也许会落后别人，但会在这样的课程中找到自己的价值和角色定位。

我还发现，孩子在这个过程中会有一些源源不断的惊喜，比如说他们在上一个环节小组中需要选出七样东西，意见不统一时，后面的小组想到了一个方式，可以去投票选择自己认为最重要的东西，所以我认为这个盒子的价值不只是相关知识，也能通过这样的方式让孩子们更多地思考，更多地去想发生问题的时候怎样去解决。

地震盒子的优势是游戏化，让孩子们在玩的时候学到一些东西，以及里面所有物料都是儿童性的，像现在我们看到的左边就是可视化的教案，是画画的形式，让老师理解整个课程的框架是什么，以及右侧是孩子们需要理解为什么会发生地震的原因。孩子们的自主能力得到了很好的锻炼，通过游戏的方式更加乐于接受这样的教育，老师们也不再需要花更多的力气和口舌。同时，我们还有其他安全系列盒子，比如交通盒子、社区安全盒子等，我们觉得这样工具化的设计可以让教育创新更加的轻松，这样的设计工具包，能够让老师们更快地、更低成本地创造好的课堂，能够让乡村教育创新更快的发展。

盒子能为乡村师生带来什么呢？可以贴近乡村孩子的生活场景，只需简单准备，就能开展一堂课，引导孩子们自主发现并解决问题，通过小组方式更好地得到锻炼，提高他们的团队合作和沟通能力，在这样的过程中自信心和成就感是可以大大提高的。

就像地震盒子一样，一公斤盒子会通过乡村实际问题研发主题盒子产品，由产品原型进行大规模投放，盒子在这个过程中也会不断地迭代和更新，等到已经相对成熟和完善之后，再推广到整个行业进行复制。截至 2019 年底，我们有 20 多个盒子，覆盖学校有 5500 余所，现在已经影响了超过 57 万人次的学生。

一公斤盒子有现在自己发起的项目，招募 100 所乡村学校给孩子们上主题盒子课，如果要支持一所乡村学校进行安全盒子教育需要 354 元资金，除此之外，我们还需要传播资源的需求，如果大家有一些合作伙伴，我们希望能够跟我们有更多的链接和合作。

第八章 慈善金融的创新探索

2019年1月1日民政部出台《慈善组织保值增值投资活动管理暂行办法》，让慈善组织的投资活动有法可依、有路可循。

随着慈善组织的发展壮大，第三次分配的推动，慈善资金逐渐增长，传统的投资模式难以满足慈善资产保值增值的需要。深圳市基金会发展促进会创新推出“深圳慈善共同基金”项目，探路中国慈善资金保值增值。

“共同基金的诞生和成长是一个思想解放，是一个观念突破，是深圳公益的创新”“为慈善资金形成一个蓄水池，使得慈善资金能够获得更长久的、持续的资助度”……

聚焦“深圳慈善共同基金”的探索与实践，碰撞“慈善+金融”的智慧火花，为慈善组织参与社会事业开拓新思路、贡献新创意、展现新做法，助力进一步解放思想。

第一节　共同基金：慈善与金融新动向

金融助力慈善可以没那么复杂

深圳市基金会发展促进会秘书长　杨钦焕

我们在谈论金融助力慈善，这个方向大家知道都是对的，但是无论是金融界还是慈善界，都会有一种畏难情绪，因为相互之间并不是那么熟悉。所以在这个领域里面实质上一些好的案例并不多，我们小试牛刀，拿出来给大家解剖麻雀。

这个故事得从2018年的冬天开始说起，我们深圳基金会的负责人们，讲自己机构的困惑、讲行业的痛点，有一个话题引起了共鸣，就是关于慈善资产的保值增值话题，由于第三次分配的推动，我们慈善组织的资金越来越多，但是我们面临什么样的一个金融环境？利率在下行、刚兑被打破，传统的投资方式已经很难再满足很多慈善组织的需求了，大家说怎么办呢？这时候群策群力，得出了一个初步的想法，可能需要依托行业的力量一起去推动，破一破这个题。

东风来了，2019年1月1日民政部出台了《慈善组织保值增值投资活动管理暂行办法》，把原来慈善组织的投资政策依据，只有安全、合法、有效6个字变成了2700多个字的管理办法，让我们的投资活动可以有法可依、有路可循。从此之后慈善组织如果你想做投资，做好内部的程序管控、审慎的原则，可以走的路子很多，这个办法提供了三条路子：购买现成的金融资管产品；可以直接做股权投资，但得跟基金会的业务范围相关；委托专业的金融机构做你的资产管理。

在2019年4月，提出说要办一个行业组织叫深圳基金会发展促进会，打造在保值增值领域具有竞争力的投资平台，在2019年慈展会开幕的第一天，我们深基会正式成立，办了一个慈善资产保值增值的研讨会。当时马蔚华主席在会上给我们做了一个非常令我振奋的、印象深刻的演讲，最核心的观点是推动慈善资产的保值增值，其中最重要、最关键的一个点就要做好解放思想的动作。我们搜罗国际国内各种跟慈善资产保值增值投资相关的一些案例的做法，其中有一个案例对我们来说有很大的参考意义，就是在美国有一个Common fund共同基金集团这样一个组织，20世纪70年代由福特基金会出资，是一个非营利组织，这个组织最开始给美国高校做资金的管理，服务的是每一家单独的高校基金会，资金体量不大，同时他们没有能力去聘请专业的投资管理团队，于是把大家的钱汇集在一起，并成一个团队，还用非营利组织的形式来干这个事情。40多年过去了，现在共同基金已经服务了1000多家全球的基金会，几百亿美元的资产在进行管理，但这个模式对我们有很大的启发，我们认为中国的基金会也是一样的，需要这样一个规模效应，需要这样一个组织化、专业化的平台来推进工作。

但同时，中国也有中国的现实，我们基金会的需求跟美国基金会的需求是不太一样的。在中国的环境下做这样一个慈善共同基金，我们也做了很多的一些努力，去想办法把它建构出来，最后成就了这样的一个东西。

2019年12月，我们开了第一次产品说明会，深基会跟平安信托、交通银行、高新投，我们几家一起研发了这样的产品架构。当时我们受到了很多基金会的欢迎，从2019年的12月开始到2020年8月底，我们总共完成了两期慈善共同基金的发行工作，总共有15家基金会参与到这里面，共做三个信托计划，累计总资产是3.07亿元的资金这样一个体量，也逐步地发展成了一种供不应求的状态。到了第三个信托计划的时候，当时高新投给我们提供的投资标的只有1个亿元，但是我们的基金会在一周之内报上来的投资意向已经达到3亿多元，所以远远不能满足基金会的需求。最后我们只能采用先来后到、友好协商的模式，大家都减减额度，一起把这个事情做起来。

为什么共同基金会形成这样的一种状态，它究竟有多神奇？在介绍共同基金之前还得回答两个问题。

第一，我们选择的机制问题。从 2019 年 9 月开始之后，我们也尝试过是不是办一家慈善资产管理公司，或者办一家私募管理公司，大家一起合伙干这个事情，但是最后我们选取了信托这个机制办共同基金，在我们看来信托有三个非常符合我们需求的特点：信托财产的独立性；信托架构的灵活性；信托投资的专业性。

从信托财产的独立性上来说，我们不希望这些钱放在哪家基金会头上，谁放都不合适，一个信托账户独立于信托公司，也独立于我们的基金会，可以用这样的一个架构来实现对外的活动，有一个统一的指挥体系。

从信托架构的灵活性上来说，因为这是一个创新的架构，很多现有的金融体系它的规制是非常严格的，但是信托提供了通过信托文件去确定这里面各方的权利、义务、职责这样一个灵活的架构，所以我们里面会设置监察人、受托人、担保人、管理人、保管人等这样的一些角色，而且各有各的一些职责分工，都是非常灵活的，并不是说有一些什么范本，而是可以自己商量定这样的架构。

从信托投资的专业性上来说，我们作为一个社会团体，在投资上面并不是很专业，有信托公司专业团队的介入，可以更好地做尽调，做风险的管控，按照投资意愿开展相应的投资活动，它可以把这个投资过程变得很专业，我们可以给各家基金会发季报。

所以信托是我们做共同基金这个过程中感觉到当前比较完美，或者比较贴合需求的机制，所以我们选择用信托机制做共同基金。

第二，投资标的问题。我自己在上商学院的金融 MBA，老师给我们讲说，一个好的投资，应该是开展比较丰富的组合，用组合投资来降低投资的波动率，降低它的风险，提高它的下浮比例，等等。但是我学了这些东西之后，发现基金会做投资的时候，有自己特定的一些需求，不一定完全按照课本上交给我们来做，他有别的可以选择。

我大概问了一些基金会之后，大家有一些基本的共性需求。第一，基金会的投资希望有一个明确的周期，一年、两年还是三年，钱要拿回来，还要用的，要做慈善的，所以做权益投资的时候，往往周期比较难以确立，周期是要明确的。第二，他们对收益的期待，有一定固定收益的期待更受欢迎。我跟理事会报批的时候，咱们投出去之后，一年应该有5%、6%、8%等，要有一个预期的收益率可能会更好地通过一个决策。第三，他们对风险等级的管控也是需要一个比较清晰的标准给到我们的这些基金会，所以在这个过程中，我们寻了很多投资标的之后，发现标准债券有这样的一个特征，基本可以满足我们大多数基金会的需求。债券一般是有发行期的，两年、三年，两年+两年、三年+两年等都可以，但是它至少周期是明确的。债券的票息也是明确的，发行的时候是多少就是多少。等级，它的评级是什么样，风险评级是什么样，债项评级、发行主体评级都是明确的，所以投标人债券可能是当下我们基金会比较容易接受的一个投资方向。未来也许提升共同基金专业度的时候，可以考虑做更多的配置、组合提高，但是当下大多数基金会能接受，我们的管理团队又能够方便操作，这就是一个非常好的选择。

这是关于回答了两个我们的选择，我们要做任何一件事情都得先做出抉择。大家可能会特别感兴趣，究竟慈善共同基金是什么样的一个架构，我们可以看到这里有五个角色在这个产品里面。

第一个角色是委托人，基金会参与进来，A、B、X，大家把钱委托到共同基金，它是一个集合信托，委托人最终享受分配收益。

第二个角色是管理人，也叫受托人，由平安信托担任，他要承担风险揭示、专业投资等一些技术性的操作。

第三个角色是保管人，由交通银行担任我们的保管人，大家知道信托架构里面的保管人他的角色就是做一个看门人，确保我们管理人、各方面的一些参与者能够按照信托合同操作这些基金，这也是一个非常重要的决策。

第四个角色是监察人，我们深基会作为一个行业组织参加到这个里面，主要职责肯定是维护委托人的利益和受益人的利益，所以我们深基会会参与到所有的环节协调，做相关的尽职调查，把握这个产品相关的各种风险，跟我们委托人做好各方面的一些沟通，确保这个计划的顺利执行。当然这个是很多商业信托计划里没有的角色，是一个比较独特的角色。

第五个角色是投资标的。我们投资的是交易所、银行间的标准债券，前期发的三个信托投资计划，都是发到单一债券上的，这些标准债券都是由高新投进行担保的债券，我们也跟高新投有过深度的沟通，有过很多合作的约定，可以由高新投挑选最好的债券在收益率跟风险性之间找到平衡。更重要的是高新投的连带责任担保对我们基金会来说是非常重要的一个机制，在基金会投资的安全性上面，最终我们发现很多基金会做决策的时候，对债券本身做了一遍审查，发行主体审查完之后发现还不如对高新投进行审查，如果高新投担保没问题我们就投，所以高新投在这里面承担的也是一个安全阀的决策，确保整个架构成立。

这是我们共同基金现有的一个架构体系，可能还不完善，尤其是它的市场化程度、可持续发展未来的一些空间，还是面临着很多挑战，包括我刚刚说到，它跟我课本上学到的不太一样，可能未来还需要做更多的迭代、升级、发展，也期待大家提出更多的建议。但是我们回过头来看，只要勇敢地走出去，可能金融跟慈善的联姻真的不复杂，期待各位朋友能够有这样一个行动。

第二节　慈善金融：创新解决社会问题

用金融的手段创新解决社会问题

深圳市地方金融监督管理局局长　何　杰

社会影响力金融新业态，是践行联合国可持续发展议程一种新的尝试。社会影响力金融是以金融的手段解决社会问题，毫无疑问我们公益基金会都是为解决社会问题而跟金融结合起来的。这次我们创新共同基金解决了一个痛点，保值增值的问题，这也是长久以来困扰中国慈善界一个大的问题。

第一点意见，我跟马行长一致认为，慈善界，光靠公益界，是不能持久的，一定要跟金融界相结合，所以我很高兴地看到，包括公益界很多专职工作人员，秘书长等，都是搞金融的，转行搞慈善，这也是国际的一个大趋势，他有这种情怀，赚了钱以后来奉献社会，因为做人向上不如向善，向上是觉悟人生，向善是奉献人生；向上是一种自悟，向善是一种悟他；向上是一种小成、向善是一种大成；向上是一种智慧，向善是一种慈悲。只有主流的介入，我们才能做大，才能把过去的涓涓细流变成浩荡长河。

第二点意见，专业的人干专业的事，你有专业的建构才能持久。2008年汶川地震，我印象最深的是，万科利用他的专业，只搞一个点，遵道镇，他把各分公司的志愿者放在里面干活，结合专业修医院，修各种各样的学校，就干一件事，这个东西才能持久。

第三点意见，没有完全市场化，是我们目前过渡阶段一个结构化、半市场化的产品，但是很有意义。高新投是国企，除了财政部之外、担保基金以外全国最大的担保公司，还有中小担，注册规模很大的，为了支持他的发展，最近政府给他注资了 20 亿元，属于金融局的监管。中小担一个很大职责就是帮助民企发债，因为大家知道这几年民企违约越来越严重，民企发债极其困难，没有担保公司的介入，基本上是发不出去的，发债 1000 亿元，也有这个目标。为了刺激他、鼓励他去担保，刚才他已经隐隐约约说到了，如果亏损部分 50%，可以找政府的再担保基金补贴 50%，还有一个小微企业的，鼓励他担保，财政部每年给深圳 5000 多万元，其中大约一半被他们拿到了，小微企业的补贴，包括刚才说的补充资本金。

担保公司，包括平安信托，我觉得实际上是做了让利的，包括平安信托的管理费用要么不要，要么一点点，我想担保公司也是一样，跟正常企业的担保有两个点，大概有这么一个折扣。按照目前的资管新规，任何产品不能保底，但是我们已经努力，各个方面做了最大的让利，提高基金会的收益率，这是目前现有状态下的过渡期安排或者暂时性安排，或者一种创新突破，我觉得这是很有意义的。

第四点意见，“共同基金”这个词是从台湾来的，大陆没有这个词，我们大陆基金分两种，要么公募、要么私募，这好像是一种带有私募性质的定向基金，只面向慈善金融会把钱收集起来投资，借用了这个词我觉得也没有问题，但是我觉得有一点局限，分散风险这个词，基金按照政府的意思不能投一个产品，但是可能因为我们基金的钱也不多，也没有 1 亿元，慈善基金会觉得自己好大一笔钱，投了第一个产品，但是长期而言也要承担风险。

我跟马行长专门开了一次大讲堂，分享五个深圳市金融创新奖案例，联合国 IGP 也介入向全球推广。我们在社会影响力金融方面也有很多案例已经出来了，包括微信帮助香港菲佣汇款，传统的香港菲佣大概有 30 万人，汇钱过去很麻烦，加上路程要 5 小时，两天以后才能到账，而下载一个 App 之后，5 秒钟就可以到账，这就是用金融手段解决社会问题的例子。比如，微民保险，看了电影《我不是药神》以后，开发了一种险种，8 元多，一个月就可以保你在这个保险期间得的任何病的特殊用药，如果再加多少钱以后，就可以保证这个阶段出现的所有新药，也可以给自己用。这都是利用自己本身的业务、专业来推动社会的进步，很有意义。

保护好公共财产是全社会的共同利益

原中国银监会非银司司长　高传捷

基金会的财产到底是什么财产，2016年《中华人民共和国公益事业捐赠法》第七条规定，公益性社会全体受赠的财产及其增值财产为社会公共财产，受国家法律保护，任何单位和个人不得侵占。高新投是什么企业？是深圳市政府的国有独资企业，深圳市政府他使用国有的公共财产，职责是什么？发展深圳地区的公共事业，保证社会的稳定、人民生活的发展、繁荣、幸福。深圳市政府拿一笔钱，设立一个担保公司，无论给中小企业民营的，还是混合的，去担保它的目的是什么？是发展深圳的经济、促进深圳的就业、促进深圳市整个社会秩序的稳定和健康，所有的目的，通过一件事情汇合到了一起，就是深圳市政府，还有你们几位当事人，对深圳国有社会公共财产管理的效率非常高。

慈善组织的捐赠款总共达到3.07亿元，我们过去在评价社会公益组织发展，往往看捐赠多少，看规模。还有一件事要看公益效果，公益资金来之不易，好不容易凑了3.0亿元、7.0亿元、5.8亿元，每一分钱怎么用好，包括它的保值增值工作怎么做好，在实现保值增值的同时又促进了中小企业发展，这不是公益效率很高吗？所以这件事办得非常漂亮。

第一，这是市场行为吗？确实不是，但是它是几方面共同努力管好社会公共财产的活动。

第二，深圳的经验它是有成熟实践的。成熟实践体现在《英国慈善法》，1993年《慈善法》、2006年《慈善法》、2011年《慈善法》，这三部《慈善法》里非常详尽地规定英国慈善委员会可以设立慈善投资基金、慈善投资计划、慈善储蓄计划、慈善储蓄基金和慈善基金，五种基金，前四种是为慈善业界提供服务，后一种是集合全业界的资金为全业界服务。这五个基金的管理人都是慈善组织，不是信托公司是慈善组织。这个慈善组织由慈善委员会批准，任命慈善组织的受托人，管理慈善组织的财产。当然，也包括其他组织的财产，如果是一个地方，比如说深圳，深圳的慈善委员会可不可以设立五个基金？也可以，为本地区的慈善组织，或者是部分利益在本地区的慈善组织提供资产管理服务，这两种大家刚才听到了，一种投资计划、一种投资基金，一种储蓄计划、一种储蓄基金，它是不一样的，前者风险高，期限限定长，后者风险低，期限比较灵活，它的灵活包括了防止中小企业或者是其他的慈善组织，当遇到了公益资金支付的时候，临时借贷不从商业银行借贷，不符合商业银行的借款条件，怎么办？到基金来借债，解决了一个投存管理的问题。我的基金会，账上余额 1000 万元，全部买了共同基金，忽然发现病人需要帮助，可以到存款基金去借贷、到慈善基金去借款，满足了一个流动性。

第三，按最新的《英国慈善法》再次重申，说明他们的运行实践是可以的，而且有比较详尽的经验。国外的先进经验我们能不能借鉴？我觉得完全可以。基金会对风险容忍度比较低，如果某一个投资发生了风险以后，它会不计算总体的风险率，要记单只的，这里头在国外怎么管？国外对信托的受托人，它虽然赋予了一大堆义务，忠实、谨慎、亲自管理、分别管理、报告管理，投资的义务、多样化的业务，虽然有这么多义务管理、义务限制，但是有一条，受托人责任有限的原则，什么叫受托人责任有限？当一个慈善组织的管理人，你是诚实合理地履行了职责，出现了损失，应当公正地被豁免。当财产发生了损失，信托人承担的不是财产损失，承担的是过错损失，我犯了错误赔，没犯错不用赔。

第四，保护责任。保护责任是什么？《慈善法》规定慈善组织要向本组织管理人买责任保险、财产管理运用的损失保险、慈善组织管理人正常履职发生的估值责任险，如果他出现了非故意的犯罪行为，也有犯罪风险保险，一共有五种保险，有保险公司向慈善组织的负责人来提供。这个保费谁买呢？慈善组织买，被保人是基金会的领导，我是基金会的秘书长，来决策买你的共同基金，诚实、合理地履行我的职责，出现了债券的亏损，你们刚才集中好长时间问基础资产，基础资产是小事，关键我们要看机制。如果这个机制是对的，出现了损失怎么办？保险公司赔，这样就保护了慈善组织高级管理人员正常的履行职责，而不会因为慈善组织买了某个产品，我是诚实合理地履行了职责，因为特殊的原因发生了损失之后追究我的责任，让我来赔，我没有犯错、我不承担过错赔偿责任，财产损失的赔偿保险公司来承担。

在 2016 年的时候，我们向国务院报告，建议中国保险界来研究这件事情，看看究竟怎么办。我们知道中国保险界对农业险承担了很大的保险责任，也是社会公共利益，独立董事他要维护你一个诚实合理的履行职责，我敢说话，不会因为说话损失了责任。这件事情我觉得这都是国外有益的案例，是我补充说的第一条。

第二条补充我的建议，一个是共同基金这个事，不管它的名称是什么，它的实际架构放在这，不管它的名称叫什么，过一段时间我们来定期的评估，看看运行这段时间哪些地方好，哪些地方可以调整，继续把它完善，这是第一件事，你们这个层级要做的。第二件事，我建议要在政府或者行业这个层级上，研究办法，既然这个是大家的共同需求，既然我们做这件事的目的是保护公共财产。公共财产保护好是为了全社会，或者全深圳人民的共同利益，那就要更规范地做，要在法治的基础上来做，拿出一个办法。马上说要上升到很高的法律层级不可能，从低往高去做，比如说英国《慈善法》的某一条规定，中国《慈善法》里面没有这条，你叫中国《慈善法》马上修改加进去，不可能，国务院的条例里面没有这一条，广东的条例里面也没有这一条，第二个层级不行。

第三个层级深圳市地方的规章制度，马上能进深圳市的规章吗？也不太可能。我觉得可以向政府提建议，授权有关单位，民政局、社会组织管理局、地方的金融组织，至少三个部门来跟银保监局和证监局共同讨论这件事的规范。大家有一个意向，至于说办法的制度层级可以是基金会出，也可以是民政局出，都可以，先出一个层次比较低的办法开始来运作，保证在运行当中事先把话说清楚。

有人说，慈善组织有一些这样的担心、那样的担心，他们不了解实际情况，慈善组织非得聘请熟悉金融业务的人员、非要培养自身理财风险管理能力吗？不需要，慈善组织的任务是把社会公益慈善做好，你们的保值增值财产管理任务交给专业机构来做，专业机构有很好的办法来监督你、管理你，好像一个老百姓一样，虽然说是买者自付，你用得着那么多经营经验吗？这件事情，关键是专业的人要把专业的事情做好，专业人员做专业的事情要有规矩，规矩是事先商量好的，事先周知的，本人知道这个规矩，再衡量自己的风险承受能力，再决定参与不参与。

中国的慈善体制，基本上在全世界来讲，跟英国是最接近的，美国慈善体制跟我们是不一样的，差别也比较大。仔细地研究英国三部《慈善法》，再总结我们的经验，研究我们的办法，做出我们在制度建设上的进步。现在是实践层次上的进步，将来做一个制度上的进步，制度上的进步全国只有深圳最有职责，特区，有传统、有特权，也有条件把深圳的公益慈善事业往前推进。

共同基金，探索中前行

联合国可持续发展影响力目标指导委员会成员、
社会价值投资联盟主席、深圳国际公益学院董事会主席 马蔚华

我的评论有三点：

第一，这个基金的诞生和成长是一个思想解放，是一个观念突破，是深圳公益的创新。我从银行卸任，第一站是到壹基金，我到壹基金以后，觉得有很多观点是完全不一样的，资金的运用，作为一个金融人士来说，肯定考虑它最大限度地升值，当然要防范风险。壹基金主张只能存银行，连理财产品都不敢买，买理财产品大亏了以后照样承担责任，这就是当时的现状，你也不能怪它，不仅是我们中国，前十年在美国也是这样。商业组织自己的钱，肯定不能光放在银行只能享受利息，肯定投资回报更高一点的产品，这是很正常的，作为商业投资，如果损失了可能是正常的；但是作为一个公益基金，哪怕你损失了很少，那也是大逆不道，没人能承担这样重要的责任。

我到了壹基金以后就思考，如何能够让我们的基金可持续发展，如何让它效率更高、如何用商业的模式、金融的手段来管理我们的基金。这时民政部的《投资法案》诞生，凌冲最早跟我讨论的，我们那时候还是很欢欣鼓舞的。当时最朴素的一个想法，一个基金找银行是落实不了的，几千万元，不到 1 亿元的钱，人家银行不太理睬你，但是你 10 个基金会，把基金弄到 10 亿元，所有的银行都会接待你，当时我们是这样一个朴素想法，后来才开始考虑到这样一个共同基金。

严格地说，我们的共同基金也不是真正资产概念的共同基金。它是一个股份不确定的公司，给小额资产所有者提供随时可以兑现的股票投资产品，但是它是一个投资信托基金，这点是一致的。我们更多

是借用共同基金这个概念，办成我们自己命名的共同基金。一个新生事物的诞生，我觉得在深圳是非常合规的，最重要的成果是思想解放、观念突破，有这一步，未来的路就好走。

第二，有了创新的思想之后，第一步路一定要走稳，我们要想办法走稳，虽然盈亏是资本的尝试，但是共同基金的这一步，我们只准成功不准失败，如果这步失败了口水都把你淹没了，你往后就没有希望站起来了。所以第一步不管怎么样我们一定要成功，这是探索，虽然是创新，但是很多人是败在第一步的，所以我们必须要考虑。为什么选择银行间债券，为什么选了很有能力的平安信托做受托人，为什么有高新投做担保，五虎把门，受托人、委托人、监管人、交通银行、托管人，还有最后担保人，就是要保证这件事往里走。一旦出现失误，往后的路我们没有办法进行。尽管它不是一个真正的共同基金，尽管它还不是专业的市场，但是我们让它成功了才能往下一步走，在某种意义上，这个成功就是我们信心的支撑。

第三，路漫漫其修远兮，要把我们的共同基金办成一个真正市场化、专业化、规范化这样的基金，我们确实还有很长的路，我们真正的出路还是市场化、专业化、规范化的发展。

我们未来的路要真正往前走。我觉得有了第一步垫底就有信心，我们可以探索，在深圳没有什么不可以探索的，我们将来可以有很多路要走，瑞刚说了，我们不能就这几个产品，我们要组合，银行金融机构组合产品风险可以，关键是控制风险，风险可以时空转换，甚至我们将来可以做风险产品，可以更多地通过专业的机构来做。做公益的，不是说马上非得学金融知识，那也不是说两天就学会的，但是我们可以请专业的人做专业的事，一个新生事物，只要大家坚定信心，总结经验教训，丰富国内外这些宝贵的意见，我们一定能够成功。

第三节　圆桌论坛：慈善资产保值增值

圆桌论坛一：共同基金探索与实践

圆桌主持人：

原深圳市社会组织管理局局长　凌　冲

圆桌嘉宾：

基金会中心网执行副理事长兼总裁　程　刚

阿拉善 SEE 基金会投资总监　段　然

深圳市创想公益基金会秘书长　秦丹枫

深圳基金会发展促进会执行会长　陈行甲

平安信托家族信托部投资副总监　赵　青

高新投融资担保有限公司副总经理　毛伟平

凌冲：对于慈善共同基金的发起方、运作方、管理方、受托方，嘉宾们有什么疑问？

程刚：基金会不是做公益的吗，为什么要拿去做投资？有很多人跟我说，你们基金会就是要慢慢地花钱、少少的花钱，显得很专业，能不能讲清楚一个公益基金会为什么要搞一个投资，而且还是一个共同基金，当我看到共同基金的时候就想买基金了，这是第一个问题。深基会真的是在做公益吗？

杨钦焕：这里有两个层面，第一个层面是基金会要不要存钱的问题。十九届四中全会的时候提出要鼓励第三次分配，发展慈善等社会公益事业，既然作为社会财富的一个分配架构，写入我们国家社会主义的基本经济制度里面，说明他其实是希望有一些钱流向慈善领域，这些钱已经不再是私人的钱，而是面向公益慈善的钱，我们国家的财富结构里面需要这样一笔钱才能够推动社会的进步，推动很多社会力量兴办公益事业的时候能有钱。如果钱一直留在私人的账户里，私人他可以选择捐，也可以选择不捐，我们的社会事业就没有一个老钱，没有一个根基，也没有一个发展的规划及相对的一些支撑。所以我认为基金会首先得存钱、得有钱，不能等着捐赠人哪天发善心捐钱进来。

第二个层面，为什么要投资？存了钱必须要投资，在我们建共同投资的时候，各家基金会有一个共识，如果存了钱不投资，让它跑不赢通货膨胀，代表慈善财产的贬值，它跟乱花钱同样都是不道德的，这两个问题是可以放在一起来看的。所以我们认为做共同基金有国家战略上的合理性，也有实际操作中战略的合理性。

赵青：金融机构作为受托人，很多基金会也是我们平安信托的客户，我只想从金融机构的角度谈一谈，为什么我们的客户要做投资。举个例子，这是一个真实的案例，在《慈善信托法》颁布以前就有一个客户开始做公益了，他的初衷是拿了本金出来，使得本金有蓄，用投资的收益去做慈善，这样子相当于是拿投资，不断地形成投资以后，能够为慈善资金形成一个蓄水池，使得慈善资金能够更长久的、持续的资助度，如果我们不做投资，跑不赢通货膨胀，慈善资金就不断贬值。我们知道钱是越花越少的，但是如果通过专业机构的投资管理，这个钱能够实现保值增值，就能够使我们慈善资金实现一个蓄水池，慈善资金的捐赠的项目就可以长久地资助下去。

程刚：国家那么多人需要帮助，我们基金会为什么还要存那么多钱，不赶紧去抓紧帮助别人吗？

陈行甲：我们公益组织筹的钱是从公众那儿筹来的钱，是善款，尽快把它花完不好吗？但是我们作为慈善、作为一个行业，它在整个社会的结构里面存在，整个社会治理结构，社会治理体系和治理能力现代化，我们从治理的层级来说，第一部分是政府，第二部分是企业，第三部分是以公益组织为代表的社会组织，我们作为一个重要治理的一级，这一级有它可持续的能力供给。我们中国公益慈善组织还处在一个新兴的部门，力量还比较薄弱，我们参照在西方发达国家里面，公益慈善真正成为一个社会治理的支柱，他们一个非常重要的经验，他们在公益慈善界有一笔老钱，就是在公益组织里面，巧妇难为无米之炊，社会组织要发挥它的作用，在社会治理能力里面作为作用的支持，应该有一笔老钱来奠基。慈善共同基金，我们也是鼓励慈善资产去投资、去保值增值，也是希望作为社会治理重要的一级来积累一个底子，让我们将来有底气作为支撑我们社会治理的一级。

段然：我想问一下杨秘书长，刚才信托的架构里面，作为监察人出现的，监察人是事前事后的管理，我感觉深基会在这个机构里更多像是一个投资顾问，因为是深基会来拉我们入伙的，推荐这个产品，组织线上的会议，我觉得深基会至少在事前，更像是一个投资咨询机构或者说顾问，在我心目中你就是一个投资顾问，我想问咱们投研团队有几个人？投研团队的背景是什么样的？投资方向、研究方向都是什么样的？这是第一个，问杨秘书长。

第二个，我参加第二期是投的英唐智控发的债券，我产生了一个疑问，为什么高新投去担保这个企业？

杨钦焕：在段然老师的心目中，深基会在这里面更像一个投资顾问，但是实际上我们确实把自己摆在了一个监察人的角色来看待这个事情。

段然：监察人这个角色如果拿掉，它也是一个完整的信托构架，所以你在里面、不在里面，它都是一个完整的信托产品，我真的认为你们更好像一个投资顾问。第一期是高新投下指令的对吧？

杨钦焕：我先解释一下这个问题，深基会在这里面的角色，我们的投资，其实是我们跟几家金融机构，高新投、平安信托及交通银行一起去研发的计划，这个计划它不是一个主动管理型的投资活动。其实我们这个计划里面并不存在投资顾问这样的一个角色，因为没有一个主动管理及连续管理的过程，它得从一开始确定完之后，大家共同来确认这样一个行为要不要干，大家如果愿意干就一起干这样的事情，这里面跟高阶的投资活动会有一定的差异。深基会它作为一个行业组织，确实需要去发挥一定的作用，监察人员一看这个信托计划，为什么深基会之前没有人做这个信托计划，在于这个行业组织它真的能发挥一些作用，这个作用是去协调各方带动政府参与，让各家基金会去建构一个行业联动的体系，如果没有深基会，无论壹基金还是龙越、万科，它扮演的都是另外一个角色。

毛伟平：谢谢段然老师的提问。高新投是1994年12月底成立的，当时成立的时候就是深圳市委市政府为了扶持当时在深圳中小微民营高科技企业而成立的。在那个时间点，那些企业在银行拿贷款是很难的，我们成立的初衷就是市委市政府为了扶持这些企业而成立的，然后给他们做银行贷款担保，一直到今天。银行贷款担保是高新投最早的主业，从1994年开始到现在26年了，26年我们一直在服务中小微的民营企业，这一直是我们的责任，也是我们作为深圳市属国企应有的政府担当。

从成立到现在26年以来，可以说扶持了深圳几万家的中小微企业，这里面上市的有300多家，深圳这些上市公司基本上小的时候都用我们银行贷款担保过，英唐只是其中之一，我们从1994年开始给他担保到现在，20多年一路看过来的，看着它长大的，这是一个方面。

其次很重要的一个事情，高新投从1994年到现在26年，最多的是做银行的担保，同时我们做投资、做债券是从2013年开始做，当时也是考虑这些上市公司在小的时候需要贷款担保，长大了银行可以直接贷款了，就不需要我们给他贷款担保。我们还有什么样的产品可以扶持民营企业？民营企业上完市之后，在我们深圳的民营企业，民营上市公司，深圳的平均数量在2000家左右，各占一半，能到2000家以上的其实很少，这样的企业他跟银行贷款现在已经没有那么难了，但是在资金市场如果发债，自己发银行是不认的，尤其是在2017年整体金融去杠杆开始，民营企业确实遇到了很多的困难，所以在这个时间点，很多民营企业的发债也是要我们登记的担保的。

2018 年 12 月 4 日，出台了《关于更大力度支持民营经济发展的若干措施》，这里面包括千亿元的减税降费、千亿元的银行贷款、千亿元的金融债券以及千亿元的成长发展基金，高新投在这里面也是“四个千亿”非常主力的一个践行者，这里面包括千亿元发债，高新投负责的也就是这块，所以我们主要是围绕着深圳的民营上市公司给他们做一些债券的发行。

回到担保的逻辑来讲，因为我们 20 多年都是在看民营企业的，民营企业到底怎么看，我们还是有自己的一套 AAAAA 体系的，因为现在国内担保公司大概差不多 14 家，但是做民营企业的应该只有高新投和中小担，很多外地的券商，包括金融机构不理解，高新投口味好独特，别的都做城投和地产，为什么你们要做民营企业。从很多金融机构来看，民营企业是很不安全的，我们就给他讲我们的逻辑和担当在那里，这么多年成立就是靠民营企业的。2013 年开始做发债的时候，我们看了城投、看过地产，不是没看过，是看不懂，因为城投和地产的逻辑跟民营的逻辑是完全不一样的，像城投，券商拿来一个项目，房子一装，马上发债，这个完全不是我们的逻辑。高新投这么多年做担保、做投资的过程当中积累了一套对民营企业判断的逻辑，我们看民营企业首先看行业，细分领域的地位、细分领域你在哪个赛道上，这对我们来说是最关键的，深圳这么多年从酒店到城债，电子制造这块也是深圳的一个强项，因为我们的企业是这些，所以对高新投来说电子制造这块也是一个强项，这是一个逻辑。

其次就是团队。对于一个创业团队、对于一个民营企业来讲，从创始人到实际控制人、股东、经营团队、管理团队都是非常重要的，包括他的团队人员以及对外投资这些，都是非常之关键的，所以我们真的是把企业募投、行业募投排第一、团队募投排第二、第三就是财务，这些都是我们非常关注的核心点。对一个民营企业的判断逻辑，我们认为 20 多年来在整个民营企业的框架上面还是有自己一套沟通的体系和判断逻辑。

回到英唐那个债，我们20多年看过来的，它那个债是“2+1”的，刚好一年期碰到上一个投资人遇到一些监管的问题，希望把这个债转出去，从我们各个基金来讲，各个基金又希望能买短期，出一个不错的产品，这个债刚好就是“2+1”，当时卖的时候利率比较高为5‰，如果那个债现在卖应该也就是卖到5.5‰，在这个时间点算是一个很高的产品为7.5‰，很多银行在抢这个产品，由于我们担保100%安全性没有问题，而且我们是深圳市政府的信用代言，所以安全性是可以的，到了7.5‰所有银行都来抢了，这个也是跟我们沟通过之后，挑一个最好的产品给到大家。

张艳红：非常感谢对我们高新投的信任，特别是刚才谈到了，觉得有我们背书大家很有信心，刚才也说了具体的，我拿几个数据给大家。别的产品我就不说了，高新投光说发债，拿了一些数据，近几年为132家企业共发债267亿元，其中96%都是民营企业。再说一个数据，连续五年我们的债偿率小于千分之二，也不想自吹自擂，我们是非常谨慎的，我们公司做这些是非常谨慎的，有一套评审的体系，还有一些团队，像毛伟平这样一些比较优秀的项目经理，我就说这么多。

秦丹枫：首先我想用一句话回应一下我的队友程刚先生刚才的提问，为什么基金会要做投资。本身做资产管理我相信是任何一家机构自身抗风险能力的体现，经济环境、宏观环境有好有坏，我们的收入也有高有低，但是受助人以及社会问题不会等，我们只有做强做大的时候，只有自身抗风险能力提高的时候才能够持续地、更好地帮助受助人解决社会问题，这是我一个简单的回应。

说到共同基金，我这里有两个问题。

第一个问题，公益机构对于金融产品的要求无非就是保本、担保、降管理费，可是对于需要盈利的金融机构来讲，这样的需求可持续吗？如果不能持续，怎样能够让金融机构更愿意为公益机构来服务，来做我们的业务。

第二个问题，现在仍然有高新投的担保，但是基金会对风险的认识和他对金融专业的提升是不是会有反作用：我们更依赖于这样的一个模式，自己不去认真学习，不再更清楚地让自己认识到金融市场的风险。

杨钦焕：平安信托给了很低的费率一起做这个事情，确实就像您说的，如果对金融机构来说无利可图，怎样持续下去，这里面毕竟需要多方的参与，可以待会儿听听金融机构的看法。在我看来，无论怎么无利可图，这个利是多方面的，一种是影响力，另一种是金钱的利，各方面综合起来还是很得利的。如果说这个事情能做下去，我相信还有更多的金融机构愿意来做，加之我们的计划里面，实际上并不是说它是完全违背市场规律的，还是让金融机构能够有一定的收益在里面。

另外，您说到现在的基金会，对于深基会还有我们的投资顾问委员会主席马行长（马蔚华），大家一听这个事情觉得靠谱，他们会降低自己去主动探索、主动探究细节这样的一个过程。但是我觉得这恰恰降低了社会运作成本，它就是需要专业的人做专业的事，或者说信任，在中国这个社会缺了一种关于信任的问题，一个社会的信任度越高，它的运作成本就越低，这个时候需要各方去担起自己的那份责任。比如说深基会它做这样一件事情，我自己如履薄冰，在第一次设计的时候，我们花了很多心思去研究，也希望我们担起这个责任，大家可以增加一份信任，如果每家基金会都细细研究，自己去聘请专业人员，总体来说整个社会的运营成本还是高的，这是基于信任来降低成本。

凌冲：每个基金会请一个投资总监，也是不可能的。

段然：至少中等以上的基金会，它要有一个可以和金融行业对话的人，不一定很通。像我现在，没有金融行业这么通，但是我可以去听、可以去判断，如果我们现在没有人，真的不可持续。大家在共同基金两期里面，更多看的是高新投的背书，我做了这么多年，高新投做担保是他的市场行为，但是共同基金拉高新投做担保，产生一个产品不是市场行为。丹枫刚才讲如何让我们共同基金能够持续发展下去，实际上是我刚才那几个问题想表达的一个想法，希望共同基金能够走市场化的道路，更好地研究资本市场、金融市场的产品与我们中小的公益组织能够更多的开拓投资的领域和投资的产品。

凌冲：她讲了一个很重要的观点，慈善共同基金，既然叫基金，就应该是一个金融产品，应该是完全市场化的，而恰恰她发现了你们这里有非市场化的因素。

程刚：这里我有一个质疑，一个建议。一个质疑是，觉得你们讲的不太像共同基金，它应该是一个公募的，可以去做市场，接受监管的这么一个基金。但是慈善共同基金集合了众多需要，我们有上千亿元，以后会有越来越多的慈善资产。我当然知道保值增值共同基金的重要性，刚才我是代表公众，希望我们不能只给自己讲，要讲给我们屋子里以外的，大街上的很多的人，让他们了解我们。共同基金应该是一个基金，而我们现在做得更像是一个集合式的慈善信托。

基本上是你动员的基金会加入进来，搞一个信托计划，但是我觉得如果要用共同基金的名，还是要符合共同基金基本的金融属性特征，这是一个小小的建议。一个建议是，共同基金，包括慈善共同基金，深圳做了一个好的探索，怎么样能扩大它的容量、吸引更多的基金会，不仅仅是深圳，我们有全国更多的基金会，都有很大、很旺盛的需求。所以我觉得是否可以回归到共同基金的上面来考虑，确保那么多投资人的利益，抗住风险，谢谢大家。

赵青：三个嘉宾的问题我简短回应一下。第一个问题，共同基金，我个人觉得目前的共同基金是一个半市场化的，杨秘跟我们聊的时候，最终的理想状态应该是市场化的，更多是带动基金会走市场化的投资路线。我为什么说是半市场化，这也是之前我们一起探讨的时候，很多基金会目前投的大部分产品，还是在银行存款回拨，没有走向市场，如果我们一下子开放得太快，可能很多基金会不具备这样的风险识别能力，也不至于让公募基金发展得太快。

为什么说是一个半市场化，这个标的确实是高新投在他们市场化运作的范围之内挑选的优秀标的。

第二个问题，结合您刚才说的基金会过度依赖于高新投的推荐，我想说英唐这个债虽然由高新投推荐，但是我们在投资之前做过一次企业尽调，并且就大家关心的问题，包括高新投的现金流问题，高新投的实际控制人他的股权质押问题，我们都做了一个很详细的尽调，并且形成了会议纪要。我们做这样市场化运作的事情，如果各位基金会有兴趣了解金融知识的时候，一是可以在我们信托的官网上每个星期能查到共同基金产品的净值；二是我们每个季度会给基金会发财产预售报告；三是在债券投资之前我们做过尽调，并且就大家关心的一些问题我们有专门的会议纪要；四是我们会做债券的监控，如果债券发现了一些负面消息、新闻的时候，类似于第一期的新闻债，我们也会做尽调，会给大家做风险揭示。应该说第一期和第二期的工作是在高新投的保护之下走的半市场化运作道路。

现场观众提问：我有两个跟基金会相关的问题，第一个问题，第一期有10个基金会参加，但是每个基金会承担风险的能力是不一样的，如果真的出现亏损的时候，有没有什么退出机制，还是亏损就得认，亏损1%的时候，A基金会说我受不了，我要走，但是有的基金说亏损10%我都不在乎，如果出现这种情况的时候，有什么样的机制能够保证，这是第一个问题。

凌冲：它不是有高新投担保吗？亏多少高新投赔。

现场观众提问：第二个问题，接着高新投第一个问题，如果高新投所有亏损都能赔，将来这个基金没有这样的一个担保机制，如果出现亏损责任是属于理事会担责还是基金会发展促进会，如果没有高新投担保组织，基金会发展促进会在将来的发展当中，它作为一个促销员可能有什么作用？

杨钦焕：在大家的印象中，深基会又做召集人、推荐人、投资意见人等这样的角色，好像都在我们身上一样，但是我刚已经回答过了，这是一个信托架构，这个架构是我们多方共同建构起来的，而且目前的架构是不做主动投资的，如果未来我们要去做资产配置，需要不断地调资，这个时候会有一个管理人要承担责任。比如说平安信托在这里面扮演了一个专业调资的角色，他要承担投资方面的风险，当然大家也要识别这样的风险。在当下的结构之下，其实我们慈善共同基金，各家基金都是共同参与进来的，我们以合伙人的姿态一起办这个事情，如果你觉得这个事情自己不想参加，从一开始就可以不用参加。

杨钦焕：现在的机制，你陷进去有高新投担保，未来的机制，有一天要做资产配置，那个时候你作为合伙人愿不愿意参与，在开始的时候要做好决定。

现场观众提问：深基会这边没有投资顾问的角色，最终谁做投资决策，我不怀疑高新投的担保跟投研能力，除了高新投之外，我们投资参与的基金会以及管理人有哪一家对我们的标的是了解的。

赵青：其实我们的结构是一个信托结构，首先是大家达成了合议，几家基金会愿意共同把基金结合起来，投资一个固定的标的，这个标的是我们在投资之前就已经确定的。比如说这一期的英唐智控，我们在路演的时候说了，这一期的标的要投英唐智控，大家是基于这样一个同意意愿的情况下共同出资来投这样的一个标的。

凌冲：就是说他们推荐一个产品，买不买完全由各家基金会自己决策，愿意买的就来做合伙人。

赵青：这里面没有投资顾问的角色，也就是说推荐的有这样一个标的，充分揭示了这个标的它是什么样的企业，它的风险在哪里，大家是共同来决策的。

毛伟平：如果各位基金会投我们产品的时候，路演时候大家对我们投的有疑问，我们对银行有全套的公共体系，还有报告，到时候可以给大家展示，告诉大家我们是怎么看这个企业、怎么判断的。

圆桌论坛二：慈善如何与金融合作

圆桌主持人：

深圳市社会组织管理局原局长　凌　冲

圆桌嘉宾：

腾讯公益慈善基金会执行秘书长　窦瑞刚

深圳市金融稳定发展研究院常务副院长　张　旗

新湖财富投资管理有限公司副总裁　康朝锋

高新投融资担保有限公司副总经理　毛伟平

凌冲：嘉宾代表的行业主要是金融业以及加上我们慈善基金会的从业人员，他们可能更多地从慈善如何和金融合作，或者如何产生化学反应、产生禅变，来帮助慈善和金融都能够更好的发展，在这样一个角度来审视我们今天剖析的这个案例。

窦瑞刚：共同基金前两期的项目，实际上是一个非市场化行为，张老师用了半市场化行为，我觉得它是非市场化行为，债的转让实际上背后都是协调的结果。它这个产品面临着很多很复杂的问题，比如一年或者一年半，理论上要找一年或者一年半，因为是单一债，要找在一年或一年半左右的债，理论上我们叫短债，1~3 年短债目前的收益率在 3%左右，它债的价格是 6%，从这里能看出来，不是一个市场化行为，市场化 1~3 年短债的收益率在 3%~6%。

毛伟平：现在市场上如果说是国企、央企，AAA 的发一年期的产品才能到 3%，而且 3%都很难，按理说高新投如果我们自己发债也就是在 3.5%左右一年期的，我们比投控肯定弱一些。但如果是我们担保的债，又回到金融机构的问题，金融机构他永远会看第一还款来源，毕竟我高新投是担保人，还是要看第一还款来源，而不是看我，他认为我是第二还款来源。所以我们一直都在跟各个金融机构沟通，开会开了多次协调银行券商，说了很多次，为什么我们担保的债跟自己发的债差这么多，整个市场对民营企业，不能说歧视，担忧会有点多，所以我们担保的债大部分都是民营企业，根据主体的不同，利率会有不同，大概我们担保的债根据期限的不同跟主体的不同，平均的收益率在 3.5%~7.0%。

窦瑞刚：她刚才讲的这个东西发债的时候是 7%，理论上来讲，快到一年期左右的时候，在市场上的交易不会以 7%的收益率来交易，也就是说，理论上我这个时候去买债的收益率，其实我的收益率要下滑，转让的时候还是按照当年偿债的收益率来转让给我们共同基金的。

赵青：我补充一下，首先我们这个债它是银行间公开交易所发的债，任何人可以在银行间和交易所买这个债，这个债它的票面利率，比如说像英唐智控，它的票利率就是 6.5，所有人买都是 6.5，唯一不同的在于买时候的价格即我们买到时点的价格，为什么说它是半市场化运作，我们当时也是在深基会的协调之下，交易对手找的北京银行，北京银行愿意按照票面的价格把它转让给我们，而不是按照市场的价格转让给我们，这个债它的票面利率任何人买都是这个，唯一不同的，因为它在交易所交易，所以它票面的价值是有波动的，我们通过协调了北京银行，是按照票面价值稍微加了一点点票息，这样的价格把它买下来，所以是半市场化的。

窦瑞刚：我核心想表达的意思是，第二期我为什么犹豫，因为英唐这家公司，包括市场上我们看了，分析了半天，还是认为这个主体违约的概率是比较高的，有现金流断裂的可能性，从市场上，我们还仔细分析了它的净资产。

长期来讲，共同基金这种模式好不好？是一个好的模式，我参加壹基金理事会，为什么壹基金两期买了这么多，是因为风险高的，到了理事会，理事会不敢拍板，尤其是公共资产，最后这个东西为什么能拍板，我觉得最重要的就是高新投的担保，因为有了这个担保，最后让理事们把违约的风险及时地降低了，这个设计我跟别的也讨论过，这个设计本身就是非市场行为。理论上来讲，共同基金买一个金融产品，设计了担保流程，某种意义上涉嫌违约，不知道高新投怎么看？保本保收益。

毛伟平：高新投担保债，这是一个担保行为，担保行为在法律上来讲，对债券的本金和利息，全额连带有不可撤销的担保责任，不是说有共同基金这个产品才有这个债，是因为我们高新投担保债这个事从 2013 年持续在做，民营企业有很多需要发债的，发债又需要担保的，这种情况是一直存在的，刚才我们主席也有讲过，从 2013 年到现在，对 100 家民营企业做了 200 多亿元的债，我们现在存量是 200 多亿元。

凌冲：他是说给不给基金担保，给债券担保。

赵青：这个债在基金设立之前，高新投已经对这个债券进行担保了，只是我们从他历来担保过的里面挑选了一个收益最高的，既然大家信任高新投，所以我们索性从他承担无限连带责任担保的债券里面挑了一个票息最高的。

窦瑞刚：如果发生极端情况，假如说银行还不了债，我是找谁去要我的本金和收益？

毛伟平：我们债券的担保盘里面写得非常明确，债券要求在债券到期之前 10 个工作日发债人要把钱打到债券专户里面，如果 10 个工作日，英唐不把钱打到账户上，高新投在 5 个工作日之内必须把钱打到账户上。

张旗：作为在金融市场做了近 20 年的一个工作人员，我也是看到特别好的一个场景，今天是一个慈善加金融的场景，在这个中间我也参与过、思考过，大家关心的是你投了什么，这个基金怎么样，但是我们仔细梳理一下，慈善这笔钱是什么样性质的钱，它可以怎样被对待。在 2003 年的时候，当时中国基金业协会刚成立的时候，民政部找我们，我们都去研讨过，这笔钱是什么性质的钱，是不是一个正常可以做投资的，可承担风险的钱，如果不可承担风险，怎么样可持续发展？设计的时候想用什么工具。

第一个问题，钱的性质决定我们怎么做它、怎么可持续，各方在中间能够承担的责任，最大的问题我们可以考虑这个。国际上有很多做法，我们现在的体制里面，有哪一些妨碍了，我们可以参考国际上比较好的实践。

杨钦焕：基金会的类型很多，一般情况下可以分公募跟非公募，有些钱是来自公众的，有些钱是来自单一发起人的，所以他们的公共属性上，强度上是有所差异的，这些钱也有一些是限定性财产，有一些是非限定性财产，可投资的范围也是有区别的，还有一些显示当下不用跟未来不用有不一样的设置。

2019 年 1 月 1 日管理办法之前，我们中国慈善财产的投资只有六个字“安全、合法、有效”，在管理办法出来之后给大家提供了一个非常清晰的指引，包括做投资过程中谁的责任是什么样子的，理事会要不要承担责任，这样一些问题在这个办法里面都有一个清晰的界定，应该制定管理办法、应该制订保留机制，制订一些什么样让理事会免责的体系，都可以通过这个管理办法确定，它的投资风险要跟自己可承担的做一个适配，自己做判断。所以这个办法相当于让慈善投资的资产管理有了一个自主决定，而不是被道德捆绑，或者被社会公众舆论捆绑的一个法律依据，让他有了一个独立做决策，独立承担责任的一个决定。所以慈善的钱是可以做投资的，但是各家基金会根据自己的情况，去判断他能承受多少风险，愿意做什么样的事情。

康朝锋：第一个问题，如果我自己的钱不会只投一个债券，怎么把公益资金集中度这么高地投一只债券，大家相信的是高新投，刚才说这个违约率很低。如果发生了第一还款来源的违约，实际上大家会很被动。往下一个问题，如果这个东西要复制下去，有几家高新投，因为 30 亿元的资本金，全国有 1000 多亿元的公益基金，这个事情怎么复制下去？我们也很愿意参加，但是怎样把这个事情做的可以复制出去？

毛伟平：高新投现在的股东和背景，给大家介绍一下，高新投现在的实控人是深圳市国资委，股东一共是 8 个，国资占 86%，其他的 14%基本都是国资相关的资金，现在的股东主要是深圳市投控。高新投现在的净资产大概是 240 亿元，总资产 340 亿元，高新投在 2019 年的收入总额是 28 亿元，利润总额将近 20 亿元，我们的不良率只有千分之二，这五个数字在全国所有的公司里面都是排第一，没有之一。融资担保公司净资产大概是 77 亿元，根据监管要求，我们的担保上限是上薪金审计净资产的 10 倍，也就是说我的担保上限应该是 727 个亿，我现在的债券这块的存量大概只有 270 个亿。

最重要的一点，刚才讲的“四个千亿”计划里面，市里要求我们践行“四个千亿”，这也是我们不可推卸的责任。债券这块市里面给到我们高新投 100 亿元的风险补偿基金，也就是说高新投担保的债出事了我们会赔，我们在这 100 亿元里面赔，这 100 亿元前期 40 亿元已经到位了。

凌冲：但是他刚才提了一个很重要的问题，如何复制？如何进一步发展。

杨钦焕：两个问题，第一个问题还是要说单一债的问题，在教材里面告诉我们要做组合才能降低风险，但实际上操作过程中有一些实际的操作困难，让你的组合在基金会的共同基金里面当下比较难以操作，前提是高新投单一债没有太大问题。现在我们要十几家基金会挑同一时间来干同一件事情，以及在提前要做统一的决策，在过程中没有投资顾问，没有主动管理，也没有机动管理，这个过程中投单一债是可行的，如果要做组合，不太可能几个债刚好同一个时间发行、同一个时间结束，这些问题都是在实操过程中我们经过权衡之后的一个路径。

第二个问题是复制的问题，已经有很多个城市，杭州、甘肃、广州，很多民政局领导、基金会领导在这边，一起过来问这个事情可不可以在他们的城市里面去复制。我觉得这个事情上面只要解放思想，还是有一些操作空间，确实需要有人来担当这个事情，也要有人去闯这样一条路出来，走这样一条路是最难的一个点。深基会共同基金的愿景是希望它未来能够真的服务全国，并不是只服务于深圳，也愿意探讨跟其他城市的一些合作。深圳第一期发文之后给市政府写了一个报告，叫“招善引资”，如果说有一天全国的慈善基金都能流向深圳的高新科技企业，对于深圳整个城市的发展也是非常有利的，我相信高新投也愿意为外地的资金流向“招善引资”的体系里面来，愿意共同推动这个事情。

现场观众提问：我看了一下共同基金，它更像一个集合信托，所有的投资人都会面临一个投资人身份的核查问题，共同基金前面几期一共是 15 家基金会进行运作，我认为他们基本都是能做到符合投资人身份的，但是社会上这种中小规模的基金会有什么办法解决门槛的问题。

赵青：现在银保监会的监管体制下，如果要投信托产品确实需要满足合格投资人认定，我们几期的投资人都是做过很多身份的认定，净资产大概 1000 万元，私募基金，它有一条可以豁免合格投资者认定，但是在证券相关的投资之下，目前有一定的争论，我们其实也是在探讨接下来怎样解决更小一层的门槛问题。

杨钦焕：平安信托提出要求说要降低到让中小基金参与的门槛。

现场观众提问：十几个基金会协会做一个集合信托，在这个地方会出现一个问题，每家基金会使用的基金需要的时效是不一样的，很难说随时做一个频繁的开放，频繁的开放会影响信托变化的收益，这个时候如何保证十几个基金会同时去打款，再退出，要保证收益率，债券的收益率组合又是如何变化的，怎么能够说服他们去做到这一点。

赵青：首先，投资标的是投资之前就确定的，投向一个银行间交易发生的标债，这个标债到期的时间是确定的。其次，集合信托计划是中间不设开放申赎的，这个债券是采用的持有到期策略，我不会提前做交易，因为提前交易，债券票面的价值波动它是有风险的，我们只有在持有票息以后，按照到期以后债券的本息来偿付，我们的收益才是确定的。所以我们在这里面采用的是持有到期策略，中间不做开放和申赎。

凌冲：就是她这个产品开放给你买，已经规定了时限、规定了收益率。

窦瑞刚：共同基金是不是慈善机构能采取的终极解决方案，这个方案还是建构在平安和高新投的各种担保基础上，我自己有很深的一个体会。实际上通过资产配置能获得一个相对稳定的收益率，但是现在的问题是什么？很多基金会为什么不敢投资，包括只敢买这个产品，因为很多基金会的理事会没办法对单一产品的风险做评估。现在我们要倡导一个东西，我们要求的是基金会资产组合的年化收益率，不能说有任何一个产品出现亏损，这样的一个舆论导向会导致基金会做产品配置和资产配置的时候它非常谨慎，我们知道它必须做高中低资产的组合来对冲这个风险，实现一个相对稳定性。

第九章 推动可持续发展的中国实践

2020年上半年，随着新冠疫情在全球爆发，深圳市国际合作基金会通过Value Plus平台联动全国民间力量的合作，先后促成20家社会组织、企业对外捐赠抗议物资，涵盖9个国家16个城市，迅速提升了自身在“走出去”议题下的影响力、执行力和知识积淀。

为促进社会组织参与国际发展、融入国际合作、贡献中国经验，进一步链接“走出去”生态利益相关方，引导慈善领域新机会、新热点，本场研讨会立足全球视野，对标联合国可持续发展目标，共话在解决全球性挑战和可持续发展中的中国智慧。结合慈展会举办研讨会，在线下持续话题热度，从社会组织参与国际发展、融入国际合作、贡献中国经验的角度展开交流讨论，有利于链接“走出去”生态圈利益相关方，引导慈善领域新机会、新热点。

第一节　政策建议与本土实践

中国社会力量推动可持续发展议程的必要性以及政策建议

清华大学公共管理学院教授、博士生导师、副院长　邓国胜

联合国可持续发展目标是各个成员国达成的一个基本共识，中国政府也高度重视可持续发展目标。中国在这个方面取得了非常显著的成效，特别是消除贫困方面。在疫情之下，中国的脱贫攻坚取得了积极的进展，而其他国家相反，因为受疫情影响，脱贫攻坚受到了很大的阻碍，所以中国在这方面取得的成绩和经验非常有必要讲好中国故事，为全球的可持续发展目标贡献中国方案和智慧，促进共同构建人类命运共同体的建设。

大家都知道，可持续发展的目标包括17类社会问题，非常多，包含方方面面的内容。SDG目标包括这么多方面，而且当时的承诺是“不把任何一个人排除在外，一个都不能少”。在这样的背景下还是很有压力和挑战的，内容非常丰富，而且每一项每一个都不能少。要完成这样的目标，为什么需要社会力量的参与，光靠政府行吗？社会力量参与SDG的必要性是什么？

第一，解决17类社会问题的资源分散在不同群体手中。

在未来社会，人类解决可持续发展这17类社会问题的资源越来越分散在不同群体的手中。以前在计划经济时代，解决社会问题的资源集中在政府手里，随着市场经济和改革开放，解决社会问题的资源越

来越分散在不同群体手里，包括企业、社会组织、志愿者。解决贫困、社会性等问题的很多知识和资源，有时会掌握在少数个人手里，不完全掌握在政府手里。所以在这种背景下，一些很好的创新、创意、资源等都是分散在不同群体手里，我们需要全社会共同参与。未来更是这样，因为政府占有这种资源的相对比例越来越低，全球趋势也是如此。

第二，社会力量参与可持续发展议程具有独特的优势。

（1）灵活性。社会力量在参与可持续发展、解决这 17 类社会问题的过程之中具有很大的灵活性。例如，在地震的时候，我们发现在日本阪神地震时，第一个赶到现场的不是日本自卫队和政府，而是志愿者和社会组织。在一些大的自然灾害中，第一个赶到的往往是社会组织。最主要的原因是社会组织的决策程序没有那么复杂的程序。政府是级层体制，需要层层汇报，汇报下来可能黄金救灾的时间已经错过了。所以，社会组织的灵活性在回应社会需求方面是非常必要的。

（2）创新性。社会力量在参与这些问题的解决过程之中创新能力比政府强。马克斯·韦伯认为，官僚体制层层汇报也有优点，但是最大的缺点是损失创新性。社会力量在参与这些问题的解决过程之中，最大的优点之一是创新能力。比如，有一些私人基金会，花的是自己的钱，不需要对很多相关利益群体负责，能够更好地去承担相应的社会风险。可是对于官僚体制来说，这种体制要问责，所以创新能力、承受风险的能力相对弱一些，不便于体制的创新。例如，中国扶贫基金会在参与尼泊尔灾后重建的过程中，就实施了一些创新性的项目，如乙肝筛查项目，这是在尼泊尔开展的第一个大规模乙肝筛查项目。政府也不是不想做，但是有很多局限性，很多政府部门不愿意去承担风险和责任，反而是一些 NGO 在当地能够快速推动这些创新性的项目。

（3）效率。市场是配置资源最有效的方式之一，社会力量参与可持续发展议程、解决这 17 类社会问题过程中，最重要的优点是能够引入公益组织的价值、关爱的精神和市场效率。通过引入一些市场的资源，在解决这些社会问题过程中能够带来很多企业管理先进的理念和模式，使得这些问题的解决能够更加有效。例如，我们调研过程中发现碧乡农业在开展一些扶贫项目的过程之中就非常有效率，不仅解决了贫困地区农产品的销售难题，而且实现了自身财务的可持续性，能够利用市场营销的庞大网络和营销能力，实现自负盈亏。这就是引入市场机制解决社会问题的效率优势。

（4）参与性。党的十九届四中全会提出要构建“共建、共治、共享”的社会治理共同体。在这个过程之中，我们尤其需要一些社会力量共同参与，只有社会力量共同参与，才能推动这些问题得到更好的解决。举个例子，就垃圾分类这件事情，如果完全依靠政府雇佣大量的工作人员去对垃圾进行分拣，成本极高，而且也很难完全分拣出来。这就需要每家每户、志愿者、环保组织来共同参与，才能提高垃圾分拣的效率。只有发动所有人的参与性，激发老百姓的主体性、内生动力，可持续发展问题才能很好的解决。

第三，社会力量参与可持续发展议程是趋势与方向。

不管从全球发展趋势来看，还是从中国解决 SDG 问题的经验来看，社会力量的参与都是未来发展的趋势和方向。以中国的脱贫攻坚为例，2014 年国务院办公厅发布的《关于进一步动员社会各方面力量参与扶贫开发的意见》明确指出，社会力量的参与是中国脱贫攻坚的成功经验和重要特征。所以中国脱贫攻坚之所以取得这么大的成效，最重要的原因就是党委领导、政府负责，企业、社会组织和志愿者共同参与。

2020 年是中国脱贫攻坚的收官之年，在脱贫攻坚过程中，政府扮演的角色更重一些。但是我们即将进入乡村振兴阶段，和脱贫攻坚相比时间更长。脱贫攻坚有时效性，到 2020 年就要结束，是特惠少数群体；而乡村振兴是长期的，是到 2050 年的目标，是普惠性的。在实行乡村振兴目标过程之中，完全靠政府肯定远远不够，这种背景下更需要发挥市场和社会的作用，否则资源肯定不足以去推动乡村振兴战略目标的实现。所以在这种背景下，市场的作用、社会组织的作用、激发内生动力和人民主体性肯定是未来发展的方向和趋势。

基于这样一些分析，我们的政策建议有以下几方面。

第一，理念上要高度重视。一些地方开展脱贫攻坚，认为由政府集中力量就可以解决，很多地方没有发挥社会力量的作用和优势。所以在理念上一定要进行启蒙，要让大家高度重视社会力量参与可持续发展的重要性，要进行宣传和教育来普及这种理念。

第二，宏观层面要纳入规划。我国正在制定解决社会问题的各类“十四五规划”，国家层面一定要将企业、社会企业、社会组织、志愿者等社会力量纳入 SDG 社会问题解决的“十四五规划”之中，只有纳入“十四五规划”之中，才可能得到更好的贯彻和落实。在这个方面，我们还是要借鉴深圳的成功经验，把社会力量的参与，特别是社会企业、社会影响力投资的新概念纳入“十四五规划”之中，这也是我们一直在呼吁和倡导的。

第三，政策上要出台相应的扶持鼓励规定。政府应该积极引导社会力量在可持续发展议程之中发挥更大的作用，制定税收减免政策和政府购买服务政策等。

第四，行动上要落实到位。政府不仅有规划和政策，还要有行动。我们有时有政策但落实不到位，例如，税收减免的政策，在某些层面比西方优惠程度还要高。问题是我们很多地方有政策，但是没有行动贯彻落实。最近全国人大正在对《慈善法》的实施进行全面的检查和评估，我认为很有必要。

通过评估和检查来推动我们的政策得到进一步的贯彻落实，通过评估回顾 2016—2020 年来《慈善法》实施到底怎么样，是否有达到预期的成效。2016 年我们以为《慈善法》颁布以后会对中国的慈善事业发展产生巨大的推动作用，但是现在统计数据表明，经过四年，认定的慈善组织不到 8000 家，社会捐款还是停留在 1300 亿元左右，这和

2008 年的数据相似，这还没有去除通货膨胀的影响。所以我们可以看出不光有政策，最重要的是还要有行动，让政策得到贯彻落实。

第五，具体到鼓励中国社会组织走出去方面的建议。联合国可持续发展目标是“一个都不能少”，不仅中国要实现，还要全球共同实现这样的目标。全球对中国的期待越来越高，希望我们的社会力量、社会组织能更好地走出国门，履行社会责任。包括这次抗疫，中国社会组织在抗疫过程中起到了很重要的作用，但是我们也面临着很多的困难与挑战。

我们也期待中国社会组织在参与社会力量推动可持续发展议程过程中，从理念上高度重视，从规划上也要纳入进来。在 2016 年出台的 46 号文中曾经提到了要鼓励社会组织走出去，促进民心相通，发挥社会组织的作用。但实际上从 2016 年到现在 4 年过去了，也没有得到很好的贯彻落实。所以我们不仅要有规划，要有专项，要有政策加大扶持，还要有行动。能够有具体的政府部门来负责这件事情，最好有专门的社会组织参与对外援助的基金。中国每年对外援助的资金规模非常大，但是通过 NGO 来实施的比例太少。政府能否借鉴发达国家的经验，拿出一定的比例或数额用于购买社会组织参与全球可持续发展的议程？

我们不仅要中国实现联合国可持续发展的目标，还要能够带动全球来共同实现可持续发展目标，我们也希望能够用专项对外援助基金来鼓励社会组织走出去。借鉴国际经验能够更好地去发挥 Value Plus 平台的作用，我们去英国、美国、日本、韩国调研，发现这种平台是很重要的。这些国家都由官方购买平台的服务，让这种平台为社会组织走出去提供能力建设、咨询、辅导、交流，从而发挥非常重要的作用。我也特别期待我们这个平台在政策倡导、能力建设等方面都发挥更大的作用。

深圳社会力量推动可持续发展城市建设的本土实践

深圳可持续发展研究院执行院长　张亚龙

这个题目很大，可持续发展的尺度很大、SDG覆盖的领域很宽，深圳作为国家示范区怎么推动城市可持续发展、社会力量的概念也很广泛，为了便于沟通，我更多是把社会力量和联合国一个关键词“利益攸关方”相统一。我的报告有三个方面：可持续发展背景、本土实践、未来展望。

从2015年9月到现在是非常关键的五年，对于深圳来讲是非常关键的三年。为什么？因为可持续发展这个大目标已经有五年期，深圳作为国家的一个示范区，已经进入了三年期，2020年我们的目标是要把深圳建成国家的可持续发展议程示范区，所以今天我们的交流讨论很有意义。

从2010年到2015年，SDG的产生、出台都有比较清晰的脉络，一直在联合国相关机构的推动下向前，我们看到沉甸甸的报告，到2015年发布再到2016年实施，直到2020年，这是一个简单的线路图。

在这个大题目面前，欧美、亚太、中国，在不同板块都面临着不同的机遇和挑战。所以我认为SDG目标应该是动态和立体的，在这样大的冲突和挑战面前，我们可以看到欧盟和亚太这些区域是怎么来提出与SDG有关的热点议题。例如，亚太提到的“一个都不掉队”、应对气候变化、包容性发展和广泛的社会福利等，这也是中国在贯彻SDG的行动计划。

到今天为止，我们国家由科技部牵头在全国选择了6个试点城市去承担SDG大目标的示范性规划和实施，每个城市在国家板块下都具备了不同的功能，也探索了不同的落实SDG的路径。深圳的主题是

“以创新引领超大型城市可持续发展”，这里有两个关键词，一个是“创新”，另一个是“超大型城市”。对于深圳，与 SDG 有关的支撑性文件是 2018 年 3 月的这两个文件，以及 2019 年发布的关于中国特色社会主义先行示范区的纲领性文件。

我们看看 SDG17 个目标与城市之间有什么样的内在关系，17 个目标和城市哪些要素密不可分，有哪些直接或间接的关系。可以看到主要的领域：健康、教育、食品安全、能源、水资源、交通、通信、经济、社会保障。SDG 不是一个理论术语，也不是一个宏观理念，它确确实实渗入到城市的每个重要环节。

17 个目标分为五个部分，1 ~ 7 为一个板块，8 ~ 12 为一个板块，13~15 为一个板块，16、17 各为一个板块。这是一个比较重要的分水岭。在 SDG 之前，学界和社会上普遍接受的是“3E 标准”：千年目标背景下的经济、社会公平和环境三个要素支撑可持续发展的主体。SDG 做了内容上的广义延伸，即“5P 标准”：人民、地球、繁荣、和平、合作。

“5”和“3”的大反差在联合国主题报告中进行了详细的描述，让我们从知识结构角度清晰判断 SDG 和之前的可持续发展存在着一定区别。大家也能从中看到这 17 个目标之间相互的内在逻辑关系，当看到这 17 个目标，准备采取行动的时候，一个很大的前提是，这些目标是平行的吗？是孤立的吗？是相互促进的还是相互抵消的？完成了几个目标以后其他目标都实现了？这些理论研究成果都发布在国际期刊上，将 17 个目标与城市发展进行相对准确的描述。

一是基于路线图，二是基于 17 个目标。提出以后我们去推动其中的目标，保证目标在 2030 年能够得到很好呈现的同时，一定要关注目标之间的相互作用。这个“相互作用”包含了正向和负向两个。根据我们最近跟踪的一份报道，可能实现了几个目标的同时其他目标会衰减，这是需要真正去实践时予以关注的。

回到今天的主题“本土实践”。我主要强调深圳。大家对深圳的评价基本是非常正面友好的，这个城市非常年轻、有活力，甚至有非常好的排名。但同时将深圳和北京、上海、广州比对之后，我们从数字中发现了一些问题。

一方面是人口的增长，深圳每年净流入 50 万人口，他们都去哪里了？同时城市资源怎样分配的呢？深圳只有 2000 平方公里，有一半是生态红线。从 1979 年到 2017 年，城市建设用地从 3 平方公里到 925 平方公里，将来能够建设用地的数字是非常小的，我们碰到了土地资源的边界。

另一方面是水资源，深圳的水有 70%～80%来自东江，说明我们很难从地下去取水，只能从地表取水。深圳这个城市本身没有资源，能源的供应和自然资源的保障都是从外地输入的。

只有想明白了这些问题怎么解决，城市的发展才能够谈可持续，否则“可持续”就只能在书本上出现，城市的发展很难去破解。还有我们最关心的“黑臭水体”问题。了不起的是，深圳在 2020 年率先实现了黑臭水体的全部治理清洁，这是一项伟大的工程，投资达到近 1500 亿元，这是任何一个城市都很难达到的数字。还有“三高”企业，即高污染、高耗能、高排放的企业，深圳一直在做战略产业布局和智能制造先进产业布局。这些都是我们要面对的。

当我们在享受城市带来的便捷的时候，你是否考虑到这个城市对你真的很重要吗？大家可以体会大都市的繁华，但是否能体会刚才所说的问题呢？我相信繁华体会到了，问题可能体会不到，因为这个城市很安全，城市让大家处在安全和宜居的环境下，大量的社会力量在为达到这样一种城市状态付出和努力。

社会力量是否应该从另一个角度去关注这个城市的可持续发展呢？我去很多机构交流过，一是大家知道可持续发展这件事吗？有的机构说不是很熟悉。二是可持续发展这件事会和你有关系吗？他们说好像也没有太大关系。三是可持续发展这件事未来的指向对你的发展有影响吗？他们回答好像没有太大影响。这是比较有意思的“三无回答”。

我从2018年开始做这样的摸底，到今天有了明显的变化，尤其是2020年上半年。疫情打垮了城市，打垮了社会经济运行的传统规律。我们再去聊，问这个城市未来会怎么样？你会发现城市的可持续发展和你未来发展息息相关、密不可分。我们和几个主要的利益攸关方做了交流。

政府冲在第一线，可持续发展倡议应由政府来启动。学术跟进迅速，对17个可持续发展目标进行了深入分析，很多文章都发在《自然》等了不起的刊物上。企业界，大企业从2015年开始基本把原有的社会责任报告向可持续发展报告转移，把可持续发展当作企业战略，所以企业的介入是毫无质疑的，唯一担心的是领头企业之外的大量中小企业是否要关注、如何去关注？

我们更多时候会发现很多NGO的存在。这两年我接待了很多社会组织，从国外和其他城市来的NGO非常多，大家的投入让我非常感动，大量的NGO都很穷，但是特别有热情、有使命感。以前叫“公益”，是大家的一种共同利益。到SDG以后大家关注的不再是利益，而是发展，即我们还能否像小伙伴一样互相拉着对方向前走，这是一个很大的题目。

所有这些攸关方会成为可持续发展的参与方，以深圳为基础，我们可以看到一张静态图。

有一个特别了不起的力量正在出现，就是社区。社区已经变成了可持续发展的“最后一公里”，相当于毛细血管。所以我们在未来两年内，聚焦在可持续发展的社区端、把可持续发展的元素在社区应用推广。我相信，到时候大家就会发现可持续发展就在我们身边，SDG是直接和我们相关的。如果进不了社区，大多数时候大家还是体会不到的，我们只会强调单项指标，例如，垃圾要回收、废物要处理好、要节省电，但是当你真正把SDG贯彻到社区的时候，你会发现它真的是与你密不可分的。

我去过深圳能源6次，包括老虎坑和南平那个达5000吨的垃圾填埋场。社会力量是否包括深圳能源？肯定包括，因为它属于重要的板块，叫作企业组团。

企业组团为什么重要呢？古特雷斯（第9任联合国秘书长）在2019年的大会上讲过，到SDG2030年实现的这10年中，至少有10万亿美元的缺口，也就意味着如果没有企业和资本的投入，SDG的目标可能真的只能在教科书里看到了。所以古特雷斯提出一个倡议是“可持续发展绿色投资者联盟”，希望把全球的跨国公司CEO都聚集在一起，大家多出一点钱，把以前的基金会和产业资本都慢慢向这方面靠，这是一个非常重要的话题。

从最早的2016年到今天，包括未来的5年，企业在SDG中扮演的角色，假设以前是0.1%，那么在10年后一定是30%、甚至40%。只有企业介入，才能够让生产变得更加清洁和可持续。企业产品可持续化，企业供应链可持续化，企业的生态可持续化，是我们社会可持续化当中最关键的环节之一，因为它提供大量的产品，让生活变得更有存在感，变得更高质量。

另一个例子是万科最早的总部，我们去看时无比惊讶，一个企业的总部在30年前就能够设计得如此了不起，对于环境、水资源、人居的理解如此超前。它的价值不仅仅是建筑，更是一种理念，真正意义上能够让我们从现在的角度看待怎么建立人与自然的和谐。

企业组团亮点中还有腾讯，腾讯应用AI辅助诊断技术帮助医生诊断帕金森病。帕金森病在全球数量庞大，能够看这种病的医生在全球屈指可数。我们怎么能让更多的患者得到高端医疗资源，而且是低成本的？在医疗这个大题目面前，如果能够实现低成本、普惠化，那我们的安全感、健康保证可能会有一个质的变化。腾讯非常了不起，把行为肢体语言直接传导为数据，由数据生成病历，由病历变成远程诊断的依据，得到了所有医学界的数字化认可，可以动态长期跟踪诊断病人。这个企业没有考虑太多产权或技术专利转让，而是考虑如何用它的先进技术去普惠，这是企业参与城市可持续发展非常了不起的举措。

企业之外，我们身边的一些设施也很重要。燕罗湿地公园就在黑臭水体旁边，它使用湿地的方法来修复黑臭水体。通过这样的公园和水体的融合，深圳还推出了碧道建设。碧道和绿道有所不同，绿道有利于健康，可以进行健身，碧道是产业和城市人居的概念。

松岗水质净化厂是水务集团的一个项目，这个地方已经变成了环保博物馆，它真正让污水处理可以和景观绿化、休闲娱乐形成一个联合体。

刚才已经提到社区如果真正推行 SDG，那么 SDG 在深圳就会真正落地。我们 2020 年的规划是选择示范街区，目的很简单，就是通过社区、小区、街道形成示范效应。让联合国开发计划署等国际机构过来，让大家在深圳看到的不只是一个繁华的都市，还可以看到一个社区是怎么样从细节上让人、让治理、让宜居变得更加可持续。这是我们在今明两年全力推动的一件事情。

红树林是深圳的一张名片，红树林自然保护区旁边有一个小公园，小公园里面有著名的红树林基金会。“红树林”这个题目对于深圳的海洋经济带保护具有代表性，红树林保护让我们看到了民间力量在推动整个城市水平过程中的不懈努力。红树林公园采取的是基金会运作模式，政府把公园的运作管理托管给了一家基金会，这个模式非常创新，也体现了社会力量参与的岗位性、标志性方法，而不仅仅是一种理念或者模式的重复。

青年人一直被认为是可持续发展面向未来最重要的一个群体。稀缺的资源、环境能否得到高效保护，经济发展能否一直好下去，与青年未来的幸福感有直接的关系。所以我们认为 SDG 的推动一定要从青年开始做，“青年”是广义的，青年当中也存在了大量的社会群体和社会志愿者。深圳是一个年轻的城市，平均年龄只有 32.5 岁，这意味着青年在整个社会力量当中的重要性。

这方面涉及深圳义工。深圳的公众参与在全国是非常有名的，因为深圳真正实现了由下往上的合作和协同。我们的志愿者在深圳的每一个角落都存在，现在志愿者的数量是187万人左右。这是一个庞大的数量，每一个从外地来深圳的人，一定会发现志愿者标志的存在。

志愿者可以说是深圳城市建设可持续发展最大的社会力量。这种社会力量既不像组织，也不像某种标签，而是自愿的、体系化工作的。他们做了多少事呢？举一个小例子，有一些志愿者晚上两三点去抓贩卖野生动物的人，他们做了一年多，放生了几百只野生动物，而且还帮公安破了案。义工也是垃圾分类很重要的参与者，虽然深圳市在2020年9月1日开始推行垃圾分类，但是义工早在几年前就开始推广。“河长制”也是深圳的创新，全国在推动河流的治理当中，深圳的志愿者建立了体系化的河长制，这是非常直观的社会力量参与到城市发展中的故事。

对于深圳的社会力量，好现象是大家真的在行动，但也感受到不是那么聚焦。为什么？社会可持续发展的体量太大、辐射面太宽。怎样在宽尺度下相对聚焦，把有限的资源、投入、力量放到城市发展未来的点位呢？我们可以尝试去思考这些方向，是深圳在SDG大目标下关注的重要点位。

首先是城市的公共安全。一个很简单的例子是高楼，高楼代表了城市的现代化。以福田为例，福田区100米以上的高楼达到了340栋。这是什么概念？消防高度是70米，再向上我们的安全怎么保障呢？繁华背后的短板让我们重新思考城市的安全。

其次是应灾能力。这次疫情大家直接感受到了，所有繁华一夜之间全部按下暂停键。所以到底城市的公共安全应该怎么解决？可能“山竹”这样的事件好解决，因为我们的数字系统足以应对、预警、应急。但城市公共安全背后有一个关键词叫作“城市韧性”，如果能够把城市韧性做好，把应灾能力、减灾能力做好，那么城市是安全的。大家回到家里，对家庭的安全了解吗？你知道所有的用品哪些有威胁性、哪些属于生命周期末端？你一开始买的时候会关注品牌、价值和基本的品质承诺，但真正使用一到五年，你几乎会对所有的用品了解为零。所以我们希望城市的公共安全能够提升，也就意味着可持续发展的基础是安全。没有安全，城市发展都是零。

还有城市治理水平、医疗教育等。深圳资源比较稀缺，主要是人口聚集度过高。海洋资源我们刚刚起步，对海洋的了解不够深入。可以去挪威、丹麦看一看，学习对海洋的理解、开发和保护。还有生态环境、城市资源高效利用，包含了水的问题、空间的问题、土地的问题等，都需要我们去关注。

城市可持续发展为深圳社会力量的参与提供了足够的空间。社会力量向这些方向去聚，向这些痛点去看，关注城市如何高效利用这些板块和主题，包括空间开发、便捷性功能性开发、固体废弃物处理等。三到五年，社会力量就能看到其本身价值，也能看到进入这些领域为城市带来的最直接的改变。

城市的美好不仅体现在周末休闲，更在于你可以带着孩子，孩子可以带着孩子的孩子，达到人和人的生生不息。如果我们只看到自己的潇洒，看不到孩子的未来，看不到孩子的孩子的未来，那就太短视了。我们处在这个城市，首先需要解决自身的问题，然后才能真正参与到身边的一系列事情中。

大家知道深圳在建海绵城市。什么是海绵城市？很简单，就是不要出现“水漫金山”。这样的事情在大城市发生过不止一次，深圳很幸运没有发生，因为深圳的海绵功能很特殊，很多河道都不是作为景观使用的，所以一下雨的时候河道里面流量特别大，而平时却没多少流量。深圳有一个小目标，海绵面积要达到 200 平方公里，而深圳辖区有 2000 平方公里，意味着我们才走完了 1/10。在有海绵的地方，韧性就会出现，一旦城市的韧性和城市建设结合起来，我们这个城市的持续性也就体现出来了。

大家体会最深也最喜欢的是“智慧城市”。智慧不是为了让你变得更懒，而是让你去思考能为城市便利提供好的一面时，能否为城市发展创造更多的岗位。

我们最近在龙岗做智能制造，现在 AI、大数据喊得很热，这里的核心元素我们到底能控制多少呢？智慧化的背后是否需要一个强大的城市大脑呢？前提是，是否要把城市变成一个数据？把城市变成数据之后，所有的社会治理是否通过数据就能够解决了？当然，肯定不是，因为它忽略了人性。人性的数据网络能否和人的需求结合？人的需求在哪里？就是持续。所以对于持续发展，需要智慧水平能够服务于可持续，而不是让城市表面上很便捷，实际上却是发展丧失了制造业的基础支撑。

比亚迪一直在做云轨、云巴，轨道交通全部拖到了绿化带上面去，意味着可以把交通用地减少。上面都是电驱动，所有的地铁在未来都会变成空中轨道、空中走廊。这是一种非常了不起的企业家责任精神。这些交通工具的不断更新，会让我们在城市资源的利用方面迈出实质性的一步。

可以看到国外很多城市社区都做得非常好，但也要相信我们整个城市的运行、城市的交通体系也会变得更好，因为我们公共交通的出行能力是非常强的，而且深圳在这方面的资源也非常丰富，我们可以看到城市在这方面的具体规划。

这是我们的心愿，当我们把所有故事讲完之后，会看到未来的深圳，看到未来的城市是否像这张图上所讲的那样，既宜居又有活力，既便利又传承了文化；同时城市韧性也非常好，更主要的是这个城市会变得非常友好，这也是联合国可持续发展第 17 个目标所强调的“伙伴关系”，只有人和人的距离拉近了，这个城市才能真正的可持续，否则再多的繁荣都有可能被按下暂停键。

深圳，为全球可持续发展带来崭新机遇

深圳市国际交流合作基金会常务秘书长、
Value Plus 平台中国项目办主任　曹　聪

深圳是一座因为改革开放而快速兴起的城市，与世界互联互通，与全球合作伙伴的交流与合作是这个城市未来对于它自己的定位。正因为如此，催生了像深圳市国际合作交流基金会这样一家以促进国际交流合作、推动城市国际化建设为主要内容的非公募基金会，简单来讲我们是一个支持中国民间力量的平台型、枢纽型的社会组织。我们的做法是发动务实行动倡议，联动各界力量进行公益行动，开展国际友好交流。同时也支持在国际化议题下的学术研究、咨询培训、会议研讨，此外我们还助力深圳提升国际形象。

我们基金会有很多不同类型和方向的项目，今天讲的更多的是 Value Plus 这个平台。Value 的意思是价值，意味着中国与国际可以共享在 Value 下的经济价值和社会价值。Plus 是链接，凝聚共识，鼓励行动，跨越国界，链接全球，共商可持续发展之路。

项目的初衷是为了发挥深圳的力量，去支持联合国 2030 年可持续发展议程，响应国家“一带一路”国际合作的倡议。我相信通过平台能够为中国，特别是为深圳的社会组织参与到全球治理当中，去建立一个行动基地或者行动网络。我们相信，深圳当前在做的三个区域的发展驱动，会为中国社会组织实现国际化带来新的红利，同时也可以让大家产生合力，为后疫情时代联合国可持续发展目标应对的挑战发挥可以看得见的力量。经过两年的筹备，我们和联合国开发计划署中国代表处、中国国际基金交流中心共同发起了 Value Plus。

社会组织国际化过程中，在学术领域已经有很多的研究，取得了很多成果，我们主要研究的是具体实操过程中怎样把事情做成，怎样促成更多实实在在的项目落地。我们看到目前在社会组织“走出去”过程中面临着政策、能力不足和资源不匹配的三方面挑战。为了应对以上这些共性问题，Value Plus 主要针对在社会组织行业内的国际化形成了三个大方面的工作板块。我们通过系统性去梳理国际交流合作的经验，向政府、行业提出一些政策建议和改进的方案，通过开展能力评估和能力建设，为机构和当前的一些项目提升国际化水平。依托与国际组织的合作渠道去促进各方的资源对接，促成更多的国际合作项目在国内或者国外能够落地。

2020 年比较特殊，平台在成立之后一年就直接投入到应对疫情的人道主义救援当中。在这个过程中，平台主要依托深圳市本身和国际机构对外合作的友好网络，为深圳 30 多家社会组织和企业参与支持国际抗疫行动提供了实实在在的支持和帮助，向疫情严重的地区和国家送去了多批抗疫物资，取得了一定的成绩。

此外，我们认为经验很重要，这是近几年来中国社会组织大规模参与到国际行动中的一次尝试。在 2020 年 4 月，我们举办了主题为“中国社会组织参与国际抗疫经验分享会”，邀请了中国国际基金会、中策会等国际化道路上走在前端的组织和其他社会组织来一起分享，研究出我们怎么能够做得更好。

我们平台除了应急性的工作之外，也非常关注目前中国社会组织的能力建设和国际交流合作的资源对接情况，因为疫情的关系，通过线上培训和建立能力评估体系作为我们的工作重点，资源对接方面主要看重互联网的力量。

在能力建设方面，2020 年我们先后举办了 7 期线上交流会，加上今天应该是第八期，可能下个月还会有第九期，我们邀请了众多不同领域的专家和学者，探讨中国社会组织应该如何参与国际人道主义救援、如何支持国际发展合作及如何实现国际化发展。从目前举办过的交流会我们发现了一些有意思的现象。在针对社会组织的培训中，我们发现当中也不乏高校、智库、媒体参与其中。参会者呈现了高知化、高智化的特点，看得出来大家对于国际化议题的热情非常高，持续时间很长。我们有理由相信，通过这段时间的努力，我们正在为广大的社会组织参与国际合作提供了一个跨界交流的原地，也充分说明了我们的议题非常有需求和价值。在感谢大家的同时，我们会继续做好线上、线下的交流，且做到更好。

在能力评估方面，目前我们和联合国开发计划署合作，通过国际通标标准服务公司开展合作，主要是在国际 NGO 对标体系基础上共同开发中国版的社会组织国际化能力的评估体系，这个体系主要是借鉴国内外现有的 25 项公益行业的行为准则和标准，帮助有意向或者已经在开展国际合作的中国社会组织更全面地了解自身的能力水平，精准对标到国际实践标准，从而优化结构治理，提升专业化能力。

关于资源对接方面，我们着重数据和信息的公开，这个来源于互联网上还未发掘到的信息和资源。我们通过设计一套专门的算法，建立互联网技术，促进整个行业的信息公开和资源对接，开展了数字行业基础设施建设。目前，主要通过从国内的资源提供方、其他的中国社会组织以及友好国际组织几个方面，一起收集九大主体、十种信息，去建立一个供大家查询的中国社会组织目前国际化资源方向和项目情况的平台。

展示方面，为方便大家更直观地了解到供求信息，我们设计了一整套查询功能，包括手机 App，近期就会上线。目前整个数据库已经收集到来自国内的 160 家社会组织，400 个在国际上的项目以及 30000 多份关于社会组织国际化、全球合作的研究文献。我们会在进一步对数据分析处理之后，通过不同的形式向大家推出数据的使用。我相信这个数据库的形成最终也会为我们进一步研究中国社会组织国际化的方向和趋势设计更多的算法和附加的服务，让它成为可能。

2021 年，我们主要把精力集中在能力建设和资源对接板块上，会有更丰富的内容、更多的人才培训和国际交流活动。在 2022 年，会为整个行业提供更多的政策建议板块，其中包括对当前工作的梳理、政策咨询方面的服务。

第二节　机遇与挑战

中国扶贫基金会参与国际可持续发展议程的经验分享

中国扶贫基金会常务副秘书长　陈红涛

中国扶贫基金会的项目分成国内项目和国际项目，目前95%的项目在国内，5%的项目在国际。谈到SDG可持续发展目标，在国内项目上，主要围绕17个目标中的第一项“消除贫困”。我们聚焦在四大领域——教育扶贫、健康扶贫、产业扶贫、救灾扶贫。在国际方面，因为要与国际接轨，我们已经完全按照SDG体系来设计我们的运行体系，目前聚焦在：消除贫困、零饥饿、优质教育、健康扶持、清洁饮水、体面的工作，一共6个SDG领域。在不同的国别我们选择的领域不一样，会结合国别的情况，聚焦在1~2个SDG领域作为主打方向。在国际做得比较多的工作是在教育方面。

作为公募型基金会，我们一直在致力支持更多的社会力量参与。对于中国来讲，目前社会力量相对而言还是比较弱小的，如何让力量强大起来，有更多力量参与是非常重要的。我们刚刚启动的“活水计划”就是支持民间力量发展的。这和我们以往做的不同之处在于，虽然我们这十多年来一直在做支持NGO的发展，但是这次更加聚焦在西部。这几年中国社会力量在蓬勃地发展，但是更多是聚焦在东部地区，相对而言西部地区要落后一些。在省会城市、大城市，社会组织发展快一些，但对于县级地区，社会组织力量有限。所以这次的“活水计划”是支持西部的民间机构发展，让更多在一线的机构能够发展起来，更好地去实践和推动可持续发展目标的实现。

我给大家分享一下扶贫基金会国际化发展的历程和经验。扶贫基金会从 2005 年起步到今天，我把它划分成三个阶段。

第一阶段是不出国门的国际化。虽然当时我们有一颗国际化的心，但是却没有那样的能力。我们把筹集的资源、物资捐赠给中国驻外大使馆或国际组织，通过他们把爱传递下去。

第二阶段是出差式国际化。到 2009 年我们到了第二个阶段，成立了国际发展部，有了专门团队。从三五个人开始，哪个国家有项目，员工就去实施这个项目，实施完毕员工再撤回来。例如，在苏丹实施一个医院项目，派驻两名同志工作几个月，项目完成后再撤回来。

第三阶段是常驻式国际化。真正说我们是一个国际机构是在 2015 年。在这一年缅甸办公室获得缅甸内政部的批准成立，随后不到一个月时间，尼泊尔办公室也获得了批准，我们实现了当地常驻。

我们从没有固定的人员、没有办公场所、没有稳定资金、没有可持续开展的项目到有固定的人员、有办公场所、有稳定资金、有可持续发展的项目。例如，埃塞俄比亚缺水比较严重，我们和徐工集团共同开展了水窖项目。目前长期开展项目的有 10 个国别，有常驻机构的有 3 个国别，包括尼泊尔、缅甸、埃塞俄比亚。除了国内员工，还有 20 人的当地员工，一共 30 多人负责国际项目，这在中国公益机构之中来说是真的走出去了，但是和国际机构相比我们还处于起步阶段。

第一点是要坚定信心。不要感觉太复杂就放弃，国际化之路很艰难，扶贫基金会走了 15 年才走到今天的水平，我们相信坚持就能改变。

第二点是从简单到复杂。我们刚开始走出去，人少、钱少、经验也不足，上去就做复杂的项目很容易掉坑。所以我们先做符合当地需求，同时又有经验、易于实施的项目，把自己的经验累积起来，再去做更综合、更有挑战的项目。

第三点是和当地的中国使馆、企业多沟通、多交流。他们比我们更早走出去，更能了解从哪里入手。国际形势非常复杂，政治、文化、习惯都不一样，只有了解清楚才能妥善对待，否则虽然可能是做好事却得不到别人的支持。

最后，期待在2020年这样一个特殊节点，中国更多的公益机构在有余力的前提下，大家可以一起携手走出去。

后疫情时代中国社会力量推动可持续发展的机遇与挑战

深圳国际公益学院副院长　黄浩明

深圳国际公益学院是非常年轻的机构，到 2020 年 11 月才成立五年，但成立时起步定位比较高，学院得到了瑞·达利欧、比尔·盖茨、叶庆均、牛根生和何巧女五位中外企业家的资金支持，重在培养全球慈善领袖、公益慈善榜样和公益慈善专业人才。深圳国际公益学院作为一家国际合作背景条件下的具有国际水平的教育培训机构，特别关注 2030 联合国可持续发展（SDGs）17 个目标，从学院内部对现在学生来源的统计都是用这 17 个目标一对一进行的。根据《深圳国际公益学院 2019 校友发展报告》统计，深圳国际公益学院校友公益项目覆盖可持续发展领域前五位的是优质教育（SDG4）为 58. 8%；良好健康与福祉（SDG3）为 56. 5%；消除贫困（SDG1）为 44. 1%；可持续城市和社区（SDG11）为 24. 9% 和缩小差距（减少不平等，SDG10）为 19. 2%。

深圳国际公益学院和法国南特高等商学院合作开设了 DBA（工商管理博士学位课程），这个 DBA 是可持续发展方向和工商管理结合起来的融合项目，是中国第一个用联合国 SDG 与工商管理组成的教育课程。课程大部分都是围绕联合国可持续发展 17 个目标，再细一点就是对 17 个目标之中的 169 个小目标中某一个目标进行研究。

深圳国际公益学院对人才的培养完全是站在全球发展和治理的角度设计的，重点是要把世界各国的发展经验和教训吸纳进来。学院现在招收的学生，如全球慈善领袖中有来自世界各国的学生，中欧交流有 39 个国家和地区的学生，DBA 有来自中国香港的两位学生。

众所周知，联合国在推动可持续发展方面从 2000 年的千年发展目标（MDG）到2015年通过的可持续发展目标（SDGs），是一个很大的变化。通过总结过去20年的全球发展经验和教训，到展望未来SDG后10年，民间力量是实现可持续发展目标的一支非常重要的力量，这是任何一个国家也不能忽视的。2020年全球新冠肺炎病毒疫情对人类发展产生了巨大的挑战，同时全球2030目标的实现也面临着新的挑战，如何在不确定的时代来进行反思，后疫情时代我们需要更加注意以下三个方面的问题。

第一，中国政府和社会需要更加相信民间力量。中国扶贫基金会、爱德基金会等公益机构在国外开展了很多优秀的公益项目，为受援国家的社会发展起到了积极的作用，拓展了中国人民与各个受援国家人民之间的交流和沟通渠道，传播了中国人民的行善文化和博爱精神。但是国内的媒体和宣传报道一直是滞后的和零散的，反倒是国际上的报道更多一些。我建议政府和社会需要改变观念，相信中国民间的力量是伟大的力量。

第二，民间要有更开放的态度和政府、企业、媒体、智库合作。民间组织不能简单地在小圈子里活动，需要和政府、企业、媒体、智库主动沟通并加深互动，探索民间、政府、企业、媒体和智库五位一体的合作模式，寻求相互信任、信息共享、资源互补、多元合作、共治共赢的新机制，这样才能够打破我们“自娱自乐”的模式。

第三，民间组织需要积极主动与国际组织合作。国际组织合作既包括政府间的国际组织，例如，联合国开发计划署、世界卫生组织等；又包括政府与民间双跨的国际组织，例如，红十字会与红新月会国际、世界自然保护联盟等国际组织；同时也包括民间类的国际组织，例如，世界自然基金会、世界宣明会、乐施会等国际组织。以上类型的国际组织都是与社会组织密切相关的主体机构，民间组织要主动和这些国际组织合作。

总之，民间组织需要改变观念，政府和社会也需要改变观念，这一点非常重要，不能简单用一个组织来看一个行业的事情，一定要看民间整体的力量，形成政府、社会和民间共赢的局面。

关于中国社会组织走出去，我从理论与实践方面做了近 20 年的实践、观察和研究，在未来 10 年的发展过程中需要有三个方面转变。

第一个转变，是从接受外援为主转变成对外援助为主。这样的转变是全方位的，从观念、行动、政策导向和立法等方面都需要转变；无论是中国政府的援助机制还是民间社会对外援助事业，都逐步从过去接受外援转变成对外援助。

第二个转变，企业走出去为主转向社会组织走出去为主。企业走出去是市场发展的必然结果，但是社会组织走出去是全球治理发展变化的需要，这有着本质的区别。因此，社会组织走出去需要政府重视，这不仅要纳入“十四五规划”，还要立法，做到有法可依。

第三个转变，从民间外交为主转向全民外交为主。民间外交是在一个特定的时代、一个特定的团体、有着特定的使命和任务去开展民间外交工作，随着国际局势复杂变迁和信息技术的快速发展，我认为这个时代已经过去了，现在应该进入了全民外交的新时代。

如何实现上述的三个转变？我们需要以习近平总书记提出的建立一个人类命运共同体为目标，以民心相通为载体，作为中国公民都应该有义务和责任去开展全民外交。个人层面需要以行善积德为理念，我们走到国外任何一个国家都要与人为善，每个人都以身作则，践行慈善中国。

综上所述，联合国 SDGs17 个目标其中有 169 个子目标，内容是非常丰富的。SDGs 中的第 17 个目标是促进目标实现的伙伴关系，所以我特别支持深圳国际交流合作基金会发起的 Value Plus 平台，我认为这是里程碑的事业，不是一个简单的、个人的事，而是中国人要真正承担起全球社会责任。

社会组织如何更好地参与可持续发展议程

联合国开发计划署驻华代表处政策专家、
可持续发展目标本地化主任　王　东

对于联合国开发计划署来说，从2000年的“千年发展目标”时代到2015年之后的“可持续发展目标”时代，全球可持续发展议程是联合国赋予我们的使命，也是我们的工作职责所在。

2015年可持续发展议程通过之后，在全球层面，联合国开发计划署秉承着比较科学和客观的方法来推动全球可持续发展。我们在其他层面开展了关于发展进程和发展中问题的诊断和研判，并基于这种诊断和研判设计了相关的政策和对政策建议的支持，包括具体解决方案的设计和管理。

在联合国开发计划署的不同地方，都有对可持续发展解决方案试点示范的工作，然后我们再根据试点示范的工作去总结相关的经验，再把经验反馈到全球层面去。在中国，我们与商务部交流中心密切合作，从这个方面来开展本地化的工作。在中国国内，首先我们进行了相关的评估工作，也包括对于五个维度的判断。我们和商务中心开展了不同领域的试点工作，包括新能源、环境保护、扶贫、社会发展等。其次我们也比较重视机制的建设，共同搭建了可持续发展本地化平台，在上面开展技术工具的设计、能力建设、课件建设、专家库和解决方案的建设。同时我们直接上手支持技术以及方案的提供方和各地需求方进行对接。最后我们及时汇总中国的成功经验，向全球进行分享。基本上我们的工作是以这样的方式在开展。

针对突发疫情，联合国开发计划署是国际业务中第一批对疫情从国内开始进行紧急应对的机构，我们在全球成立了一个医务人员的支持基金，也是第一批向中国援助物资的机构。我们也积极向海外支持其他国家的救灾物资采购和援助。在国内项目方面，我们支持后疫情时代的应对工作，包括关注项目对于保持就业与提高就业的影响、对于弱势群体的影响、对于减灾救灾和防灾的疫情监测的影响，这是目前我们所做的事情。

社会组织为更好地参与可持续发展议程应做好两方面的工作。

第一，强化价值体现与社会认同。社会组织如何体现自己的价值，让社会更加认同？大概在十几年前，我参加了联合国开发计划署在亚太区的性别平等项目，讲了南亚国家妇女受歧视的问题。大部分家庭中，男性负责赚钱，女性更多的是在家里做家务，所以社会地位很低。女性的劳动是有价值的，只不过没有在社会上以货币体现出成本。现在很多社会组织也是一样，我们做了很多事情，但是没有被商业价值量化出来，这是社会组织未来要去强化的一个工作。

第二，关注中国对社会组织的特色要求。在中国做社会组织，和大部分国家有非常不一样的一点：中国就是一个大政府的国家。为什么我们的企业在国内出事先找政府，而国外企业不会出事先找政府？因为在政府、市场、社会三方之间，政府和市场负责得比较多，所以社会组织的范围小了，这对社会组织提出了具有中国特色的要求，这和其他国家不一样。

我想有四个维度是社会组织在未来发展过程中可以着重发挥的。

一是在新生产业的普惠性方面发挥作用。对于科技驱动、商业驱动的新生产业，国家的管理制度、法律法规没有跟上，社会组织要在其中发挥独特的作用。例如，数字人工智能的伦理问题，暴发过程中如何兼顾普惠的问题。阿里、腾讯都涉及了一些普惠的应用，但是商业公司毕竟以商业利益为主导，社会组织要在保证普惠性方面发挥作用。

二是发挥平台和渠道的优势。以国内扶贫为例，现在各个部委、各个央企都有自己负责的线，大家都以自己的长处来发挥单线优势。

扶贫基金会等都有类似的平台，上面有扶贫技术、农业发展技术等信息，供大家去看、去对接。但是这样的平台范围不那么广，不一定包括全国2800多个县，很多都是通过一对一来对接。社会组织如何扩大这种力量，如何让信息更加畅通地对接，由技术供给最高效的一方对接到最需要的一方？仅仅是一个信息平台已经很难了，但是未必足够，如果只能靠供求方和需求方去对接是比较难的，这些社会组织可以去做的。

三是发挥社会组织的执行效率职能。正是我们的职业程度比较高，才体现出我们一部分执行成本价值。帮助企业和政府做事的过程中，我们应该逐步提升自己的附加值，这样也更能吸引人才到这里来工作，更好地提升我们的能力。

四是发挥智库的职能。社会组织作为智库，完全可以具体到每一个细分行业，具体到每一个领域相关的具体研究，一方面去支持具体问题的解决，另一方面支持政府相关规划的设计。在未来两年，很可能国内规划法就会通过了，以后如何体现出某些领域和社会组织的职能，这是必须要去思考、去执行的，而不是可有可无的事情。

最后关于国际合作，对中国来讲，社会组织的国际合作放在中国国际发展合作和国际产能合作之下是最优的选项。作为社会组织应该多去和中央政府部门，包括国合署、外交部，还有相应的发展银行、中央银行、亚投行等合作，这样能够更多地去配合我们国家的国际发展合作和国际产能合作的项目，也能够更好地促进我们行业的发展和目标的实现。

深圳能源集团的可持续发展实践经验

深圳能源集团股份有限公司总经济师　徐同彪

首先给大家介绍一下深圳能源集团。深圳能源集团从产业布局上是“四核双驱”，其中“四核”包括三个产业板块。

第一个产业板块是清洁能源、清洁电力。通俗地讲，就是投资建设传统电厂，以前内地称这类企业为电力公司，我们深圳能源集团就是这个角色。

第二个产业板块是生态环保。环保不仅仅是体现在垃圾焚烧产业上，垃圾焚烧是深圳能源集团做环保产业的其中一个链条，还有其他很多方面。举一个例子，深圳吃水除了深圳水库之外，绝大多数来自东江，我们就在河源市的东江边建设了一座燃煤电厂。当时关于环保设施，国家环保部没有对电厂进行零排放的要求，因为工业项目不可能没有废水排放。当年我们能源集团主动承诺不向东江排放一滴水，环保部有关人员调侃地说这种“骗子”我们见多了，在全球也没有几例做到的。但在工程的实施中我们确实做到了，这是环保部没有想到的，我们做到了全国首例电厂工业废水零排放。这个电厂对市民开放，大家可以去参观。另外我们在东部的盐田发电厂也是一个全球首例的典范。

第三个产业板块是综合燃气。大家可能了解深圳还有一个燃气集团，做的是城市燃气。由于国资委对国资企业的管理是细分市场，深圳的燃气业务由深燃负责，国资委不让我们在深圳做燃气业务，于是我们做了隔壁邻居惠州的城市燃气，相当于深圳深燃的地位。近年来，潮州市的燃气供应是我们在做，还有河北、山东局部地区都是我们在做。我们为什么叫综合燃气？因为城市燃气，还有工业燃气，是协同发展的天然气。

还有一“核”是能源海外。深圳能源在海外，除了刚才讲的电力、环保、燃气我们都有投资之外，原则上和我们这些产业有协同效应的科技方面的产品我们也会涉及，但是主业还是“四核双驱”。在深圳国资系统企业当中，我们走出去最早，始于2006年。

在可持续发展方面，我们主要做了两件事。

第一件事是加大环保投入。

我们在环保投入方面超前国家要求十年。当时国家没有要求我们做环保投入，我们做了，它没有经济效益，但是有社会效益。现在看来我们做对了，虽然投入大，但是如果没有当年的投入，现在企业的发展就困难了。我来深圳33年，经历了这样的过程，当年叫“打造六大国有企业超百亿集团”，现在我们已是千亿规模，并且六家里生存下来的只有深圳能源集团一家。深圳能源集团的理念是“实力能源、环保能源、责任能源、和谐能源”。环保是我们在可持续方面做的第一件事，做环保就是做未来，做未来就是做企业的品牌。实际上我们在这个方面做投入，比发几篇宣传报道文章更加有宣传效应。

说到垃圾焚烧，这是我们生态环保其中一个链条。现在深圳市作为中国特色社会主义先行示范区，其中一个规划是“无废城市”，城市不可能没有垃圾，但是垃圾要做到百分之百处理，因此垃圾焚烧只是其中一个环节，还包括城市污泥、大件电子垃圾。大家知道应该通过焚烧减少量化处理，深圳标准比国家标准高得多，采取的是欧洲标准，我们每两年会抽样取样到欧洲实验室做监测，这就是深圳质量、深圳标准。在环保这个环节当中，垃圾、大件垃圾、污泥等，都要全部处理。如电子垃圾，深圳市的无废城市方案当中也要做好，给全国作出示范。

第二件事是充分利用两个市场两种资源。

可持续发展如果不抓两个市场和两种资源，如何能够持续发展下去？深圳发展最大的问题，就是土地紧约束制约了产业发展，和其他几个大城市相比已经是先天不足。我说的两个市场是国内市场和国外市场，两种资源指国内资源和国外资源。我们为什么“走出去”？要抓国际市场。现在全球经济一体化，强调构建人类共同体，如果不走出去，想走得更远、做得更大、做得更强就不太现实。

我们从专业人士处了解到，欧盟给我们提出了更严格的标准，施加了更大的压力。中国改革开放后发展这么快，欧盟希望我们有更大的贡献和担当。关于应对气候变暖，对于化石能源的排放更加严格是未来的趋势。在疫情过后，对于可持续发展，我们需要在环保方面加大力度，才能保持可持续发展的重要外部环境。国际化方面我们最大的体会是，不管是国企还是民企，在国内投资似乎找政府就可以，和社会力量联系并不是太紧密，然而走出去就不同了。走出去一定要抱团，离不开社会组织的力量。